aruco
グアム

Guam

JN231571

こんどの旅も、みんなと同じ、お決まりコース？

「みんな行くみたいだから」「なんだか人気ありそうだから」
とりあえずおさえとこ、そんな旅もアリだけど……
でも、ホントにそれだけで、いいのかな？

やっと取れたお休みだもん。
どうせなら、みんなとはちょっと違う
とっておきの旅にしたくない？

『aruco』は、そんなあなたの
「プチぼうけん」ごころを応援します！

★女子スタッフ内でヒミツにしておきたかったマル秘スポットや穴場のお店を、
思いきって、もりもり紹介しちゃいます！

★観ておかなきゃやっぱり後悔するテッパン観光名所 etc. は、
みんなより一枚ウワテの楽しみ方を教えちゃいます！

★「グアムでこんなコトしてきたんだよ♪」
帰国後、トモダチに自慢できる体験がいっぱいです

そう、グアムでは、もっともっと、新たな驚きや感動が私たちを待っている！

さあ、"私だけのグアム" を見つけに
プチぼうけんに出かけよう！

arucoには、
あなたのプチぼうけんをサポートする
ミニ情報をいっぱいちりばめてあります。

女子スタッフの現地実体験と徹底調査、本音トークを「aruco調査隊が行く!!」「裏aruco」でお伝えしています。

女子ならではの旅アイテムやトラブル回避のための情報も、しっかりカバー☆

どのぼうけんにしようかな？

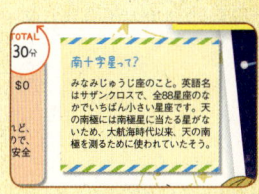

知っておくと理解が深まる情報、アドバイス etc. をわかりやすくカンタンにまとめてあります☆

右ページのはみだしには編集部から、左ページのはみだしには旅好き女子のみなさんからのクチコミネタを掲載しています☆

TOTAL 3日時間
ナイトマーケットに行こう！

| オススメ時間 | 水曜18:00 ～20:00 | 予算 | $20 |

交通手段
チャモロ・ビレッジ・ナイトシャトル(1乗車$4、詳細→P.181)やレンタカーを利用。タモンから約30分。

プチぼうけんプランには、予算や所要時間の目安、アドバイスなどをわかりやすくまとめています。

■本書は2018年8～9月の取材・調査に基づきます。ご旅行の際は必ず現地で最新情報をご確認ください。また掲載情報による損失などの責任を弊社は負いかねますのであらかじめご了承ください。

■発行後に変更された掲載情報は、『地球の歩き方』ホームページ「更新・訂正・サポート情報」で可能なかぎり案内しています (ホテル、レストラン料金の変更などは除く)。ご旅行の前にお役立てください。
URL book.arukikata.co.jp/support

データのマーク

🏠 …… 立地		Card … クレジットカード	
☎ …… 電話番号		A. …… アメリカン・エキスプレス	
FAX … ファクス番号		D. …… ダイナースクラブ	
Free … フリーダイヤル		J. …… ジェーシービー	
問合 …… 日本での問い合わせ		M. …… マスターカード	
♪ …… 営業時間、開館時間、ツアー時間 (ホテル発着)		V. …… ビザ	
休 …… 休館日、定休日		室 …… 部屋数	
料 …… 料金、入場料、予算 (B=朝食、L=ランチ、D=ディナー)		予 …… 予約の必要性	
		送 …… 無料送迎の有無 (要予約)	
		URL … URL	
		✉ …… E-Mail アドレス	
		🏠 …… その他の店舗	

別冊MAPのおもなマーク

🄵 …… ツーリストインフォメーション		Ⓢ …… ショップ	
Ⓡ …… レストラン		Ⓗ …… ホテル	
Ⓒ …… カフェ		Ⓑ …… スパ、エステ、ネイルサロン	

ツアーのおすすめマーク
※P.22～89で使用。
P.67参照。

初めて　リピーター　友達同士　カップル　ファミリー

グアムでプチぼうけん！
ねえねえ、どこ行く？　なにする？

お買い物にグルメ、南の島のアクティビティ。

夜遊びだってハズせないし、

うーん、やりたいことがありすぎる〜♪

こんなお店もあったの？　あんなこともできたんだ……。

あとになってそんな後悔をしたくないから、

ビビッときたものにはハナマル印をつけちゃお！

常夏の楽園、グアムにはいろいろな発見が待ってるよ！

とびっきりの楽しみ方＆ひと味違う体験☆を欲張りに♪

最旬グアム
もしっかり
カバーしましょ

野生のイルカに HELLO！
ボートの上からごあいさつ♥
P.22
→

グアムにも SNS 映えする
スポットがいっぱい♥
P.20
→

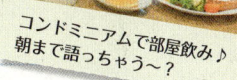

ハッピースポット恋人岬で
ラブ運 UP するかも♥
P.26
→

シーサイドドライブで
秘密のビーチへGO！
P.40
→

コンドミニアムで部屋飲み♪
朝まで語っちゃう〜？
P.58
→

ひとり占めした〜い、
ロマンティックなサンセット♡
P.54
→

水・木・土・日曜は地元マーケットへ。
ロコガール気分で楽しも♥
P.28
→

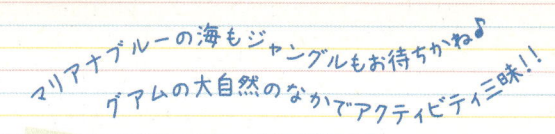

マリアナブルーの海もジャングルもお待ちかね♪
グアムの大自然のなかでアクティビティ三昧！！

グアムに着くのが待ち遠しい〜

気になるマリンアクティビティ
ぜ〜んぶ挑戦！ **P.66** →

神秘的なブルーの世界、
熱帯魚にはじめまして！ **P.70** →

3大ウオーターパークで
1日はしゃぎまくり♥ **P.76** →

あっちもこっちも欲しいモノだらけ♪
胸キュンが止まらない☆

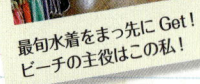

迷うって
楽しい〜

最旬水着をまっ先に Get！
ビーチの主役はこの私！ **P.114** →

目に入るものみんな新鮮★
外国のスーパーマーケットって楽しい！！ **P.118** →

週末は早起きして
朝市に出かけなきゃ！ **P.34** →

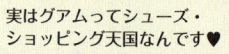

実はグアムってシューズ・
ショッピング天国なんです♥ **P.110** →

ゼッタイ、欲しいよね！
リゾートワンピを現地調達♪ **P.112** →

南の島でぐんぐん女子力UP↑
あれ？なんか変わった？って言われちゃうかも☆

優秀☆南国コスメにセレブ御用達も。
女子力とことん磨いちゃって♥ **P.124**

グアム最新のホテルスパで
スペシャルトリートメント♪ **P.128**

帰りたく
ないなぁ！

ご当地ディナーも南国スイーツも
おいしく楽しく♥グアムごはん

海を眺めながらのお食事、
憧れてたんだ〜★ **P.142**

グアムのソウルフード、
一度は食べてみたいよね♪ **P.146**

絶対、食べたい♥
パンケーキ LOVE **P.132**

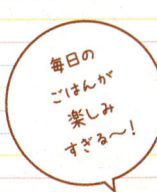
毎日の
ごはんが
楽しみ
すぎる〜！

肉食女子なら
迷わずハンバーガー★ **P.138**

ヤシガニにロブスター、
豪快に手づかみでいっちゃお **P.144**

Contents

aruco グアム

Let's go!

19 とびっきりの楽しみ方がざっくざく♪　13 のプチぼうけん

65 グアムの大自然を満喫できる海・山・空の遊びがいっぱい！

97 プチプラもレアコスメもお待ちかね♪　お買い物＆ビューティ決戦！

巻末 → "取りハズせる" 別冊MAP

便利だね！

ざっくり知りたい！ グアム基本情報

これだけ知っておけば安心だね

お金のコト

通貨・レート $1 = 約113円 (2018年11月15日現在)
通貨単位は $（ドル。発音は "ダラー"）と ¢（セント）

両替 日本での両替がベター

円からドルへの両替は、グアムの街なかの銀行、両替所、ホテルなどでできるが、レートは日本より悪い。両替前に必ず手数料も確認を。多くのショップではクレジットカードが利用でき、現地ATMでのキャッシングも可能（金利には留意を）。

チップ 目安は10～15%

ホテルのポーターは荷物1個につき$1、ルームキーパーはベッド1台につき$1。バレーパーキングの際、ベルボーイには車1台につき$1～2程度。タクシーは料金の10～15%。レストランでは食事代の10～15%程度が目安。

物価 東京と同じくらい

ホテル料金は、アメリカでも高いほう。
（例：🍼=$1、🚕=最初の1マイル$4、🍴=$10～）

お金について詳細はP.184をチェック！

税金 州税・関税なし。宿泊税がかかる

グアムは輸入関税のかからない自由貿易港（フリーポート）なので、どの店も免税。アメリカの準州なので、本土のような州税はナシ。日本の消費税に当たるものもない。ただし、宿泊代には11%の宿泊税がかかる。

ベストシーズン 通年

グアムは1年中泳げる常夏の島で、年間の平均最高気温は32℃、平均最低気温は21℃。季節は雨の少ない11月から5月の乾季と、にわか雨の南国特有のスコールが降る6月から10月の雨季に分けられる。7～10月は台風シーズンで、5～10年に一度、大型台風が発生する場合も。平均湿度は約72%とやや高いものの、1年を通じて東寄りの風が心地よい。夜は気温が下がり過ごしやすい。

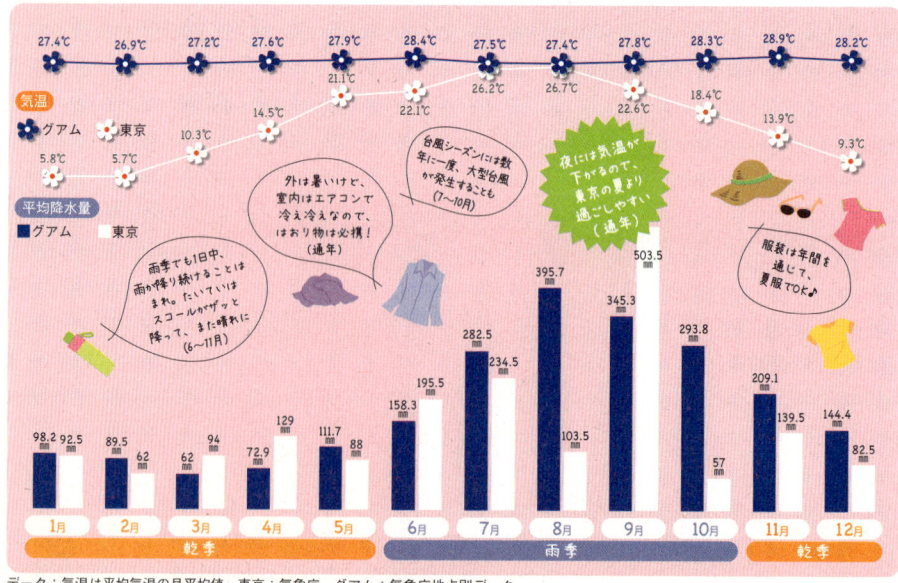

気温 🌼 グアム ❀ 東京

グアム: 27.4℃ 26.9℃ 27.2℃ 27.6℃ 27.9℃ 28.4℃ 27.5℃ 27.4℃ 27.8℃ 28.3℃ 28.9℃ 28.2℃
東京: 5.8℃ 5.7℃ 10.3℃ 14.5℃ 21.1℃ 22.1℃ 26.2℃ 26.7℃ 22.6℃ 18.4℃ 13.9℃ 9.3℃

平均降水量 ■ グアム □ 東京

外は暑いけど、室内はエアコンで冷え冷えなので、はおり物は必携！（通年）

台風シーズンには数年に一度、大型台風が発生することも（7～10月）

夜には気温が下がるので、東京の夏より過ごしやすい（通年）

雨季でも1日中、雨が降り続けることはまれ。たいていはスコールがザッと降って、また晴れに（6～11月）

服装は年間を通じて、夏服でOK♪

グアム（■）: 98.2 89.5 62 72.9 111.7 158.3 282.5 395.7 345.3 293.8 209.1 144.4
東京（□）: 92.5 62 94 129 88 195.5 234.5 103.5 503.5 57 139.5 82.5

1月 2月 3月 4月 5月 | 6月 7月 8月 9月 10月 | 11月 12月
乾季 | 雨季 | 乾季

データ：気温は平均気温の月平均値　東京：気象庁　グアム：気象庁地点別データ

日本からの 飛行時間
約3時間半

ビザ
45日以内の観光は
必要なし
パスポートの残存有効期間は入国時に90日以上が望ましい。

詳細は→P.176

時差
+1時間 サマータイムは実施していない。

日本	8	9	10	11	12	13	14	15	16	17	18	19	20	21	22	23	0	1	2	3	4	5	6	7
グアム	9	10	11	12	13	14	15	16	17	18	19	20	21	22	23	0	1	2	3	4	5	6	7	8

言語
**英語と
チャモロ語**

交通手段
**シャトルバス、
レンタカー、タクシー**

詳細は→P.180

アメリカの祝祭日とは別にグアム独自の祝日も!

年間の祝日

1月1日	ニューイヤーズ・デイ（元日）New Year's Day
1月 第3月曜	マーチン・ルーサー・キング・ジュニア牧師誕生日 Martin Luther King, Jr.'s Birthday
2月 第3月曜	プレジデント・デイ（大統領の日）President's Day
3月 第1月曜	グアム・ディスカバリー・デイ（グアム発見記念日）Guam Discovery Day
3～4月 イースター前の金曜	グッド・フライデイ（聖金曜日）Good Friday
3月21日以降の最初の満月後の日曜	イースター（復活祭）Easter（2019年4月21日、2020年4月12日）
5月 最終月曜	メモリアル・デイ（戦没者追悼の日）Memorial Day
7月4日	アメリカ独立記念日 Independence Day
7月21日	リバレーション・デイ（グアム解放記念日）Liberation Day
9月 第1月曜	レイバー・デイ（労働者の日）Labor Day
10月 第2月曜	コロンブス・デイ（コロンブス記念日）Columbus Day
11月2日	オール・ソウルズ・デイ All Soul's Day
11月11日	ベテランズ・デイ（退役軍人の日）Veteran's Day
11月 第4木曜	サンクスギビング・デイ（感謝祭）Thanksgiving Day
12月8日	カマリンの聖母マリアの日 Our Lady of Camarin Day
12月25日	クリスマス・デイ Christmas Day

いろんな祝日があるね

グアムのイベント → P.175

日常会話は英語だけど
日常会話の基本は英語だけど、チャモロ人同士の場合はチャモロ語が使われることが多い。チャモロ語のなかでも、観光客がよく耳にするHafa Adai（ハファデイ）は、ハワイのAloha（アロハ）と同様、歓迎の意味を込めて、あいさつ代わりに使われる。ツーリストエリアのタモンでは日本語を話せる人が多いものの、少し離れると通じないことがほとんど。

祝日の営業
年に4回のビッグホリデイ（元日、独立記念日、感謝祭、クリスマス）のうち、感謝祭とクリスマスは休業または、営業時間を短縮するショッピングセンターやレストランがあるので注意。それ以外の土日は、銀行や官庁が休みとなるが、ショップやレストランは営業していることが多い。

どんな人たちが行くところ?
友達同士のにぎやかバカンスはもちろん、ハネムーンやカップル、ファミリー旅行にも大人気。なかには、おじいちゃん、おばあちゃんを加えた親子3世代でバケーションを過ごす人も。どんな年齢層にも、どんな旅のスタイルにもマッチするデスティネーションがグアム!

グアムの詳しいトラベルインフォメーションは、P.173～をチェック!

3分でわかる！
グアム＆タモンのかんたんエリアナビ

到着！

島の全長は南北に約48kmで、大きさは日本の淡路島と同じくらい。車なら3時間ちょっとで島を一周できるグアム。観光の中心・タモンなど、主要エリアをサクッとご紹介。

C グアム最北端の村 ジーゴ
YIGO

村の大部分はアメリカのアンダーソン空軍基地だが、観光客も立ち寄れる美しいビーチが点在するエリアとしても有名。島で最大の人口を誇るデデド村に隣接。

A 観光の中心地はココ タモン
TUMON

おさんぽプラン → P.92

朝から夜まで観光客の姿でにぎわう観光の中心地がタモン。主要ホテルやショッピングセンターが集まり、ホテルの前にはエメラルドグリーンの海と白砂のビーチが続いている。

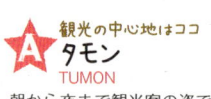

B 人気リゾートホテルも！ タムニング
TAMUNING

グアムでも有数の商業地で、空の玄関グアム国際空港もすぐ近く。ハガニア湾沿いにはリゾートホテルが数軒立ち並び、タモンに続くホテル街を形成している。

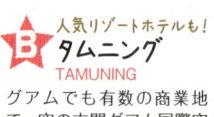

I ♥ GUAM

純白のビーチへ！

ココパーム・ガーデン・ビーチ

恋人岬

タモン
Tumon

デデド
Dededo

ジーゴ
Yigo

C

A

拡大図は右ページ

タムニング
Tamuning

B

ハガニア
Hagatna

D

グアム
国際空港

マンギラオ
Mangilao

N

Pacific
Ocean

Philippine
Sea

ピティ
Piti

アサン
Asan

ハファデイ〜

アガット
Agat

タロフォフォ
Talofofo

タロフォフォの滝

ウマタック
Umatac

イナラハン
Inarajan

グアム
最高！

メリッツォ
Merizo

E

ココス島

D 名所旧跡も多いグアムの首都 ハガニア
HAGATNA

おさんぽプラン → P.94

島のほぼ中央に位置し、スペイン統治時代の面影が色濃く残るヒストリカルエリアでもある。地元のグルメ通が集うレストランが点在し、水曜日はナイトマーケット（→P.30）も！

E グアム最南端の村 メリッツォ
MERIZO

スペイン統治時代の旧跡が残り、ヨーロッパの田舎町のような風情があるエリア。美しいラグーンに抱かれた無人島、ココス島（→P.78）への玄関口でもある。

タモンのオススメビーチ

F 週末はローカルの姿でいっぱい
イパオ・ビーチ・パーク
Ypao Beach Park

タモン湾の最南端にあり、イパオ公園に隣接。週末には地元の家族連れでにぎわう憩いの場。スノーケリングポイントとしても知られ、色とりどりの熱帯魚がいっぱい。

H 観光客で大にぎわい！
アウトリガー～ハイアット前
Around Outrigger～Hyatt

ペダルボートやビーチチェアなどのレンタルショップがあり、平日も1日中、観光客の姿でにぎわう活気あるビーチ。タモン湾のなかで最も華やかでリゾート感を味わえる♪

G サンセットウオッチもおすすめ
マタパン・ビーチ・パーク
Matapang Beach Park

タモン湾のほぼ中央にあるローカルに人気のビーチパーク。遠くに突き出た恋人岬をバックに記念撮影するにも絶好のポイント。ロマンティックな夕暮れ時もおすすめ。

I 映画のワンシーンみたい
ガン・ビーチ
Gun Beach

ダイビングポイントとしても知られ、白砂の美しいビーチが広がっている。ビーチ・バーが1軒（ザ・ビーチ→P.56)あり、昼間から大にぎわい！

タモン南部

タモンのなかでも比較的静か

地元の人が集うイパオ公園があり、のんびり南国らしいエリア。パシフィックスター、パシフィック アイランド クラブ、ヒルトンなど大型リゾートが集まる。

注目スポット
- ●ヴィンヤサヨガ…………… P.51
- ●プロア(チャモロ料理)… P.147
- ●ツリー・バー…………… P.162

タモン中央部

おいしい店が集まるグルメエリア

世界の味巡りを楽しめるレストランが集まり、食べ歩きにピッタリ。買い物はアカンタ・モールとブランドが集まるタモン・サンズ・プラザが代表的。

注目スポット
- ●タモン・サンズ・プラザ… P.98・101
- ●アカンタ・モール…… P.99
- ●ハーゲンダッツ・カフェ フィエスタリゾート グアム店…P.158

南国を満喫♪

タモン北部

最もにぎわう目抜き通り

Tギャラリア グアム by DFS を筆頭にザ・プラザ ショッピングセンターなど、プレジャー・アイランドと呼ばれる一帯がタモンの中心地。遊びも充実！

注目スポット
- ●Tギャラリア グアム by DFS…P.98・100
- ●ザ・プラザ ショッピングセンター…P.98・103
- ●ターザ・ウォーターパーク……P.76

13

Check it Out

グアムではただいまSNS映えするグルメが続々と登場中。
フォトジェニックツアーもお見逃しなく、行きたいところがいっぱい！

グラスもかわいいでしょ♡

01 ソーダショップの
フィズ＆コーは店内どこもフォトジェニック♡

かわい過ぎるとインスタで話題なのが、ローカル色の濃いアガニア・ショッピングセンター内にあるフィズ＆コー。メニューはバーガーやホットドッグなどの軽食、デザート系ドリンクなど。

フィズ＆コー Fizz & co
Map 別冊 P.14-B3　ハガニア

🏠4号線沿い、アガニア・ショッピングセンター内
☎922-3499　🕙10:00～20:00　休1/1、感謝祭、12/25　料$9～
Card D.J.M.V.　要不要　送迎なし

こちらもチェック！→P.20,21

お店の中、全部がラブリー♪

02 タモンにハンバーガー専門店、
ハンブロスが登場！

グリルシュリンプ、クアトロチーズ、オレガノハーブなど種類豊富なグルメバーガーは、その日に作る100％ホームメイドパテと新鮮な野菜のみを使用。ひとりでは食べきれないほどビッグサイズの店が多いなか、女子にもちょうどいいサイズ感♪

こちらもチェック！→P.139

ハンブロス HAMBROS
Map 別冊 P.13-C2　タモン

🏠ホテル・ロード中央部、タモン・サンズ・プラザ隣
☎646-2767　🕙11:00～22:00、土・日曜10:30～　休感謝祭　料$10～
Card M.V.　ベター　送迎なし
URL www.facebook.com/HambrosGuam

赤と青のカラフルな外観。店内もフォトジェニック

アールグレイは人気の味よ

アイスのようなジェラートのような不思議な食感のニトロアイスが楽しめるカフェ。液体窒素を使って冷やし固めるので、スプーンですくうとねっとり濃厚なのに、口の中でとろけて後味さっぱり。パステルピンクを基調にした店内のインテリアもかわいい♪

サンデイズ Sundays
Map 別冊 P.13-C3　タモン

🏠ホテル・ロード中央部、エイビス・レンタカー隣
☎989-0894　🕙10:00～22:00　休1/1、12/25　料$6.50～　Card J.M.V.
要不要　送迎なし URL m.facebook.com/sundaysguam

南国モチーフの壁がキュート

03 急速冷凍でとってもクリーミー。
サンデイズのニトロアイス

こちらもチェック！→P.21

空気のように軽いパフ

カリフォルニアからグアムに移住してきたオーナーパティシエが手がけるスイーツカフェ。LA発のアイスクリームチュロ、プッシュアップケーキ、自家製マカロン、ケーキポップなど、どれもカラフルでキュート。

カラフルなディップソースを付けて食べるシリアルパフ、ドラゴンズ・ブレス$7。液体窒素のおかげで最後までひんやり

04
かわいい見た目のスイーツが充実！ カリフォルニアの味をスノー・モンスターで

こちらもチェック！ →P.21

スノー・モンスター SNOW MONSTER
Map 別冊P.13-C2　タモン

🏠ホテル・ロード中央部、タモン・サンズ・プラザの向かい
☎649-2253　🕐11:00～23:00、日曜12:00～
🈂年中無休　💰$1.50～　💳D.J.M.V.　🈷不要
🚐送迎なし　🔗www.facebook.com/snowmonstergu

06
グアムミュージアムの常設展がオープン！

グアムミュージアム Guam Museum
Map 別冊P.14-A2　ハガニア

2017年にグランドオープンしたグアムミュージアムが、待望の常設展をオープン。展示エリアはミュージアムの2階にあり、グアムの歴史をわかりやすくひも解いていく構成。

🏠スペイン広場向かい
☎989-4455　🕐10:00～16:00
🈂年中無休　💰$20、5～17歳$2、4歳以下無料　💳M.V.
🔗guammuseum.org

07
トランポリンでリフレッシュ！スカイ・ゾーン・グアム

トランポリンだから簡単

アガニア・ショッピングセンター内に巨大なトランポリン施設が出現。広いスペースにびっしりトランポリンが敷き詰められ、ぴょんぴょん跳ねながらドッヂボールで遊んだりダンクシュートを決めたりと、さまざまなゾーンが楽しめる。

スカイ・ゾーン・グアム SKY ZONE GUAM
Map 別冊P.14-B3　ハガニア

豪快なダンクシュートにトライ

🏠4号線沿い、アガニア・ショッピングセンター内　☎969-9663　🈷なし
🕐10:00～21:00　🈂12/25　💰$18（60分）、$26（120分）（ソックス代$2込み）
💳J.M.V.　🚐送迎なし　🔗www.skyzone.com/guam

05
本場台湾の味が楽しめるタピオカ・カフェ

店内はゆったりしたレイアウト

台湾出身のオーナーが作るタピオカは、超もちもちでおいしさが格別。ドリンクは数十種類のフレーバーがあり、大粒のタピオカがゴロゴロ。マカロンやクレープなどスイーツもあります。

タピオカ・カフェ Tapioca Café
Map 別冊P.10-B3　タムニング

紫のグラデがキレイ

🏠グアム・プレミア・アウトレット向かい
☎989-6686　🕐10:00～21:00
🈂年中無休　💰$4～　💳J.M.V.
🈷不要　🚐送迎なし

台湾からオーダーしているバタフライピービーフラワーをお茶にしてハニーレモンをブレンド。$5.50～

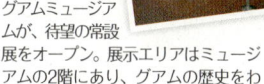
こちらもチェック！ →P.21

08
フォトジェニックツアーが大人気

フォトジェニックなグアムを撮りたいけれど、土地勘もなければ、左ハンドルの車の運転も尻込みしちゃう。そんなときは、こちらのツアーへ。SNS映えするスポットへ専用車で連れていってくれます。コースは4つ。

フォトジェニックツアー
Map 別冊P.10-A2　タムニング

🏠シェラトン・ラグーナ・グアム・リゾート、マリンセンター内
☎649-6482　🈂年中無休
🕐7:40～、12:40～の1日2回
💰タモンコース$85（所要約3時間）、恋人岬コース$100（所要約3時間）、ハガニアコース$100（所要約3時間）、タモン＆フォトジェニックプール$95（所要約4時間）　💳D.J.M.V.
🚐送迎あり　🔗www.paulsdiving.com/marine-center/jp

グアム3泊4日 aruco的 究極プラン

プチぼうけんしちゃうぞ！

ビーチでもたっぷり遊びたいし、人気ツアーにもいろいろ参加したい！
それにお買い物やグルメだって楽しみた～い。
そんな欲張り女子のために、グアム満喫プランをお届け♪

Day1 グアムに到着！南国モードにスイッチon

日本を午前に出発する便なら、午後にはグアム到着。さっそく南国モード全開で行動開始！

 送迎バス約15分

14:30 グアム国際空港に到着

16:00 タモン北部のホテルにチェックイン

徒歩数分

さっきまで日本にいたなんてウソみたいでしょ♪

17:00 **タモンのビーチを散策！** P.92

徒歩数分

18:00 **ザ・プラザで**
注目ショップをひと巡り♪
レアコスメも要チェック！ P.103・124

徒歩またはバス

19:00 **特大サイズのステーキで**テンションUP↑ P.140

モリモリ食べてパワー全開

徒歩またはバス

20:30 **Tギャラリアで憧れブランドをチェック！** P.98・100

徒歩数分

23:00まで営業してるから助かる～！

22:00 **ABCストアで**
ドリンク＆おやつを調達 P.120

いっぱい買っちゃった

Day2 朝から夜まで遊び尽くす！マストつめこみプラン

グアムのいいトコどりを1日で！
海・陸・夜の遊びをぜ～んぶ制覇♡

8:00 **マリンアクティビティにトライ** P.68・70

ホテルから徒歩またはバス

グアムの海は1年中楽しい♪

イェーイ！

12:00 ファストフードorファミレスで
グアム限定メニュー P.148

徒歩またはバス

おなじみのレストランにあるよ

かわいい♪

13:00 ハガニアやタモンで
SNS映えスポット巡り P.20

おいしくてフォトジェニック♪

シャトルバス＋送迎車

17:30 **サンドキャッスルで**イリュージョン P.88

ショーも食事もゴージャス☆

徒歩またはバス

21:00 夜はまだまだこれから！
グアムの地ビールで乾杯♪ P.160

こんなの買っちゃいました

ABCストアでミトン P.121

ロス・ドレスで軽量カップ P.130

シュガー・クッキーでラヴィドのフェイシャルセラム P.125

ラニ・ビーチで帽子 P.115

ロコ・ブティックで水着 P.114

ABCストアでビーチサンダル P.120

ナチュラライザーでサンダル P.110

Day3 まだまだビーチもお買い物も！南国リゾートをたっぷり堪能♥

朝出発のビーチツアーでマリアナブルーの海と戯れたあとは、南国ショッピングとグルメを堪能♪

8:30 白砂のプライベートビーチへ P.78

きれいな海に感激しちゃう★

ホテルからシャトルバス約20分

15:00 大型モールMMで南国ファッションGet！ P.99・106
スーパーや雑貨も要チェック★ P.118

シャトルバス約20分

外国のスーパーって楽しい！

17:00 毎日がオフプライスのアウトレットGPOへ P.99・109

シャトルバス＋徒歩

プライスダウンにドキドキ★楽しい

19:30 最後の夜はチャモロ料理をチョイス P.146

バスまたは徒歩

ご当地グルメを楽しもう

21:00 南国の夜を楽しめるバーでうっとり♡ P.162

飲んで食べて大はしゃぎ

Day4 早起きしてランチまで遊び尽くしちゃお♪

早朝のアオウミガメツアーもオススメ！ → P.25

夕方の便で帰国するなら、午前中は遊べる！早起きして、ギリギリまで楽しまなくちゃね。

7:00 朝食後はタモン・ビーチで海遊び♪ P.74・92

徒歩数分

絶品パンケーキ▶

10:00 ABCストアでおみやげ最終チェック！ P.120

徒歩数分

バラマキみやげも再点検

11:00 おいしいハンバーガーでハッピータイム♡ P.138

徒歩数分

ボリューム満点のジューシーなバーガーをどうぞ！

12:30 ホテルをチェックアウト

good bye Guam

夕方 グアム国際空港発、夜日本帰国

旅づくりのヒント

ツアーと個人手配旅行、どっちが正解？
ピークシーズンの場合は航空券とホテルを個人で手配したほうがお得なこともあるけれど、たいていの場合はパッケージツアーのほうが安上がり。

ツアーの上手な選び方
いちばんのポイントはフライト時間。短期間でもたっぷりグアム滞在を楽しむには多少高くても日本午前発、夜帰国のプランを。土日利用の弾丸旅なら金曜夜発、月曜午前着の安いプランも◎！

ホテルはどう選んだらいい？
海に近くて買い物も便利なのはタモン、少し喧騒を離れたいなら郊外のホテルを選んで。大人数ならコンドミニアムも◎。オーシャンビューにこだわるならフンパツしてでもリクエストを。

アレンジ Plan 1 (1 Day)
南国の大自然に癒やされる♪ パワーチャージプラン

グアム最大の魅力は、大自然に囲まれていること。癒やされながらエネルギーをチャージ！

8:00 パワースポットで
神秘のブルーに感動 P.36・38

自然の力に癒される〜

ホテルから送迎車

15:30 最新スパで
極楽タイム♪ P.126

ホテルに戻って徒歩またはバス

日頃の疲れをリセット

18:00 サンセットを
楽しめるレストランへ P.56

とってもロマンティックな時間です♪

徒歩またはバス

20:00 ホテルの
ジャクージやバルコニーから
星空ウオッチング P.60

憧れの南十字星を見つけた♥

アレンジ Plan 2 (1 Day)
ファミリーみんなで はしゃぎまくり！

名物のイルカウオッチングからスタートして、キッズも大人もみんなで楽しめるファミリープランです♥

7:30 野生の
イルカに ご対面♡
ツアーはランチ付き P.22

イルカの親子！

会える確率は90％以上！

ホテルから徒歩またはバス

13:00 ターザ・ウォーターパーク
でスライダーに挑戦 P.76

流れるプールでのんびり

ホテルに戻って徒歩約2分

16:00 グアム限定
スイーツをチェック♥ P.158

ひんやりスイーツもあるヨ♪

徒歩＋バス＋徒歩

17:30 ポリネシアンディナーショーで
アゲアゲ〜 P.46

ファイアーダンスもお楽しみに

バス＋徒歩

21:00 JPスーパー
ストアでおみやげ探し P.98・104

お友達のおみやげに

その他 アレンジ Plan

1Day
とっておきの穴場スポットへ！
シーサイドドライブ・プラン P.40

自由気ままな旅ができるレンタカーで、ローカルしか知らないビーチや穴場スポットを巡っちゃお！ タモンとは違う風景に出合え、旅がグレードアップ♪

朝or夜
グアム滞在が週末なら朝市、水・木曜ならハガニアへ！ P.28

デデドの朝市は、毎週土・日曜に開催。毎週水曜はハガニアのチャモロ・ビレッジでナイトマーケット、木曜はトラック屋台市も！

早起きして朝市へ〜

ナイトマーケットも楽しい！

グアム愛
バクハツ♡

とびっきりの 楽しみ方がざっくざく♪ 13のプチぼうけん

初めての海外旅行という人はもちろん、
グアムはいろいろ体験済み♪というリピーターも、
意外と知らなかった裏ワザ的グアムの楽しみ方はいかが?
だって普通に観光するだけじゃ物足りないんだもん。
そんな女子ゴコロに火をつけるプチぼうけんで、
グアム愛をもっともっと深めちゃお♪

L E T'S G O !

いいね！がたくさんつく予感☆
自分で行ける インスタグラム最強スポットを制覇！

#Fizz&Co.
#インスタで大人気
#めちゃアメリカン

フィズ＆コー C
Map 別冊 P.14-B3

店内のいたるところにポップな雑貨やアメコミ看板がいっぱい。どこを撮ってもインスタ映え抜群♪ →P.14

🚌ショッピングモール・シャトル㉗下車、徒歩約3分

Point 引いても寄ってもフォトジェニックだから好きな構図を切り取って。

レトロでかわいい

有名ブログで火がついたインスタの聖地

りゅうちぇるとぺこちゃんがブログにあげたことから有名になり、かわいい写真を求めて日本人女子が殺到するように。タモンからはバスで30分以上かかる場所だけど、SNSで自慢できる写真が撮れること間違いなし！

グアムのかわいいがいっぱい！

キレイな海や青い空だけじゃない！街なかを歩いているだけでインスタ映えするスポットに出合えるグアム。カラフルなバス停や建物、おしゃれなカフェなどお気に入りを見つけて。

赤いシャトルバスで巡れます！

TOTAL 5時間

⏰オススメ時間 9:00〜14:00　💰予算 $30くらい

🚩まずはタモンから脱出
赤いシャトルバスのタモン・シャトルでGPOを目指し、⑪番で下車。その後、GPOでショッピング・バスに乗り換えて、ハガニアへ。まずは遠いところから攻めて。

Point サングラスの向こうに撮りたいものを入れるとグアムらしさがUP！

#Hagatna_Bay
#南の島
#ビーチ

ハガニア湾 A
Map 別冊 P.10-A2
無人島が浮かぶ穏やかな湾。タモンの喧騒とは違って人も少なくのんびりとした雰囲気
🚌タモン・シャトル⑫下車、徒歩約5分

#Hagatna
#スペイン広場
#行列ができるインスタスポット

GUAM

ハガニア B
Map 別冊 P.14-A2
スペイン統治時代の旧跡が多く残るグアムの首都。新ランドマークのグアムミュージアムも美しい →P.15
🚌ショッピングモール・シャトル㉗下車、徒歩約11分

グアムのSNS映えスポットのなかでも最強のシーンを集めました♪ 赤いシャトルバスを使って自分で行けるから、お気に入りをたくさん切り取って、SNSにアップしよ！

シャトルバスの詳細 →別冊P.16

シャトルバスの詳細 →別冊P.16

赤いシャトルバスで撮影スポットへ！

プチぼうけん 1

自分で行けるインスタグアム最強スポットを制覇！

#Fizz&Co
#ロゴ入りグラスが
かわいい♥

フィズ＆コーのグラス　Map 別冊P.14-B3　D
お店のいちばん人気、山盛りホイップをトッピングしたストロベリークリームソーダ$3.95　→P.14
🚌ショッピングモール・シャトル㉖下車、徒歩約3分

Point

Kmart
Háfa adai!

#Upper_Tumon
#お買い物
#プチプラ

Kmartのロゴの下に書かれているHafa Adaiは、チャモロ語で「こんにちは」の意味。グアムらしさを出すなら、この文字はマストで入れて。

クマート　Map 別冊P.12-B3　E
ローカルやツーリストでいつも賑わっているスーパーマーケット。おみやげから日用品まで充実　→P.99
🚌ショッピングモール・シャトル㉕下車、徒歩すぐ

#Tapioca_Café

タピオカ・カフェ　Map 別冊P.10-B3　F
大粒のタピオカ入り。シャーベットドリンク$3.95、バタフライビーフラワージュース$5.50〜　→P.15
🚌タモン・シャトル⑬下車、徒歩約4分

Point

I ♥ Guam!

I ♥ Guamの文字に近づいて、そこだけを切り取るように撮るのもかわいい♥

#Bus_Stop

バス停　Map 別冊P.12-B3　G
主要スポットを結ぶシャトルバスのバス停。ポップなイラストで待ち時間が楽しくなる♪
🚌タモン・シャトル⑯下車、徒歩すぐ

#Häagen-Dazs
#カラフルコーン
#イチゴのトッピング

ハーゲンダッツ・カフェ　Map 別冊P.12-B2　H
サクサクのワッフルコーンにお好みアイスをワンスクープ。チョコがけイチゴ載せ。各$9.50　→P.158

#SUDAY'S
#ニトロアイス
#ローカル女子に話題

サンデイズ　Map 別冊P.13-C3　I
ニトロアイスのアールグレイ味$6.50。焼きキャラメルのような甘さのハニーコームをトッピング　→P.14
🚌タモン・シャトル⑰下車、徒歩約2分

#SNOW_MONSTAR
#ビヨンセ・レモネードが人気

スノー・モンスター　Map 別冊P.13-C2　J
アイスキューブが溶け出して絶妙なグラデーションを作り出すビヨンセ・レモネード$6.95　→P.15
🚌タモン・シャトル⑥下車、徒歩すぐ

TUMON TRADE CENTER
GUAM　U.S.A.
13 N / 144°E
Hafa Adai & Good Vibrations
www.fokai.jp

#インスタグアムの聖地
#行列必至のスポット

通称ピンクビル　Map 別冊P.13-C2　K
インスタグアムの旅は大人気のピンクビルでフィニッシュ♥ いろいろなポーズで撮ろ〜！
🚌タモン・シャトル⑰下車、徒歩約4分

Point

GUAM U.S.Aの白いサインを入れて撮ってね★

最旬SNS映えスポットぜ〜んぶコンプリート！

21

グアム人気No.1⭐ツアーを200%楽しむ！
イルカウオッチング徹底ナビ

親子やカップルのイルカが遊ぶ様子にキュン♥ 数あるツアーのなかでもグアムでいちばん人気の
イルカウオッチングをもっと楽しむためのコツや、ハズさないおすすめのツアーをarucoがご紹介♪

イルカ
遭遇率は
90%
以上

aruco
イチオシ！

揺れの少ないカタマランで
イルカクルーズツアーへ

野生のイルカはどこを泳ぐかわかりません。
でも、揺れの少ないカタマラン（双胴船）な
らイルカを探している間もクルージング気
分。デッキの一部がハンモックになっている
ボートなら、真上から泳ぐイルカを見られる
ことも♪

親子で
ジャンプ♪

お見事☆

遭遇率は90%。
ベテランのキャプテンが
イルカの群れを発見！
日本語スタッフもいます
by キャプテン・ジャッキー

オススメPOINT
スノーケリング
タイムも
あります！

間近で
見られるよ

拍手するとイルカが近くに！

イルカたちと対面し
たあとは、スノーケ
リングを楽しみます

野生のイルカに会いにいこう！

TOTAL
3時間45分

ツアー時間	7:30～11:15	予算	$65
	9:45～13:30		

🐬 **ボートと遊んでくれるイルカたち**
好奇心旺盛なイルカたちはボートが立
てる波に乗ってジャンプしたり、拍手す
ると興味津々で近寄ってきてくれる！

8:30 イルカを探しに出発！

遊んでいるイルカのそばにそっと近づきます

こんなに間近に！

8:45 イルカの群れを発見！

一緒に遊ぼ☆

イルカウオッチング徹底サポ

オススメPOINT
揺れにくいカタマランだから安心！

安定感抜群のカタマランなので、揺れにくくて快適♪

南西部のアガット・マリーナから出航です

ボートの引き波に乗って楽しそうにジャンプ！

9:00 スノーケリングのポイントへ移動

オススメPOINT
アクティビティも充実

釣れちゃった〜

コツを伝授！

シャッターチャンス！

2回ジャンプする習性を生かしてスタンバイ！
グアムで見られるハシナガイルカは2回連続でジャンプする習性が。1回目のジャンプを見逃しても、その前方にカメラを向ければイルカの勇姿を写真に収められます。

釣りをしたい人はボートからフィッシング♪

熱帯魚がいっぱい！

波が穏やかな日は色鮮やかな魚たちと一緒にスイミング★

10:30 イルカと会える海にお別れして、港へ

風を受けながらゆったり港へ。優雅なひとときです。セイル前での記念写真も忘れずにね

エンジョイできたかな

ツアー時間
11:15
7:30
※第1便の場合

揺れの少ないカタマラン・ボートで出発！

タートル・ツアーズ・イルカウオッチング・アドベンチャー
Turtle Tours Dolphin Watching Adventure

グアムの海のアイドルといえばイルカ❤ キャプテンが巧みに操作するボートなら、波乗りをするキュートな姿をすぐそばで見られちゃう。それにカタマランは安定性抜群！ 船酔いしにくく、クルージングする姿も優美です。なかにはデッキの一部がハンモックになっているタイプもあり、イルカを真上から見られると人気。

Map 別冊P.7-C1

アガット

⚓ アガット・マリーナから出航
☎ 646-1710 🈳 なし ⏰ 7:30
〜11:15、9:45〜13:30の1日2便
🈺 年中無休 💴 $65、5〜11
歳$35（アイスティー、スナック、ホテル送迎込み）
Card D.J.M.V.
URL www.turtletoursguam.com

※繁忙期は船が変更になる場合があります。

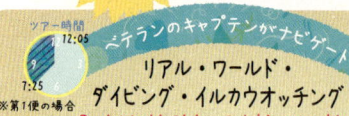

コチラもオススメ！ グアム2大定番人気イルカツアーもチェック！

アクティビティも大充実！

左：リアル・ワールド・ダイビング・イルカウォッチング

ツアー時間 12:05 〜 7:25 ※第1便の場合

ベテランのキャプテンがナビゲート

リアル・ワールド・ダイビング・イルカウォッチング
Real World Diving Dolphin Watching

グアムでイルカウォッチングの元祖ともいわれる会社で、海を知り尽くしたキャプテンは20年以上のベテラン。海上で停泊しながらマリンアクティビティも満喫！

オススメPOINT
★キャプテンはグアムの海を知り尽くしたベテラン
★揺れの少ない49人乗り大型クルーザー
★日本語OKのスタッフがナビゲート

by キャプテン・フレッド

+αでこんなアクティビティも！

海へジャンプ！

1. クルーザーを停泊して、アクティビティタイム！ 水上トランポリンで海にジャンプ、楽しい〜 2. フィッシングタイムもあります 3. バナナボートに大盛り上がり！ 水着の用意だけ忘れずに

★**イルカウォッチング（基本コース）**
$58 4〜11歳 $30 約4時間30分
外洋でのスノーケリングや釣り、水上トランポリンなどのアクティビティも楽しめる基本コース

★**イルカPB** $130 6〜11歳 $60 約7時間30分
基本＋パラセーリング＆バナナボート

★**イルカよくばりパック** $150 6〜11歳 $85 約9時間30分
基本＋パラセーリング＆バナナボート＆水上バイク

※その他、パラセーリング＆水上バイク＆バナナボート、アクア・コム、スヌーバ（→P.72）などとの組み合わせも可

Map 別冊P.12-B3 タモン 🎫🌸🏠

🏠ホテル・ロード中央部、フィエスタリゾート グアム敷地内（事務所）
☎646-8903 📠なし ⏰ホテル発7:25〜、10:25〜の1日2便。所要時間4時間30分 🈺1/1、12/25 💰$58、4〜11歳$30（お弁当、ドリンク、ホテル送迎込み）Card J.M.V. URL www.rwdiving.com

---

右：スキューバ・カンパニー・マリンスポーツ・イルカウォッチング

ツアー時間 12:00 〜 8:30 ※第1便の場合

イルカウォッチングのパイオニア

スキューバ・カンパニー・マリンスポーツ・イルカウォッチング
Scuba Company Marine Sports Dolphin Watching

万が一、見られなかったときはもう一度、無料でチャレンジOK。またはプレゼントをもらえます。イルカツアーのあとに各種マリンアクティビティの組み合わせができるのも魅力。

オススメPOINT
★ベテランのキャプテンがナビゲート
★揺れの少ない50人乗り大型クルーザー
★スタッフは日本人または日本語OK

by チーフキャプテン・ジン

+αでこんなアクティビティも！

1. クルーザーから滑り台が出現！ 2. パラセーリングで空中散歩 3. 水上トランポリン

1、2、3でジャンプするよ

★**イルカウォッチング＆オーシャンパーク（基本コース）**
$58 6〜11歳 $31 約3時間30分
海上の遊び場、オーシャンパークにてボートスノーケリング、水上滑り台、水上トランポリン体験付きの基本コース

★**基本＋体験ダイブ**（→P.70）
$99 10・11歳 $94 約5時間30分

★**基本＋水上バイク**
$103 6〜11歳 $76 約5時間30分

★**基本＋アクア・ウォーク**（→P.73）
$99 8〜11歳 $94 約5時間30分

★**基本＋パラセーリング＋バナナボート**
$99 6〜11歳 $54（バナナボートは8歳〜） 約5時間

★**基本＋アクア・ウォーク＋パラセーリング＋バナナボート**
$144 8〜11歳 $112 約7時間など 各種組み合わせ可

Map 別冊P.10-A2 タムニング 🎫🌸🏠

🏠ベイレス・スーパーマーケット オカ店近く（事務所） ☎649-3369
📠03-5731-3488 ⏰ホテル発8:30〜、10:30〜の1日2便。所要時間3時間30分 🈺年中無休 💰$58、6〜11歳$31、5歳以下無料（お弁当、ドリンク、ホテル送迎込み）Card A.D.J.M.V. URL www.scubaco.com

---

※上記ツアーの船の出航場所は日によって異なります。

レアツアーも
チェック☆

ウミガメと出会える♥
感動のボートスノーケリングツアーへ

会いに
来てね〜

現地の海を知り尽くしたダイバーが、ウミガメと出会える
ポイントまで案内。ダイビング器材を使わないから気軽に
参加できて、帰りのフライトによっては帰国日当日でもOK♪

ダイバーが
見つけてくれます

プチ
ぼうけん 2

イルカウオッチング徹底ナビ／ウミガメツアー

大注目のウミガメツアーでは高確率で会えるポイントへ

ウミガメ
遭遇率は
90%以上

透明度の高いグアムの海
はスノーケルだけでも楽
しいのに、突然ウミガメが現れた
らもう本当に感激します！ 水面
から見ているだけれど、すぐ
下のウミガメと一緒に泳いでいる
みたい。驚かせないようにそっと
見守ってね。

海底付近に
いることも

感動のウミガメウオッチング

TOTAL
約3時間
45分

ツアー
時間　6:45〜10:30
　　　13:15〜17:00

予算　$65〜

🐢 **グアムの海でレア体験！**
ウミガメは海の中で稀にしか見ることの
できないダイバー憧れの生き物。透明度
の高い海で貴重な体験ができて最高〜。

実は
シャイです

癒やされる〜

オススメPOINT ①

**帰国当日でも
できます♪**
ダイビング後12
時間は飛行機に搭
乗は不可。スノー
ケリングはOK。

ポイント先の
海の上で停泊してます。
ウミガメとの触れ合いを
楽しんできて！
by キャプテン

オススメPOINT ②

**ダイビング
ライセンス不要**
事前レクチャーも
日本語で。ダイビ
ング免許のない初
心者もOK♪

ばっちり
見えました♪

本格スノーケル体験

専用ボートに乗ってその
日の海洋状況を見なが
ら、ベストなポイントへ。
上下スウェットスーツも
無料でレンタルできます

ツアー時間
10:30
6:45

優雅に海の中を泳ぐ姿は感動もの！
S2 クラブ 海ガメスノーケリング
S2 CLUB Turtle Snorkel

スノーケルを楽しみながらウミガメを観察でき
るツアー。ボートに乗り込み、ポイントへ着い
たら海へドボン。インストラクターがウミガメ
を探索している間は、水面を泳ぎながら魚たち
を見てのんびり。やがてインストラクターがウ
ミガメがいる場所まで案内してくれて、運がよけ
れば数匹のウミガメと遭遇できる♥

Map 別冊P.6-A2　アプラ港

🏠 アプラ港から出港　☎688-1163
📞問合 S2 CLUB 東京 03-3590-6585
🕐6:45〜10:30、13:15〜17:00の1日2
便　料悪天候時 料8歳以上午前$65、午
後$70、乗船料$45（ドリンク、ホテル送迎、
スノーケルセット込み）Card A.D.J.M.V.
URL www.s2club.net/guam

Schedule ※午前便の場合

6:45	ホテルにお迎え
7:45	ショップ前の港から出港！
8:15	ウミガメスノーケルポイントへ到着 スノーケル時間30〜40分
9:30	ボート帰港。ショップにてシャワー
10:30	ホテル到着

25

恋が実るかも♡

恋人岬のHappyスポット♥と絶景をコンプリート☆

タモンビーチのほとんどの場所から見える恋人岬。若い恋人同士の伝説も残るその場所を目指してバスで出かけてみましょ。タモン湾の絶景と雄大なサンセットが迎えてくれます。

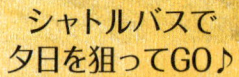

恋人岬に伝わる悲恋の伝説

スペイン統治時代、若く美しい娘が父親の決めた結婚から逃れ、恋人と互いの髪を結び合ってここから海に身を投げたのだそう。以来チャモロ人はここを若い恋人たちの聖地として恋人岬（プンタン ドス アマンテス）と呼ぶように。

タモンのホテル群や湾を背景にスマイル！

シャトルバスで夕日を狙ってGO♪

タモンから近くて、グアムでいちばん有名な景勝地が恋人岬。赤いシャトルバスの恋人岬シャトルを使って、気軽に足を延ばしてみて。夕日鑑賞にも絶好♪

タモン湾を見渡せる名所

恋人岬 Two Lovers Point
(Puntan Dos Amantes)

海抜112mの断崖にあるビューポイント。2階建ての展望台からは美しいタモンの海やきれいな夕日を見ることができ、ラブ・ベルやハート・ロック・ウォールなど恋人たちの絆を結ぶHAPPYスポットも点在。

Map 別冊 P.11-D1　デデド

🏠タモン湾の北端 📞647-4107 ⏰ゲートオープン 7:00〜19:00、展望塔・ギフトショップ8:00〜19:00 🈺年中無休 💰展望台$3(6歳以下は無料) 💳J.M.V. 🔗puntandosamantes.jp

恋人岬へバスでGO！

TOTAL 1時間30分

| オススメ時間 | 夕方 | 予算 | $12〜 |

💡 **サンセットもお見逃しなく**
日中の眺めもいいけれど、時間があればサンセットに合わせて行くのがおすすめ。日没時間の目安は季節により17:50〜18:52。

タモン湾

展望塔
ラブベンチ
展望台発券所
ハート・ロック・ウォール
レストラン
恋人たちの像
チャペル
恋人たちの鐘
売店
駐車場
恋人岬ギフトショップ
バス停

0　40m
N

インスタスポットに人気のラブベンチだよ

17:45
眺めが最高～

展望台からはタモンの街が見えるよ！

水平線が彼方に見えて気持ちいい～。真下の海は海底まで透きとおって見える

17:40
バスを降りると・・・展望台が見えてきた！

岬から突き出している展望台。高さもかなりあります！

START! **17:15**

Tギャラリアby DFS前から赤いシャトルバスあり！

まずは岬をバックにパチリ！

恋人岬のHappyスポット♥と絶景

プチぼうけん3

18:00
恋人たちの鐘を鳴らしてみる

世界中の人々がひとつに結ばれるようにと願いが込められたラブ・ベル

Happy Spot

Happy Spot

恋愛運がアップするかも!?

18:05
恋人たちの像を見てみよう

伝説になぞらえた高さ約10mあるアマンテス像

18:10
ハート・ロック・ウォールに鍵をかけてラブ運祈願！

いつからか願いを書いた鍵をつけるように。鍵はギフトショップと展望台入口で販売

Happy Item

$6で販売

I ♥ GUAM

恋人岬ギフトショップでゲット！

18:15
ギフトショップで買い物

悲恋伝説にちなんだグッズやメイド・イン・グアムの雑貨が多数。訪れた記念にいかが？

Made in Guam

伝説に残るカップルがモチーフ。男女が寄り添う木彫りのオブジェは愛を誓うカップルにぴったり。$7

大粒マカダミアナッツを2種類の上質チョコでコーティング。恋人岬だけの限定パッケージ。$5.79

TWO LOVERS POINTの文字入りラゲージ用ネームタグ$2.99

恋人岬が描かれた持ち運びに便利なケース入りアルミのコースター4枚セット$7.99

18:30
サンセットウォッチも最高

海と空を染める幻想的な風景はいっそうロマンティック

グアムの日没時間 → P.54

最終バスは19：00発

27

毎週水・木・土・日曜はお祭り騒ぎ★
日替わりマーケットがアツい!

水・木・土・日曜にグアムにいるなら、ロコも愛するマーケットへレッツゴー!
フードトラックに夜市、朝市、どこへ行ってもお祭り騒ぎで楽しい♥

屋台
トラックが
いっぱい!

ペイントトラックが
キュート!

木曜はローカルタウン、
ハガニアで決まり!

イベント好きなローカルに欠かせないフードトラック。最近ではさまざまな場所で目にするけれど、毎週木曜日の夜、定期的に並ぶハガニアのフードトラックはツーリストも楽しめる移動式屋台。ハガニア散策のあとに立ち寄ってみては?

ローカルに人気の味が集結!
ハガニア・フードトラックナイト
Hagatna Food Truck Night

日が落ちる頃になるとハガニアのスキナー広場に出没するフードトラック。トラックといってもグリルを備えているので、その場で調理したできたて料理を食べられる。それぞれの店で少しずつ買って、シェアして食べるのがグッド。

Map 別冊 P.14-A2　ハガニア

🚩スキナー広場　🕐木曜18:00頃～21:00頃

ハガニア・フードトラックナイトに行こう!

| TOTAL 3時間 |

| オススメ時間 | 木曜18:00～20:00 | 予算 | $20 |

💡 出かける前に要チェック!
赤いシャトルバスのショッピングモール・シャトル(詳細→P.181)やラムカー(詳細→別冊P.18)やレンタカーを利用。タモンから約30分。また、カードや金額の大きいお札は受け付けてくれないので注意して。

味つけ
コーン
食べてみて

炭火焼きの
匂いが食欲を
そそる～

ウミガメと出会える♥
感動のボートスノーケリングツアーへ

会いに
来てね～

プチ
ぼうけん
2

イルカウオッチング徹底ナビ／ウミガメツアー

現地の海を知り尽くしたダイバーが、ウミガメと出会える
ポイントまで案内。ダイビング器材を使わないから気軽に
参加できて、帰りのフライトによっては帰国日当日でもOK♪

ダイバーが
見つけてくれます

大注目のウミガメツアーでは高確率で会えるポイントへ

ウミガメ
遭遇率は
90％以上

透明度の高いグアムの海
はスノーケルだけでも楽
しいのに、突然ウミガメが現れた
らもう本当に感激します！　水面
から見ているだけだけれど、すぐ
下のウミガメと一緒に泳いでいる
みたい。驚かせないようにそっと
見守ってね。

海面付近に
いることも

感動のウミガメウオッチング

TOTAL
約3時間
45分

| ツアー時間 | 6:45～10:30
13:15～17:00 | 予算 | $65～ |

🐢 **グアムの海でレア体験！**
ウミガメは海の中で稀にしか見ることの
できないダイバー憧れの生き物。透明度
の高い海で貴重な体験ができて最高～。

実は
シャイです

オススメPOINT ①
**帰国当日でも
できます♪**
ダイビング後12
時間は飛行機に搭
乗は不可。スノー
ケリングはOK。

癒やされる～

ポイント先の
海の上で停泊してます。
ウミガメとの触れ合いを
楽しんできて！
by キャプテン

オススメPOINT ②
**ダイビング
ライセンス不要**
事前レクチャーも
日本語で。ダイビ
ング免許のない初
心者もOK♪

ばっちり
見えました♪

本格スノーケル体験
専用ボートに乗ってその
日の海洋状況を見なが
ら、ベストなポイントへ。
上下スウェットスーツも
無料でレンタルできます

ツアー時間
10:30
6:45

優雅に海の中を泳ぐ姿は感動もの！
S2 クラブ 海ガメスノーケリング
S2 CLUB Turtle Snorkel

スノーケルを楽しみながらウミガメを観察でき
るツアー。ボートに乗り込み、ポイントへ着い
たら海へドボン。インストラクターがウミガメ
を探索している間は、水面を泳ぎながら魚たち
を見てのんびり。やがてインストラクターがウ
ミガメがいる場所まで案内してくれ、運がよけ
れば数匹のウミガメと遭遇できる♥

Map 別冊P.6-A2　アプラ港

⚓ アプラ港から出港　☎688-1163
📞問合 S2 CLUB東京 03-3590-6585
🕐6:45～10:30、13:15～17:00の1日2
便　☂悪天候時　④8歳以上午前$65、午
後$70、乗船のみ$45（ドリンク、ホテル送迎、
スノーケルセット込み）Card A.D.J.M.V.
URL www.s2club.net/guam

Schedule ※午前便の場合

6:45	ホテルにお迎え
7:45	ショップ前の港から出港！
8:15	ウミガメスノーケルポイントへ到着 スノーケル時間30～40分
9:30	ボート帰港。ショップにてシャワー
10:30	ホテル到着

恋が実る
かも♡

恋人岬のHappyスポット♡と絶景をコンプリート☆

タモンビーチのほとんどの場所から見える恋人岬。若い恋人同士の伝説も残るその場所を目指してバスで出かけてみましょ。タモン湾の絶景と雄大なサンセットが迎えてくれます。

恋人岬に伝わる悲恋の伝説

スペイン統治時代、若く美しい娘が父親の決めた結婚から逃れ、恋人と互いの髪を結び合ってここから海に身を投げたのだそう。以来チャモロ人はここを若い恋人たちの聖地として恋人岬（プンタン ドス アマンテス）と呼ぶように。

タモンのホテルから
海を背景に
スマイル！

シャトルバスで夕日を狙ってGO♪

タモンから近くて、グアムでいちばん有名な景勝地が恋人岬。赤いシャトルバスの恋人岬シャトルを使って、気軽に足を延ばしてみて。夕日鑑賞にも絶好♪

タモン湾を見渡せる名所

恋人岬 Two Lovers Point
(Puntan Dos Amantes)

海抜112mの断崖にあるビューポイント。2階建ての展望台からは美しいタモンの海やきれいな夕日を見ることができる。ラブ・ベルやハート・ロック・ウォールなど恋人たちの絆を結ぶHAPPYスポットも点在。

Map 別冊 P.11-D1 デデド

🏠タモン湾の北端 ☎647-4107 ⏰ゲートオープン 7:00〜19:00、展望塔・ギフトショップ8:00〜19:00 🗓年中無休 💰展望台$3(6歳以下は無料) 💳J.M.V. 🌐puntandosamantes.jp

恋人岬へバスでGO!

TOTAL
1時間30分

オススメ時間 夕方　予算 $12〜

💡 サンセットもお見逃しなく
日中の眺めもいいけれど、時間があればサンセットに合わせて行くのがおすすめ。日没時間の目安は季節により17:50〜18:52。

タモン湾
展望塔　ラブ・ベンチ
展望台発券所
ハート・ロック・ウォール
レストラン　恋人たちの像
チャペル　恋人たちの鐘
売店
恋人岬ギフトショップ　バス停　駐車場
N
0　40m

インスタスポットに人気のラブベンチだよ

Ice Cream

デザートは別腹

ローカルフルーツ
たっぷりのスムージー
＆アイスのお店

プチぼうけん
メニュー
クリーミーなアボカドと優しい甘味がマッチ！

乳製品を使わないビーガンスタイルのアイスクリーム$3。アボカド＆クッキー味

BBQ

グアムの
ソウルフードよ

マストオーダー
1本から買える
焼きたてポーク
スペアリブ$2、
チキンシシカ
バブ$2など

単品でお酒のおつまみ、
またはライスを付けてがっつり
晩ごはん。どちらもイケるBBQ！

レストランの味！

間違いない定番のおいしさ。BBQコンボ、
フィエスタプレート$12

Pizza

ピザ窯を備えた屋台で
本格ピザが食べられる♪

マストオーダー
屋台で生地から
手作り。具材たっ
ぷりで食べ応
え満点のシュプ
リーム$18

Roast Chicken

プチぼうけん
メニュー
見た目のインパクト
大！普通のコー
ンがごちそう感満
載のおやつに

こんがりロース
トした骨つきチ
キンにカラマン
シーを搾ってさ
っぱりと。$8

ベーコンやチー
ズをトッピング
したコーンカ
ブ$6

おばあちゃんが作る家庭の味。
異文化テイストのコーンカブも
買えます

トラックも
SNS映え♪

Shrimp

味付けいろいろ。
エビ尽くしのプレート

ローカルも
エビが大好き♪

ハーブのさわやかさとピリッと
辛いスパイスを利かせたジャー
クシュリンププレート$10

Juice

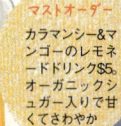

搾りたてだよ〜

すっきりレモネードで暑さが吹き飛ぶ〜

マストオーダー
カラマンシー＆マン
ゴーのレモネ
ードドリンク$5。
オーガニックシ
ュガー入りで甘
くてさわやか

日替わりマーケットがアツい！

Wednesday

水曜夜はナイトマーケットでお祭り騒ぎ

水曜日は日が暮れてからチャモロ・ビレッジが楽しい♪ 昼間の常設店舗に加え、雑貨、アイランドウエア、ローカルフードの屋台がところ狭しと並び、さながらお祭りのよう。地元ダンサーのパフォーマンスやバンドの生演奏もあり、ローカルもツーリストも大盛り上がり。

素顔のグアムに出合える夜市
チャモロ・ビレッジ・ナイトマーケット
Chamorro Village Night Market

この日にしか出店しない人気アクセのレアショップや、ローカル御用達の絶品フード屋台など、気になるお店がいっぱい！ 行列ができているところは要チェック。基本カードは使えないので現金を用意しておいて。

Map 別冊P.14-A2 ハガニア

🏠パセオ公園の隣 🕐水曜17:00～21:30（ナイトマーケット）休水曜以外 料入場無料

ナイトマーケットに行こう！
TOTAL 3時間

オススメ時間 水曜18:00～20:00　予算 $20

🚗交通手段 チャモロ・ビレッジ・ナイトシャトル（1乗車$4、詳細→P.181）やレンタカーを利用。タモンから約30分。

ストーン
きれいに磨かれた石は何だかパワーを感じるんです。好きな文字を無料で彫ってくれるのでぜひ頼んで。小$5、大$8

GOODS

アイランド雑貨たっぷりのショップエリア
ココナッツのハンドメイド雑貨やバナナの木を編んだバッグなど、グアムらしさ全開。値段交渉も楽しみです

クッキー
ベイカーズ・ワールド（→P.159）も出店。アカンタに行けなかった人はここで買えます

ポーチ
おみやげにいいかも。ペタンコのポーチ3個$10

アクセサリー
ハンドメイドのシルバー製ブレス$33～。ローカル・アーティストが作ったシーグラスのイヤリング$20～

バッグ
バナナの木でできたバッグ$18～。何ともオーガニックなバッグ

アイランドドレスやアロハは、種類も柄も豊富。$8～

プチぼうけん④

日替わりマーケットがアツい！

シュリンプ

ビーフ

$4

$4

グアム名物 ケラグエン3種
酸っぱ辛いチャモロの定番料理。それぞれの素材のうま味がギュッと凝縮！

$4

$4

チキン

バナナ・ルンピア
南国の絶品おやつが春巻きの皮で包んで揚げたバナナ・ルンピア。ほんのり甘くて、ヤミツキに

$2

ローカルグルメを楽しめちゃう屋台に挑戦！
ホテルとはひと味違う、気取らないチャモロ料理を味わえるのが屋台のいいところ。メインパビリオンにはテーブルも用意されています♪

バーベキュープレート
定番中の定番、チャモロ アイランド バーベキューのBBQチキン＆リブコンボ

$10

味にうるさいローカルが認めたチャモロ料理店も出店

ココナッツ ジュース＆ スムージー
自然な甘さと冷たさに癒やされるスムージー。ヤシの実は＋$1でお刺身にできます♪

$3

$3

焼きとうもろこし
特製のたれをつけて炭火で焼いたとうもろこし。やっぱり美味★

$5

ポークケバブ
炭火で焼いているから香ばしい♥ フィナデニ・ソースをつけて食べよう

$3

チョコがけイチゴ
イチゴのさわやかな酸味と手作りチョコの名コンビ★

$1.50〜

マンギアイス
自然の恵みをギュッと詰め込んだグアム・メイドのアイス

$4

一つひとつの動きに意味があるのよ

PACIFIC ISLAND
Mannge' Popsicles
100% All Natural Handcrafted Ice Pops

DANCE

カルチャーステージ

メイン パビリオン

P

P

P

雑貨屋台

フード屋台

チャモロ・ビレッジ・ナイトシャトル 駐車場

アイランドダンスで 大盛り上がり！
地元の子供たちが、アイランドダンスやファイアーショーを披露。子供といっても侮れない本格派のショーなんです

生バンドの音楽に合わせて自由に踊るローカルの人々。ツーリストだって踊っていいんです

カルチャーステージでの凛々しい雄姿に引きつけられます♥

メインパビリオン内の中央ホールでは生演奏に合わせて思いおもいにダンスを

Week day

お昼のチャモロ・ビレッジへ！

TOTAL 3時間

オススメ時間 13:00〜17:00　予算 $5くらいから

🛍 **お買い物のコツ**
昼間のチャモロ・ビレッジはのんびり。午前中はなぜかクローズしているお店もあるので、行くなら午後がベター。

日中なら平日もウエルカム！
チャモロ・ビレッジの人気店へ

ちょっとこだわっておみやげを探したいならビレッジ内の人気ギフトショップに足を運んで。日本に帰っても使える雑貨が勢揃い！

A ローカルアーティストのドンが営むギャラリー

ザ・グアム・ギャラリー・オブ・アート
The Guam Gallery of Art

アーティストであるフィラモアさんが営むギャラリーには、自らの作品だけでなく、グアムの自然を描く若き作家の作品もコレクション。ポストカードなど気軽に買える作品もあり、おみやげによさそう。

> 若い才能が爆発してるよ

> ヤシの実生まれのカメ♥

Map 別冊P.14-A2 ハガニア

🏠 チャモロ・ビレッジ　☎688-0320
🕐 11:00〜18:00、水曜〜21:30
📅 1/1、感謝祭、12/25　Cardなし

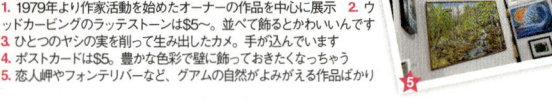

1. 1979年より作家活動を始めたオーナーの作品を中心に展示　2. ウッドカービングのラッテストーンは$5〜。並べて飾るとかわいいんです　3. ひとつのヤシの実を削って生み出したカメ。手が込んでいます　4. ポストカードは$5。豊かな色彩で壁に飾っておきたくなっちゃう　5. 恋人岬やフォンテバーなど、グアムの自然がよみがえる作品ばかり

> オーガニック素材のシェラ人形

B ハイセンスなローカルブランド

> 仲良し家族の作品を見ていって！

チェルー Che'lu

釣り針とシリングストーン、そしてチャモロの横顔を組み合わせたロゴがクール。オーナーの息子さんがデザインしたロゴグッズのほかに、プチプラ・アクセもあります。

Map 別冊P.14-A2 ハガニア

🏠 チャモロ・ビレッジ
☎472-4358　🕐11:30〜18:00、水曜14:00〜21:00　📅日曜、アメリカとグアムの祝日　CardM.V.

1. 左から、巻き貝のふたを利用したカメのペンダント$8、ラッテ・ストーンのトップシェルは天然の模様でひとつとして同じモノなし$14、クラムシェルのネックレス$90　2. トウモロコシの皮でできたシェラ人形$50　3,5. ロゴをあしらったタンクトップ各$22　4. 天然素材のブレス各$10

プチぼうけん

C グアム生まれのキルトがかわいい

生地にguamの文字が入ったパレオはおみやげにもいいのよ

A&L クラフツ A&L Crafts

ハイビスカスや古代チャモロ村を描いたキルト作品が人気。キッチン雑貨やランチョンマットのような小物から、大判ラグまでさまざまだから選びがいあり。TシャツやグアムΠ産石鹸など、グアムみやげも用意しています。

Map 別冊 P.14-A2 ハガニア

🏠チャモロ・ビレッジ
📞472-5775 ⏰10:30〜17:30、水曜〜20:30頃
休日曜、不定休
Card A.D.J.M.V.

1. ハファディTシャツ$16.80はおみやげに★ 2. インテリアにしたいマンダリン柄のウクレレ$9 3. グアムの島旗をイメージしたティッシュケース$18 4. ピンクッション$8.95 5. トロピカルフラワーがプリントされたハンドメイドバッグ$32 6. フルーツのペーパーナプキン立て$12 7. ペットボトルケース$7.50。バッグの中が結露で濡れないので夏の便利アイテム

南国の音を奏でます♪

D 世界に1着だけのリゾートドレス

スマート・カット Smart Cut

アイランドダンス向けのドレスが並ぶ専門店。生地やデザインを選んでオーダーできるので、地元のダンサーが利用する人気店なんです。ダンス向けドレスのエッセンスを詰め込んだプレタポルテはリゾートドレスとしても優秀♥

Map 別冊 P.14-A2 ハガニア

🏠チャモロ・ビレッジ 📞477-3494
⏰11:00〜17:00、水曜〜21:00 休日曜、祝日は不定休 Card M.V.

ドレスに合わせて☆

自分だけの衣装を作れます

1. 手作りドレスがずらり 2. ハイビスカスとプルメリアが舞う華やかプリント。$15 3. サイドにフリルが付いているから、舞うたびに優美なシルエット。$25 4. ダンス用ドレスのセットアップ$35。子供サイズは$15なので、親子でお揃いも♥ 5. 素朴でかわいいヤシの葉バッグ$10、スリッパ$10

33

Saturday & Sunday

週末はエネルギッシュな デデド朝市へ♪

土・日曜の朝は早起きして地元の朝市へ！たくさん買うなら一か八かの値切り交渉もやってみて。値札より安くゲットできるかも!?

デデド朝市へ！　TOTAL 3時間

オススメ時間 6:00〜9:00　予算 $20

お買い物のコツ
リゾートドレスやパレオ、Tシャツは1枚よりも、2枚、3枚買うほうが値引きしてくれる可能性大。

Give me a discount!

LOVELY!

全部 ハンドメイドよ

カタコトの英語でOKだから値段交渉を！

トロピカル〜な 雑貨の宝庫

So Cute!!!

サマードレスは $8〜。みんなで色違いを揃えちゃう!?

バナナの皮でできたカゴバッグのお店。1個$12〜

ローカルの生活を垣間見れる！
デデドの朝市 Dededo Flea Market

ローカルフードやチープな雑貨、地元産の野菜や果物など、見ているだけでも楽しいマーケット。一周してもさほど時間はかからないから、お散歩気分でブラブラしてみて。

Map 別冊P.5-C2　デデド

🚗 マリン・コー・ドライブ沿い
🕐 土・日曜 6:00頃〜9:00頃

朝市への行き方 → P.35

good morning!

Island goods !!!

B級グルメも楽しめちゃう！
早起きしてそのまま来たから朝ごはんはまだ！って場合でも大丈夫。おかゆやBBQの屋台で腹ごしらえ！

タピオカとシロップをかけた豆腐$2.50。朝食にもぴったり

香ばしい匂いに誘われて〜

Delicious!!!!!
焼きたてのBBQはチキンやポーク2本$3など

唐辛子も種類がいっぱい

南国気分が盛り上がるハイビスカスの髪飾り$1.50など

たくさん買いました♪

ローカルバナナも売ってます

グアムのローカルスイーツも♪

のどが渇いたら冷たいウオーターメロンジュース$2.50

パレオやバッグのお店

甘〜いモンキーバナナ1ポンド$2.25と、火を通して食べるクッキングバナナ1ポンド$1.50

ココナッツジュースを飲んでみて

地元の人も食べてる素朴なおやつ

タピオカ入り♪

フィリピンの伝統菓子、もっちり食感のサピン・サピン$3（上）、米粉カップケーキ$3

インテリアにぴったりなウクレレが、なんと$10

麦わら帽子や孫の手など素朴な日用品がステキ

お嬢さん、一曲聴いてく？

ココナッツジュース$4を飲んだあと……

ココナッツは二度楽しめるわよ

+$1で果肉もいただけます。ワサビ醤油で食べるとイカ刺しみたい♪

デデドの朝市へは

🚌 **赤いシャトルバスを利用する場合**
土・日曜のみ運行している朝市シャトルを利用（詳細→P.181、別冊P.17）

🚕 **タクシーの場合**
Tギャラリア グアムから朝市の会場まで片道約$20。帰りの足がないので、行きのタクシーに迎えに来てもらって

🚗 **レンタカーの場合**
駐車は有料パーキングを利用するのがベター

エリア3
このエリアの地面は土。ローカルスイーツやフードの屋台が並んでいます

エリア2
メイン会場の隣がこちら。エリア1と2は地面が舗装されています。フード屋台がいろいろ〜

エリア4
地面は土。区画は決まっていないようで、テントを張っているお店はほとんどなし。トラックの荷台に商品を並べたり、テーブルとパラソルで商品を売ったりしています

エリア1
最もにぎわっているのがこちらのエリア。店舗の種類もバラエティいっぱい。雑貨や服、野菜や果物、魚などが手に入ります♪

エリア5
道路沿いの歩道に小さなお店が並んでいます

タモン
マリン・コー・ドライブ
メイン会場
有料パーキング
貯水池
ハーモン
チキンとポークのBBQなど
ベイレス・スーパー

Dededo Flea Market MAP
1周すると約10分

癒やしのグアム2大最強パワースポット
神秘的な真水をたたえる秘密の場所へ

不思議な力を秘めたグアムの大自然。地元の人がリスペクトする2大パワースポットをこっそりご紹介。
ここへ行けば、きっと私たちに元気を与えてくれるはず♪

パワースポット 1
ジャングルの奥の
真水の洞窟へ♪

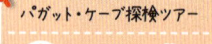

パガット・ケーブ探検ツアー

TOTAL 約5時間

| ツアー時間 | 9:40～15:00 | 予算 | $110 |

🎒 持ち物と服装アドバイス
水につかって進む場所があるので、ぬれても動きやすいウエア、防水バッグは必須！　靴、リュックはレンタルあり。

青く輝いて
水底まで
くっきり！

冷たくて
気持ちいい～

電気も何もない洞窟の中に、真水をたたえたプールが！　持ってきた水中ライトで水面を照らすと透明度の高さにビックリ★　いちばん深いところで3mほどあります。ここの水を飲むと病気が治るといううわさあり。

ツアー時間
9:40　12　15:00

心も体も元気になる天然プール
パガット・ケーブ Pagat Cave

美しい天然プールのある洞窟、パガット・ケーブ。おなかまで水につかりながら洞窟の中を進むと、ぽっかり開けたドームと天然プールが現れます。洞窟内は真っ暗ですが、ライトで水面を照らすと青くキラキラと輝いて幻想的♥　心が洗われる美しさの湧き水はひんやり心地よく、ジャングルの暑さを忘れちゃいます。水着は服の下に着ていってね。

Map 別冊P.5-C2 ジーゴ

※ツアーは「USエクスプローア＆スタディ」で予約
Map:別冊P.13-C3　🏠ホテル・ロード中央部、グランド・プラザ・ホテル内（事務所）　☎777-4545／647-0280
📱03-6416-8723、土・日・祝090-4959-6456
🕐9:00～18:00、土曜～16:00、日曜・祝日は電話受付のみ（営業時間内）　🈲1/1、12/25　💴$110（7歳以上）お弁当、ドリンク、ホテル送迎、保険代込み
Card A.D.J.M.V.　URL www.usesguam.com

10:10 **Start!**

1 パガット・ケーブ 15号線沿いの
の入口に到着 小さな岩がスタート地点の目印

泳いで、
潜って、洞窟を
楽しんで！

本日のガイド
カーティスくん

2 トレッキングに
10:15 ワクワク

木々に覆われた小道をずんずん。ロープを伝う場所もあり探検気分UP！

酸っぱい〜!!!

3 10:20 ピクルスみたいな実を試食!

ジャングルは食べられる植物も豊富。ピリンビは、かじると酸っぱーい!

突然、洞窟へと続く縦穴が!ここから先は地面が滑りやすいので気をつけて!

10:40
4 洞窟の入口に着きました〜

30分ほど下ると小道がなくなり、ここから洞窟へ下りていきます

プチぼうけん 5

グアム最強パワースポット⑪

5 10:45 洞窟の中へ潜入!

水につかりながら、ジャブジャブ進みましょ

6 10:50 天然プールで水遊び♪

潜ったりぷかぷか浮いて水遊びタイム、スタート♪

7 12:00 海へアプローチ

洞窟から出たら、海を目指してさらに下ります。海に近づくほど、だんだん植物の背丈が低くなってきたみたい

8 12:20 ダイナミックなパガット・ポイント

4〜5階建てビルの高さはある岬から、カーティスさんが海にジャンプ!

ランチタイムはココで

3, 2, 1, Jump!!!

同じ海でも異なるんだね

迫力の太平洋ね

フィリピン海の穏やかなビーチとは異なり、太平洋側は豪快な波が打ちつける!

この村は水も食料も豊富だね

石臼のように使っていた石。スタート地点に戻るのは14:30頃。時間はグループや天候により変わります

9 13:30 ジャングルには古代チャモロ村の遺跡も!

道中には古代チャモロ村の遺跡があり、ラッテ・ストーンなど生活の痕跡が

紫サンゴと魚たちの秘密の入江へ♪

真水が湧き出る砂浜、紫サンゴの群生、そして魚たちと出合えるアグエ・コーブ。道らしい道がないシークレットでミラクルなスポットです♥

アグエ・コーブ探検ツアー

TOTAL 約5時間

ツアー時間	9:40〜15:00	予算	$110

🔶 **持ち物と服装アドバイス**
木の枝を伝ってソロリと崖を下りるので、滑りにくい靴が必要（レンタルあり）です。蚊も多いので、長袖のほうがいいかも。

10:00 **1 Start!**
フラットな舗装路からスタート

ヤシの実や南国フルーツを見ながら舗装路を進みます。らくらく♪

野生のノニ
グアムでは薬として使われるノニの実。熟すと独特な香りが

美味！おやつに持っていこう♪

透明度バッグンね

期待を上回る美しい海だよ！

ツアー時間 9:40 15:00

貸切リゾートみたい♥

アグエ・コーブ Ague Cove

紫サンゴが生息する美しい入江。エメラルドの海はトロピカルな魚たちが豊富で、時間を忘れるくらいスノーケリングを楽しめます。ビーチの前にある大きな岩はジャンプ台にもってこい！　高さ4mくらいなので簡単に飛び込めます。おもしろいのは、奥にある白いビーチ。波打ち際に近い場所を掘ると、冷た〜い真水が湧き出てきます！

Map 別冊P.4-B1
デデド

※ツアーは「USエクスプロアー＆スタディ」で予約　Map:別冊P.13-C3
🏠ホテル・ロード中央部、グランド・プラザ・ホテル内（事務所）　☎777-4545／647-0280　📱03-6416-8723、土・日・祝090-4959-6456　🕘9:00〜18:00、土曜〜16:00、日曜・祝日は電話受付のみ（営業時間内）　🚫1/1、12/25　💰US$110（7歳以上）お弁当、ドリンク、ホテル送迎、保険代込み　**Card** A.D.J.M.V.　🌐www.usesguam.com

自生のパパイヤも！
木の下のほうにあった熟したパパイヤを試食♪

ライチ みたい！

10:10
2 眼下のアグエ・コーブを目指してGO!

プチ ぼうけん5

グアム最強パワースポット②

小さな丸いオレンジの実、お味は？
途中で見つけた小さな実はライチみたいにさわやか〜

グアムに自生する唐辛子
ピカやドニと呼ばれる唐辛子は、小さいけど激辛★

天然記念物

30分ほどかけて慎重に崖を下り、入江へ

ヤシの新芽を試食
ジャバラ状の新芽はほんのり甘い。新発見です★

かわいいトウワタ発見
黄色い花冠のトウワタ。グアムでは年中咲いてます

11:30
4 入江を泳いで紫サンゴを発見！

3
10:50 真水が湧き出た！

白い砂浜から真水が湧き出ます。試してみて！

美しいサンゴが目を引きます。なかでも紫サンゴはひときわ優美

ビーチの高台からジャンプ。技を決めちゃいましょ

くるり 回転ジャンプを決めるよ★

上りもがんばろ！

ランチは入江で
ツアーに含まれるランチはおにぎり2個とオレンジ、お菓子、ミネラルウオーター。おなかを満たしたら、海遊び♪

5
12:00 魚が釣れちゃった！

針を付けた糸を垂らしただけでフィッシュオン！

2000年前に使われたモノだそう！

黄色いヒレがキュート。地元ではお刺身にしたり、素揚げにするんですって

オオヤドカリがお見送り

14:00
6 土器のかけらを発見

帰りは上り。ホテル帰着は15:00頃。グループや天候によって変わります

プチ
ぼうけん
6

波風が気持ちいいシーサイドドライブで秘密のビーチやとっておきスポットへ♪

お気に入りを見つけて！

行ってみたい場所があるけどちょっと遠い、ツアーに参加するのもいいけど時間に追われるのも……。そんなときはレンタカーがおすすめ！　自由気ままに走らせて、まだ見ぬグアムに会いにいこ♪

グアムには魅力的なビーチがいっぱい！

ツーリストであふれるタモンのビーチは近くて便利。でもそれ以外にもグアムには感動的なビーチが点在しています。訪れるローカルさえまばらで、まさにプライベート感覚。青い海をひとり占めしよ！

ココパーム・ガーデン・ビーチ →P.75
恋人岬
BEACH MAP
タモンエリア
ココス・アイランド・リゾート →P.78

レンタカー情報は →P.182

お好みのビーチへGO‼
TOTAL 2時間〜

| オススメ時間 | 日中 | 予算 | レンタカー、飲食代など |

ドライブプランのコツ
郊外のビーチに行くほど、レストランやショップを見つけにくい。穴場ランチスポットを上手に利用して、ドリンクは多めに用意を。南部は道中に史跡や展望台など見どころも多い（→別冊P.8）ので見逃さないで！

ランチにおすすめの店
イースト・アガニア周辺なら、オン・ザ・ビーチにあるトゥリ・カフェ（→P.56）がおすすめ。特等席のオープンデッキで、南国ならではのひとときを♪

パブリックビーチの注意点
ビーチに注意書きの看板があったらサインをよく見て！　岩にぶつかる波やスリップに注意、たき火はダメ、ゴミはゴミ箱に、ビーチに車を乗り入れてはダメ、犬はつなぐなど、指示を厳守。

Public Beach
1
タモンから 40分

グアム最北部の秘境
リティディアン・ビーチ
Ritidian Beach

国定野生動物保護区内のビーチ。遊泳は危険なので眺めるだけにとどめて。ゲートは祝日以外8:30〜16:00オープン。
※途中、未舗装の道路もあるので運転に自信のない人は注意

Map 別冊P.4-A2
ジーゴ

グアムいち美しい秘境ビーチ！

Public Beach
2

絵はがきのような海
トリンチェラ・ビーチ
Trinchera Beach

ビーチと隣接した芝生エリアにはピクニックテーブルが並び、スノーケリングなども盛ん。ここからの夕日（→P.55）も最高♪

Map 別冊P.6-A3　イースト・アガニア
タモンから 15分

海の色がきれい♪

秘密度　透明度　トイレ　シャワー　P 駐車場

3 Public Beach

タモンから 20分 🚗

グアム奪還国の米軍上陸地点
アサン・ビーチ
Asan Beach

太平洋戦争国立歴史公園内にあるビーチ。海岸線にヤシの木が美しく並び開放的な雰囲気。手前には広大な芝生広場が。

Map 別冊P.6-A2　アサン

---

4 Public Beach

タモンから 40分 🚗

珊瑚礁に囲まれた静かな海
ニミッツ・ビーチ・パーク
Nimitz Beach Park

波が穏やかで透明度が高い遠浅の海。きれいな芝生には東屋、バーベキュー施設が点在し週末はローカルに人気。

Map 別冊P.7-C1　アガット

ランチにおすすめの店
ここまで足を延ばすなら、アメリカンな雰囲気満点のスメイ・バブ＆グリル（→P.42）に寄ってみて！ここではピカ・バーガーを頼むのがツウ。

プチぼうけん

シーサイドドライブで秘密のビーチへ♪

---

5 Public Beach

タモンから 45分 🚗

透明度の高い海水のプール
イナラハン天然プール
Inarajan Natural Pool

火山活動や波の浸食によってできたプール。波が穏やかで週末はローカルたちの絶好の遊び場。飛び込み台も大人気。

ひゃっほ〜!

Map 別冊P.7-D3　イナラハン

ランチにおすすめの店
イパン周辺なら、ジェフズ・パイレーツ・コーブ（→P.42）や、イパンとイナラハン間にあるホットドッグのマクラウツ（→別冊P.7-C3）へ！

近場なのにローカル感あり！

---

6 Public Beach

遠浅なのね…

平日はひっそり静寂に包まれる
イパン・ビーチ
Ypan Beach

美しい砂浜が続くビーチ。海の中はリーフなのでマリンブーツは必須。観光客はほとんどなく平日は人影もまばら。

タモンから 40分 🚗

Map 別冊P.7-C3　イパン

中心部からちょっと歩くので観光客は少なめ
タモンエリアにある穴場ビーチはこちら！

---

7 Public Beach

Tギャラリア グアムから 3分 🚗　※徒歩だと15分

タモン湾の穴場ビーチ
ガン・ビーチ
Gun Beach

透明度が高く波が穏やかなプライベート感覚のビーチ。大きく開けているので、水平線に落ちる夕日の絶好ポジション。オンザビーチのバー「ザ・ビーチ（→P.56）」でくつろぐのもステキ。

Map 別冊P.13-D1　タモン北部

こちらも チェック! →P.13・55

8 Public Beach

Tギャラリア グアムから 3分 🚗　※徒歩だと20分

恋人岬が美しく見えるビーチ
マタパン・ビーチ・パーク
Matapang Beach Park

ホリデイ・リゾート＆スパ・グアムの駐車場の先にあり、マタパン大酋長を祀るために造られたビーチパーク。恋人岬の眺めも◎。

Map 別冊P.12-B2　タモン中央部

---

9 Public Beach

Tギャラリア グアムから 6分 🚗　※徒歩だと30分

公園はローカルたちの憩いの場
イパオ・ビーチ・パーク
Ypao Beach Park

イパオ公園沿いにあり、週末はライフガードも駐在。園内にはバーベキュースペースや子供用遊具もありローカルでいっぱい。

Map 別冊P.12-A2　タモン南部

 🚗※交通の目安時間はタモンのTギャラリア グアム（→P.100）を基点にしています。

41

レンタカーを飛ばしてでも行きたい とっておきスポット♥

ロコガールの いち押し！

レンタカーがあると行動範囲がぐんと広がって、よりローカルな体験ができちゃう♪　シャトルバスでは行けないロコのとっておきのスポット、教えちゃいます！

穴場スポット
MAP
タモン
エリア

TOTAL
30分〜
2時間半

ロコいち押しスポットへ！

オススメ時間：日中
予算：レンタカー、飲食代など

♥1ヵ所でも、はしごでも♪
行きたい店を決めて、ピンポイントで攻めるのもオッケー。2〜3ヵ所をはしごするのもオッケー！　ただし、サンセットの頃（→P.54）にはタモン周辺に戻れるように計画を立ててね。

from ロコガール
シンプルだけど超ハマります♪

A

立ち寄りBeach 4
ニミッツ・ビーチ→P.41
パーク

タモンから30分

米国兵でにぎわうヒミツのお店
スメイ・パブ＆グリル
Sumay Pub & Grill

基地のそばにあり、屈強なメンズが満足するボリュームとていねいな味つけが人気。なかでもピカ・バーガーはグアムNo.1の呼び声も。

Map 別冊P.6-B2　サンタ・リタ

♠太平洋戦争国立歴史博物館そば　☎565-2377　⏰10:30〜13:30、18:00〜21:00　🗓土曜18:00〜21:00　🈂日曜、7/21、感謝祭、12/25　💴$8〜　Card M.V.　🈯不要　🚗送迎なし

from ロコガール
野菜たっぷり、ソースもマイルドな辛味で優しい味わいです

φ12×7cmの
ピカ・チーズ・バーガー
「ピカ（チャモロ語で辛いの意味）」といっても、ほんの〜り辛味を感じる程度だから大丈夫。$8.50

B

わざわざ遠方からも買いにくる人気ベーカリー。5:00から9:00、16:00から20:00に販売する揚げたてホットドーナツがいち押し！　カップケーキのデコも超キュート♥

タモンから25分

1日2回揚げたて！ホットドーナツの絶品
クラウン・ベーカリー
CROWN BAKERY

グレイズとチョコの2種類
驚くほど軟らかくふわふわなホットドーナツ1個75¢、1箱12個入り$8。普通のドーナツと違うので必ず「ホットドーナツ」と注文して

Map 別冊P.6-A3　バリガタ

♠R8からR10に曲がってすぐ　☎734-4321　⏰5:00〜21:00　🈂年中無休　Card D.J.M.V.　URL www.crownbakeryguam.com

個性的なデコレーションケーキ$25〜

食べるのがもったいない！
アメリカらしい色彩ながら遊びゴコロいっぱいのカップケーキ各$5〜。ハッピーバースデイや季節のイベントスペシャルも

from ロコガール
見ているだけでHappyになれる♥プレゼントにもおすすめ

ベーコン、エッグ、マッシュルームの追加は$2、チーズの追加は$1

自慢のホームメイドチーズバーガー$16.50は脂身が少なく、しっかりとした食べごたえ。付け合わせはフレンチポテトかサラダのどちらかをチョイスして

from ロコガール
女子でもペロッと食べられます♪

オーナーのジェフさんは本物の海賊みたい！

立ち寄りBeach 6
イパン・ビーチ→P.41

C

海辺に立つ陽気なレストラン
ジェフズ・パイレーツ・コーブ
Jeff's Pirates Cove

タモンから40分

南東部にあるオープンデッキが気持ちいいレストラン。おすすめはチーズバーガー、ローカルフードの盛り合わせフィエスタプレート$22など。海賊モチーフのショップも併設。

Map 別冊P.7-C3　イパン

♠島の南東部、イパン・ビーチのそば　☎789-2683　⏰8:00〜18:00（日曜〜19:00）　🈂年中無休　💴L$10〜、DS10〜　Card A.D.J.M.V.　🚗送迎なし　🈯不要　URL jeffspiratescove.com

店内はアメリカンな雰囲気♥

🐤 地元大学に潜入♪

のんびりとした雰囲気のグアム大学は、自由に入ることができます。ブックセンターではおみやげにぴったりのロゴグッズを発見。Tシャツやバッグはアメリカの有名ブランド製でオトク！

ロゴ入りのTシャツ$28〜40でパーカー$50〜80。サイズは豊富です。キャップ$15〜20

応援グッズもあるよ！

旧ロゴが入った文房具がチラホラ。レア度が高いんです♪ ボールペン$3.50〜、ペーパーウエイト$10.25〜、マグカップ$5.50〜

from ロコガール
私たちの生活をのぞいてみて！

アカデミックな気分に浸って
D グアム大学 トリトン・ブックストア
The UOG Triton Bookstore

9モンから 30分

Map 別冊P.6-B3 マンギラオ

🏠 10号線からユニバーシティ・ドライブで約3分 ☎735-2931 ⏰8:00〜15:00（金曜〜12:00)、1/17〜27は8:00〜18:00(日曜〜15:00、土曜〜12:00) 🈳土・日曜 Card A.M.V. 📶なし URL www.uog.edu

プチ
ぼうけん
6

レンタカーを飛ばしてでも行きたい、とっておきスポット▶

O.P.Iの人気商品アボジュースが格安♥

from ロコガール
フレッシュなジュースのような香り

掘り出し物をじっくり探して！

9モンから 10分

毎日違う味が楽しめる♪
E ダディーズ・ドーナツ・ショップ
Daddy's DONUT SHOP

植物エキスがたっぷり含まれたO.P.Iのハンド＆ボディローション。香りもいろいろ♪ $9／250ml

9モンから 20分

人気のO.P.Iが激安で買える！
F デライルス・ビューティ・サプライ
DeLisle's Beauty Supply

グアムの美容室などにも卸しているというビューティ雑貨の問屋。ヘアケアやネイル、メイク用品などがどれもこれも安い！ O.P.Iのネイルやローションもまとめ買い♪

ジェルネイルのようなツヤが約10日間続くO.P.Iのインフィニトシャイン。ベースコート、マニキュア、トップコート各$10.50〜15

Map 別冊P.6-A3 マイテ

🏠 R8、空港前のショッピングモール ☎472-1995 ⏰10:00〜18:00(月・土曜〜17:00) 🈳日曜、1/1、7/21、感謝祭、12/25 Card A.J.M.V.

外はカリッ、中はふわっ
パウダーシュガー、クッキークリームなど日替わりで数種類のフレーバーを用意。ドーナツ1個$1.50。コーヒー$1.99

オープンキッチンで作られるドーナツはすべてプレーン。それに好みの日替わりフレーバーを選んで付けて食べるというスタイル。小さいお店だけれどイートインもOK♪

低温でじっくり揚げているのがポイント♪

Map 別冊P.10-B3 タムニング

🏠 コストユーレス隣 ☎989-3237 ⏰7:00〜20:30、土曜8:00〜14:30、日曜8:00〜17:30 🈳1/1、7/21、感謝祭、12/25 Card M.V.

ロコガール
パッケージもキュート。6個入りは2種類のフレーバーが選べます

好みの甘さにできるのがいいね！

🟨 ガソリンスタンドで買えるおやつ

ドライブしてると小腹がすくけど、コンビニとかあまりない郊外ではガソリンスタンドでおやつを調達！

スパムむすび
ご飯にこんがりスパムを載せて海苔を巻いた日本人も大好きな味

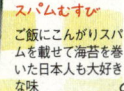
ターキーサンド
しっとりブラウンブレッドにターキーとマヨを挟んだサンドイッチ

エンパナーダ
ちょっぴりスパイシーな具材が詰まったサクサクパイ

プチプチ
カリッと揚がったパイのなかにはほんのり甘いカボチャペースト

ホットドッグ
ソーセージとトッピングをチョイスして自分好みのオリジナルが作れる

GSにもある人気のコンビニ
フーディーズ FOODY'S

シェルのガソリンスタンド併設のコンビニ。軽食やお弁当のほか、ビアケーブと呼ばれる貯蔵庫にはさまざまな銘柄のビールを大量ストック。

Map 別冊P.11-D2 デデド

🏠 マリン・コー・ドライブ沿い、マイクロネシア・モール近く ☎979-1133 ⏰24時間 🈳年中無休 Card A.J.M.V.

グアムの歴史と文化をプチスタディ
チャモロダンスを極めちゃおう★

南の島のダンスというとハワイのフラやタヒチのタヒチアンダンスが有名ですが、古くからグアムに伝えられているのはチャモロダンス。ダンスを覚えると、グアムの文化に興味をもてます！

TOTAL 2時間

チャモロダンスならシェラトンへ

| ショーの時間 | 18:00〜20:00 | 予算 | $50〜 |

2種類のダンスを見られます！
シェラトン・ラグーナ・グアム・リゾートで毎晩行われている「ベイサイド・バーベキュー」では、スペイン統治時代以前と以降の2種類のチャモロダンスを観ることができます。地元のダンスを楽しむなら、ここがおすすめ。

Wooooooo!

チャモロダンスの歴史をちょびっと予習

太平洋の島々にはそれぞれの自然や暮らしに根付いた独自のダンスがあります。時代とともにいろいろな文化が流入してきたグアムには「チャモロダンス」にもその影響を垣間見ることができます。歴史と振り付けを予習しておけば、ダンスショーがもっと楽しめちゃう！

教えてくれた先生

フランシスコ・B・ラボンさん
Mr.Francisco B.Rabon

チャモロダンス・マスターの称号をもつ、チャモロダンスの権威。スペイン統治時代以降、徐々に忘れられてしまったチャモロダンスのチャンティングや歌を研究。復興と存続に貢献している。

Chamorro Dance
そもそもチャモロダンスって？

3500年前よりグアムで暮らしてきたチャモロ人の踊りで自然への感謝、人々の暮らしなどを表現しています。スペイン統治時代以前は「アンシェント・チャモロ」と呼ばれるダイナミックな踊りが中心で、スティックを使った若い戦士の踊りや生命感に満ちあふれたダンスが特徴的。スペイン統治時代以降は「スパニッシュ」と呼ばれる明るくラテン的な踊りが特徴で、現在のスタイルはスペイン文化もミックスされているそうです。

何を身につけているの？

グアムに自生する植物で装います

ハイビスカス
女性の髪飾りは野生のハイビスカス。ボクシなどグアムに自生する植物だけを使っています

チャモロダンスを極めちゃおう★

ウーリータオ
男性の持つスティックで、たいまつや槍などを表現します

ククイの実
グアムに自生する木の実をつなげた飾りを、首や手、足につけて踊ります

ココナッツの葉
グアムの暮らしに欠かせないココナッツを身につけています

ダンスを解剖！

暮らしや自然、踊りはグアムそのもの

KAK'KAK （カッカッ）

上半身を動かさず腰を回す
腰だけを回す基本のステップで、チャモロダンス全般に取り入れられています

漁を表現した踊り
古代チャモロ人は、たいまつを掲げて魚を追い込み、漁をしていました。スティックをたいまつに見立てて、水面を照らすように回します。漁を表現した男性のダンスです

Fisga （フィスガ）

Faxao （ファクサオ）

ステップを踏みながらスティック・ダンス
男性と女性が一緒にスティック・ダンス。自然への感謝、暮らしを意味する踊りではなく、楽しむための踊り。リズムをとるための小刻みなステップは、いかにも楽しそう

Krusa （クルーサ）

躍動感 いっぱいの踊り
若い戦士が練習している様子を表した踊り「バリヤン・ウリタオ」の中のジャンプ

Bailan Lina'la （バイラン リナラ）

女性のしなやかな踊り
女性たちのダンスで「生命の踊り」といわれ、女性の暮らしを表現

さあ、予習できたら観に行かなきゃ！

45

Welcome to Guam!

南国気分がさらにアがる↑

グアムのポリネシアンディナーショーは、伝統的なチャモロダンスにポリネシア

踊りのポイントにも注目★ ショーを200％楽しも！

point
波音をバックにオン・ザ・ビーチで展開。ダンサーとも至近距離

1,2. ダンサーの息づかいが聞こえ、迫力満点　3. BBQはシェフがおいしく焼いてくれたものを食べ放題で楽しめる

Dinner

太平洋の島々に伝わる
伝統的な踊りをフィーチャー

パシフィック アイランド クラブ ディナーショー
Pacific Islands Club Dinner Show

敷地内にある湖上のステージ、アンフィシアターを舞台に展開される壮大なエンターテインメント。クライマックスの力強いファイアーダンスは、圧巻！

Map 別冊P.12-A3　タモン

🏠ホテル・ロード南部のオン・ザ・ビーチ、パシフィックアイランドクラブ　☎646-9171　📞03-5413-5934　🕐18:30～20:15　🚫年中無休　💰$75、2～11歳$37　💳A.D.J.M.V.　🚌送迎あり　🔗www.picresorts.jp

チャモロ度	★★★
エキサイト度	★★★
食事	★★★
スケール	★★★

1. 太平洋の島々に伝わるさまざまな踊りやファイアーダンスも楽しめちゃう♪　最後にダンサーと一緒に写真が撮れるのもうれしいサービス　2. 食べ放題のセルフBBQ、お肉類はもちろん、名物ジャンボ牡蠣などシーフードもたっぷり。サラダバー、各種デザート、素麺、スパゲティーも食べ放題、さらにビール、ソーダ、アイスティーも飲み放題。プレミアムプレート付き（ハーフロブスター、サーモン、トロピカルビーフ）のプラン$95（大人料金のみ）もある

point
ビーチサイドで開催。BBQ食べ放題、ビール飲み放題もうれしい♪

Dinner

海をバックに繰り広げられる
幻想的なショー

「タオタオ タシ」BBQ ビュッフェ ディナー&ショー
TaoTao Tasi BBQ Bufet Dinner & Show

グアムの誕生と素朴なチャモロダンスなどが織り込まれた、エンターテインメント性の高いアイランドスタイルショー。専用デッキでいただくBBQも最高♥

Map 別冊P.13-D1　タモン

夕日観賞もオススメ！ →P.55

🏠ガン・ビーチ　☎649-7263　📞06-6372-9210　🕐16:45～20:30　🚫水曜　💰$89、2～11歳$45、VIP BBQプラン$130、2～11歳$70　💳A.D.J.M.V.　🚌送迎あり（プランにより異なる）　🔗http://BestGuamTours.jp/

チャモロ度	★★★
エキサイト度	★★★
食事	★★★
スケール	★★★

point
グアムでもトップクラスといわれるスケール。衣装も華やか

1,2. 水上特設ステージのアンフィシアターで開催　3. 食事はチャモロ料理を中心にしたビュッフェスタイル

Cheers!

Dinner

海風が心地いい
ビーチサイドで開催

ビーチサイドBBQ & カルチュラル・ショー
Beachside BBQ & Cultural Show

ビーチサイドに面した、グッドロケーション。ショーはミクロネシアをはじめ、タヒチ、ポリネシアのダンスを織り込み、迫力のファイアーダンスは必見！

Map 別冊P.12-B2　タモン

🏠ホテル・ロード中央部、フィエスタリゾート グアム1F　☎646-5880　📞03-3532-6300　🕐18:00～20:30　🚫水曜　💰$68、5～11歳$34、4歳以下無料　💳A.D.J.M.V.　🚌送迎あり　🔗www.fiestaguam.jp

チャモロ度	★★★
エキサイト度	★★★
食事	★★★
スケール	★★☆

「ポリネシアンディナーショー」徹底比較

の島々のダンスやフラをミックスした盛りだくさんの内容のものが多い。参加型もあるから楽しんで！

大会で優勝したギャビーくんの ファイアーダンスは必見

サンセット・ビーチ・バーベキュー
Sunset Beach BBQ

美しい夕日とバーベキューを堪能したあとは、迫力のダンスショー。大会で何度も優勝しているダンサーもいてレベル高し！　屋根付きなので突然の雨にも対応しています。

Map 別冊P.13-D1　タモン

🏠ホテル・ロード北部、ホテル・ニッコー・グアム
☎647-2804　🈂なし　🕐18:30〜20:30
🈺年中無休　💰$60〜85、4〜11歳$33（条件あり）　**Card** A.D.J.M.V.　🚌送迎あり
🔗www.nikkoguam.com

チャモロ度	★★★★★
エキサイト度	★★★★★
食事	★★★★★
スケール	★★★★☆

point
オーシャンクリフサイドの屋根付きの会場だから、雨天でも安心♪

Dinner

1. 火を使ったパフォーマンスは必見！　2. 食事は3種類のコースからチョイス　3. マカレナを踊ったり一体感が生まれます

舞台は風が吹き抜けるオーシャンクリフサイド。グアム伝統のショー

ベイサイド・バーベキュー
Bayside Barbecue

シェラトン・ラグーナ・グアム・リゾートのオーシャンクリフサイドで開催。目の前で展開されるチャモロダンスショーは、2グループが日替わりでパフォーマンス。

point
ダンサーのレベルが高く、迫力満点。日本語も交えて会場を盛り上げます

Map 別冊P.10-A2　タムニング

🏠オカ地区、シェラトン・ラグーナ・グアム・リゾート内
☎646-2222　🈂なし　🕐18:00〜20:00
🈺年中無休　💰$65、6〜11歳$33（いずれも+10%サービス料）　**Card** A.D.J.M.V.　🚌送迎あり
🔗www.sheraton-laguna-guam.com

チャモロ度	★★★★★
エキサイト度	★★★★★
食事	★★★★★
スケール	★★★★☆

圧巻のポリネシアンショーとおいしい食事が評判

フィッシュアイポリネシアンディナーショー
Fish Eye Polynesian Dinner Show

本場タヒチの大統領も絶賛するという本格ディナーショー。特にファイアーダンスの超絶技巧は必見！「食事がおいしい」と評判のビュッフェはリピーターの多さも納得の味。サンセットクルーズ付コースなど特別プランもおすすめ。

Map 別冊P.6-A2　ピティ

🏠マリン・コー・ドライブ沿い　☎475-7777
🈂03-6434-0280　🕐18:10〜21:00（ホテル発着、コースは、季節により変動あり）
🈺メンテナンス日　💰$88（海中展望塔見学付き$92）、6〜11歳$44（海中展望塔見学付き$46）、セレブコース$145、6〜11歳$90　**Card** A.D.J.M.V.　🚌送迎あり
🔗www.fisheyeguam.com

チャモロ度	★★★☆☆
エキサイト度	★★★★★
食事	★★★★★
スケール	★★★☆☆

point
滝やラグーンを配した舞台は南国情緒満点。ショーは迫力があり圧巻

Dinner

1. 華やかな衣装も見もの♥　2. 思わず歓声が上がるファイアーショー　3. シーフードをはじめ、料理のおいしさも評判

Delicious!

---

1. お肉やシーフード、新鮮野菜をビュッフェスタイルで楽しめます♪　2.3. 目の前のオーシャンクリフサイドで展開され、迫力満点のチャモロダンスショー

手つかずの大自然と絶景に感動
ジャングル探検ツアーへGO!

グアムといえば真っ青の海! のイメージなのだけれど、実は島の70%以上がジャングル。P.36のパワースポット以外にも、生命力あふれる南国の森には感動的な景色がまだまだ潜んでいます。

ハードに見えるけれど、
意外と大丈夫!

秘境フォンテダム&
絶景ポイントへ!

グアム南部に広がるジャングルを探検。偶数日のこの日はフォンテダムを目指して出発! 奇数日は鍾乳洞やキーホール(別名キッシング・ロックーP.64)へ。

ダムや鍾乳洞、絶景ポイントへ

TOTAL 約5時間!

ツアー時間	8:00 ～13:30
予算	$80

ツアー内容は自分の体力に合わせて選んでコースは3つ。洞窟探検コース、川歩きコース、ミステリアスコース(謎の場所)になっています。

コースは
毎日変わる
んだって!

このツアーの服装

川沿いや赤土の坂道を歩くので、水ヌケがよく、グリップ力のあるシューズだと安心。上下ともぬれてもすぐ乾く服装を。日よけの帽子も必須。

フォンテダム
発見!

10:00
この日はフォンテダムに行く川歩きコースに

いざ
出発!

見晴らし
サイコーね!

100年以上前に造られたグアム最古のダムを目指しま～す

フォンテダムって何?

アメリカ軍によって100年ほど前にジャングルの奥に造られた、グアムで初めてのダム。高さ約15m、幅約10mで、れんがとコンクリート造りです。

10:05
草原を下っていきます

食べると
あま～い!

オイといわれる小さな花をひとかじり

最初は歩きやすいゆるやかな坂道から

プチ
ぼうけん
8

大きな
葉っぱが日傘
になるよ★

10:15
森の中に突入♪

日差しを遮る森の
中。木の根やぬか
るみに足を取られ
ないよう進んで

10:25
どんどん崖を降下

雨上がりの赤土は滑りやすい。
正直、手こずるかも〜

10:30
フォンテダムに到着！

100年前
なんだ〜

コンクリート
とれんがが造り
のダム。自然
とのギャップ
が新鮮！

Map 別冊 P.6-A2

11:10
丘を登り、記念撮影

両手を使ってよじ登り……。絶景を
バックに記念撮影

野生の花も咲いてます！

道中で婚活にグッ
ド♥なハーフフラ
ワー（→P.64）や
野生のランを発見

10:40
川歩きが気持ちいい〜

きれいな水
小さな
魚もいるよ

ひざまでの水が体を冷やしてくれ
ます。次は崖登りを約10m

ビューポイン
トで雄大なパ
ノラマを堪能
することも

見て！
ライオンキング
みたい！?

11:30
バスで絶景ポイントへ

ツアー時間
8:00 〜 13:30

絶景と "学び" が楽しい★
**エコ・アドベンチャー・
ジャングル・ハイキング・ツアー**
Eco Adventure Jungle Hiking Tour

「ノニは神様の贈り物」「パンノキはハワイアン
キルトのモチーフ」など、グアムの自然につい
ての詳しい日本語ガイドが魅力。ダムの先の
丘は急斜面だけれど、知的好奇心を満たされ
るお得なハイキング・ツアー♥

Map 別冊 P.7-C3　ニミッツ・ヒル（偶数日）

🏠フォンテダム　📞646-1710　🚫日本語なし　⏰8:00〜13:30
💲$80、5〜11歳$50（ランチ、ミネラルウオーター、ホテル送
迎込み）Card D.J.M.V.　URL www.turtletoursguam.com

12:00
イナラハン天然プールを探検

let's juuuuuuume!

サンゴで囲まれた天然
プール（→P.41）。小
さな魚たちが泳いでい
ます

12:45　Map 別冊 P.6-A2
バレー・オブ・ラッテ・アドベンチャーパークでランチ♪

とろ〜りチーズが
たまらな〜い♥
絶品ランチのあ
とはホテルへ

グアムらしさ
いっぱいの
ひと皿

49

過ごしやすくて気持ちいい♡
ラン＆ヨガでヘルシー朝活しよ〜♥♥

ランにヨガ、スーパーフードで朝ごはん。常夏の楽園を朝から
目いっぱいエンジョイしてみない？

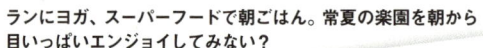

南国の風を感じながら ココロと体のリフレッシュ

早起きが楽しくなる！

ラン

さわやかな潮風を感じられる朝は、ビーチランやヨガのゴールデンタイム！旅先でも朝の時間を楽しむことができたら、リフレッシュ度もMAXにUP★

タモン湾は
ビーチランに
最高ね！

一般にジョギングは時速7〜10kmといわれているので、ホテル・ロードとビーチをつなげると、ゆっくり走って約1時間。

RUN

気持ちいい
朝にしよう！

arucoスタッフ体験談
海沿いのランは最高。でも、ふかふかの砂は足にくる〜！なるべく波打ち際が走りやすいかも。満潮時でビーチが狭いときはホテルロードへ（ライターH）

グアムでいちばんの景勝地、恋人岬をバックにタモンのビーチをラン！

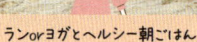
ランorヨガとヘルシー朝ごはん

オススメ
時間
日差しの
柔らかな
朝がベスト

予算
$15〜

TOTAL
2時間

☀ 朝食タイムを逆算
日中は暑いのでランの場合は太陽が登りきる前にホテルに帰れるよう出発。ヨガは集合時間を厳守して。終わったらヘルシー朝ごはんへGO！

ビギナーも安心
タモンの走り方

ホテル・ロードの海沿いはアップダウンが少なくてビギナーが無理せず走れる環境。ザ・プラザからヒルトン グアム リゾート＆スパまで約3.5kmなので往復約1時間。迷うこともなく、ちょうどいい距離感です。ローカルに交じって朝食前にラン♪

往路か
帰路はホテル・
ロードへ

〜〜〜 タモンビーチを走るコース
〜〜〜 ホテル・ロードを走るコース

歩道が整備されていて、比較的フラットなホテル・ロード沿いはビギナーも安心して走れます。マリン・コー・ドライブに向けて登っていくローカルもいますが、歩道がない場所もあるので要注意。

ホテル・ニッコー・グアム
ヒルトン グアム
リゾート＆スパ
アウトリガー・グアム・
ビーチ・リゾート
ザ・プラザ
ショッピング
センター
イパオ・
ビーチ・パーク
タモン湾
ハイアット
リージェンシー
グアム
Tギャラリア
グアム
by DFS
マタパン・
ビーチ・パーク
マリン・コー・ドライブ
ホテル・ロード

N
0   1km

用意したい物

サングラスと帽子
朝でも日差しはきつめ。紫外線を浴びると疲れるのでサングラスと帽子、タオルは不可欠

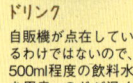

ドリンク
自販機が点在しているわけではないので、500ml程度の飲料水を用意。のどが渇く前に飲みましょう

流れるように曲げて曲げて〜

呼吸に合わせたポーズ！

YOGA

ヨガ

ビーチのすぐそばに建てられたヨガ専用のサムドラ・パビリオンは、日差しが避けられ、吹き抜ける風が気持ちいい★

海を眺めながらポーズ

上体を横に倒して脇腹を伸ばす三角のポーズ

arucoスタッフ体験談
片脚で立ってバランスを取る立ち木のポーズや、戦士のポーズで脚、腕、上体の全身ストレッチ！海風を感じながらのヨガは気持ちいい♪（ライターF）

海を目の前にアメリカ生まれの本格ヨガ
ヴィンヤサヨガ Vinyasa Yoga

パシフィック アイランド クラブ グアム（→P.169）内で実施しているヨガクラス。ビーチ横に立つ専用のパビリオンで、専門インストラクターが英語でレクチャーしてくれるヴィンヤサヨガは、深い呼吸に合わせてさまざまなポーズを取るダイナミックなヨガ。青い海と心地よい風、ゆっくりと時間が流れる静けさのなか、心が解き放たれる気分！

Map 別冊P.12-A3 タモン

🏠ホテル・ロード南部、パシフィック アイランド クラブ グアム内 ☎646-9171（ホテル代表）🕐1日1回各コース60分間のプログラム。スケジュールはフロントデスクで要確認。※スケジュールは予告なく変更されることがあるので、事前に確認を 🈺年中無休 💰宿泊者は無料、他ホテル宿泊者はウォーターパーク1日会員（→P.76）受付後に利用可能 URLwww.picresorts.jp/pic_guam/spa/yoga

---

呼吸に合わせてポーズ

1.片脚でポーズを取るため、集中力が養われるという立ち木のポーズにトライ 2.海風に吹かれながら、次第に癒やされていく

風通しのいいフロアで海を見渡しながら
ホテル・ニッコー・グアム
Hotel Nikko Guam

ホテル・ニッコー・グアム（→P.167）の海を見渡す2階のロダンコートで、宿泊者を対象に毎朝6:30から1時間開催しているヨガクラス。初心者向けのポーズが中心だから、気軽に参加できます♪

Map 別冊P.13-D1 タモン

🏠ホテル・ロード北部、ホテル・ニッコー・グアム内 ☎649-8815（ホテル代表）🕐6:30〜7:30、所要約1時間、前日22:00までにフロント横ゲストリレーションで申し込み 🈺1/1 💰宿泊者のみ（無料）URLwww.nikkoguam.com

---

オープンエアのスペースが舞台
シェラトン・ラグーナ・グアム・リゾート
Sheraton Laguna Guam Resort

広大なラグーンが配され、水の楽園とも呼ばれるシェラトン・ラグーナ・グアム・リゾート（→P.160）で宿泊者を対象に毎日開催。曜日によってインストラクターが違い、初心者から上級者まで楽しめます♪

Map 別冊P.10-A2 タムニング

🏠タムニング、シェラトン・ラグーナ・グアム・リゾート内 ☎646-2222（ホテル代表）🕐月・水・金・土曜10:00〜、所要1時間、前日までにホテルのフロントデスクで要予約 🈺年中無休 💰$5（ホテルゲストのみ）、スイート宿泊者は無料 CardA.D.J.M.V. URLwww.sheraton-laguna-guam.com

1.ていねいに教えてもらえるので、初心者や柔軟性に自信のない人もOK 2.インストラクターは曜日によって違います

体が固い人もOK

SUP YOGA

SUP ヨガ

三日月のポーズ！

幅が広く、長いボードの上で行うヨガ。体幹を刺激すると注目大★

自然に溶け込みそう♡

ゆっくり脚をあげて

おだやかなグアムの海はサップヨガに絶好よ

英雄のポーズ

上級者になれば、水上でもいろいろなポーズができるようになる♡

シェラトンでも指導しているインストラクター

aruco スタッフ体験談

身体が硬いのでヨガは苦手。でも、SUPヨガは簡単なポーズばかりなので挑戦しやすい！しかも、不安定なボードの上だから"芯"に効いた気がします（ライターH）

陸上では簡単なポーズでもゆらゆら揺れる海上では難易度がアップ。体幹に効く！

海に浮かぶと断然心地いい！

SUPヨガ SUP Yoga

海に浮かべたロングボードの上で行うSUP（サップ）ヨガは、簡単なポーズでも体幹を刺激。穏やかな波と潮風を感じて、自然と同化するみたい♪　グアム・ポールズ・ダイビングのSUPヨガは、ボードをアンカーにつなぐので流されちゃう心配もなし。朝いちばんにSUPヨガをしたい、カヤックツアーと組み合わせたい、動画を撮って欲しいなど、アレンジも可能。まずは希望を伝えてみて。

憧れのヘッドスタンドも！

開始時間やほかのアクティビティとの組み合わせなど、気軽に相談して

ヨガインストラクターたちは美ボディ揃い

Map 別冊 P.10-A2 ハガニア

🏠 ハガニア、トゥリ・カフェ隣のビーチ　☎649-6482　📧応相談（約2時間）　🕙10:00～20:00　📅荒天日　💰SUPツアー＄85～（いずれもスナック、ドリンク付き）　Card A.D.J.M.V.　🚗送迎あり　URL www.paulsdiving.com　＊8歳以上。

朝ランor
朝ヨガの
あとは♡

スーパーフードで朝ごはん or お持ち帰り用をGet!

食べるサプリともいわれるスーパーフードで旅先でもお手軽＆ビューティな朝ごはん♪ストアではお持ち帰り用も手に入ります！

プチぼうけん9

ラン＆ヨガでヘルシー朝活しょ〜♪

朝ごはんはココで！

本格アサイーボウルを楽しめる

ホノルル・コーヒー・カンパニー
HONOLULU COFFEE COMPANY

ホテル・ロード中央部のホテルに宿泊しているなら、こちらのハワイ発有名カフェへ。いち押しはサクサクのグラノーラとフルーツがたっぷりのアサイー・フルーツ・ボウル。ボリューム満点で、元気をしっかりチャージ♡

アサイー・フルーツ・ボウル

友達とシェアしても。アサイー・フルーツ・ボウル$13.95

`Map 別冊P.22` タモン
`DATA → P.154`

お持ち帰り用にお買い物！

チアシード Chia Seed

オメガ3やミネラルをたっぷり含み、水に浸すとふくらんでゼリー状になります。腹もちがいいからダイエットに人気。

毎朝食べよ☆

チアシードにヘンプ、そばの実が入ったヘルシー度の高いシリアル。クランベリー・バニラ味。$10.29

人気のチアシード$15.99。せっかくだからオーガニックのものを。ヨーグルトやスープに加えておいしく摂取。907g B

ヘルシーなおやつとしても

チアシードとココナッツシュガー、カイエンヌペッパー、レモンジュースをブレンドしてデトックス★$9.99

アサイー Acai

ブラジル原産のヤシ科の植物。ポリフェノールや食物繊維が豊富でアンチエイジングフードとして大活躍。

濃縮タイプで濃厚★オーガニックのアサイーパウダー$29.99 A

アサイーボウルを簡単に作れるアサイーマキボウルミックス$20.99 A

ゴジベリー Goji Berries

日本ではクコの実としておなじみ。βカロチンが豊富で、ハリウッド女優やモデルにも注目されています。

オーガニックゴジベリー$29.99。しっとりとしていて食べやすい A

ターメリックも一緒に。ゴールデンミルクスーパーブレンド$20.99 A

グアムのほうが断然お得！

スーパーフードが買えるお店

A エナジーバーも揃ってます
JPスーパーストア
JP Superstore

スーパーフードのパイオニア「サンフード」のパウダーやココナッツオイルほか、携帯に便利なエナジーバーなども。

`DATAは→P.104`

B 専門のコーナーがあり品数豊富
ペイレス・スーパーマーケット
PAY-Less SUPERMARKETS

健康意識が高まりつつあるグアムだから、スーパーにもオーガニックコーナーがあるんです。

`DATAは→P.119`

ほかにもいろいろ！ Others

アメリカはスーパーフード王国。ケールやターメリックなどバリエーションが豊富です。

緑色のクッキーがいかにも体によさそう。ケールクッキー$5.99 B

 非遺伝子組み換えの素材を使ったダークチョコプレッツェル$9 A

ビターチョコのような味わいで「スプーン1杯で若返る」との噂。カカオニブス$20.99。たっぷり454g B

脂質代謝改善に期待大。クルクミンが豊富なオーガニックターメリック$10.99

 A

53

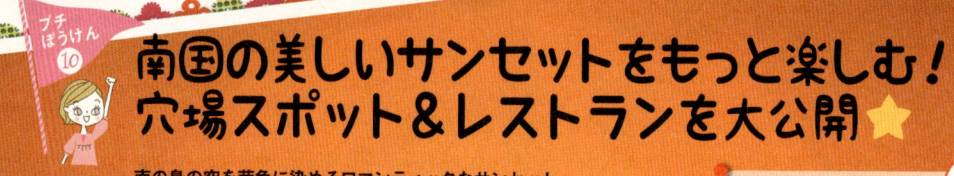

プチ
ぼうけん
10

南国の美しいサンセットをもっと楽しむ！
穴場スポット＆レストランを大公開 ★

南の島の空を茜色に染めるロマンティックなサンセット。
何時頃、どこで見るのがいちばんキレイ？

サンセットウオッチを楽しむ！

TOTAL 約30分

オススメ時間	17:50～18:30 または 18:30～18:50 （季節によって異なる）	予算 ディナー代

💡 **近場で楽しんで！**
ツーリストエリアを離れると、夜は人影がなくなり、心細くなることも。できるだけ観光客の多い場所で楽しんで。

すてきね♪

サンセットにカンパイ！

ロマンティックな
サンセットにうっとり

グアムには、海に沈む雄大なサンセットを楽しめる場所がいっぱい。なかでもアクセスしやすく、すぐそばにすてきなレストランもある、とびっきりロマンティックな6つのスポットをarucoが厳選。

アフターサンセットも見逃せない
日が沈んだあともしばらくは空が美しいピンクやオレンジに染まる

サンセットウオッチを楽しむコツ
サンセットタイムは季節によって少しずつ違うので、注意して。日没の時間があらかじめわかっていれば、それに合わせてディナーの予約を入れたり、予定を立てることができます。

arucoオススメサンセットスポットだよ

N

spot 2
spot 4
spot 1
spot 6
spot 5
spot 3

季節によって、サンセットウオッチできる時間が変わります！

グアムの日没時間の目安
春：3～5月（乾季）‥‥‥‥‥18:30 ～ 18:45
夏：6～8月（乾季後半～雨季）‥18:32 ～ 18:52
秋：9～11月（雨季～乾季前半）‥17:50 ～ 18:30
冬：12～2月（乾季）‥‥‥‥‥17:50 ～ 18:30

レストランの夜の営業時間は18:00頃からオープンするところが多数。比較的日没が早い季節は、ビーチでサンセットを楽しんでから、ディナーの順番でもいいかも。遅い時期はレストランでカンパイしながら♪

レストランも一緒に！→P.56

ベストスポットは季節によって変わります！

南国の美しいサンセットをもっと楽しむ！

Spot 1　アウトリガー・グアム・ビーチ・リゾート前のビーチ

ヤシのシルエットがドラマチック

タモンの定番スポット

ビーチ（→P.13）に出ると、水平線を広々と見渡すことができるロケーション。海に沈むサンセットを見るなら、春と夏がおすすめ。

ベストシーズン　春 夏 秋 冬

ACCESS　アウトリガー・グアム・ビーチ・リゾート前
タモン

Map 別冊P.13-D2

Spot 2　フィエスタリゾート グアム前のビーチ

岬に沈む夕日もいいね

春夏は水平線、秋冬はイパオ岬に

春夏の水平線に沈むサンセットがベストだけれど、秋冬はタモン湾の左手に日が落ちるので、太陽がイパオ岬へ沈むひと味違うサンセットタイムに。

ベストシーズン　春 夏 秋 冬

ACCESS　フィエスタリゾート グアム前
またはTギャラリア グアムから車で約3分
タモン

Map 別冊P.12-B2

Spot 3　マタパン・ビーチ・パーク

地元の人も訪れるスポット

ローカルにも人気の絶景スポット

このビーチ（→P.41）もフィエスタリゾート前とほぼ同じ条件。目の前の海でアウトリガーカヌーの練習をしていることもあり、彼らの姿がシルエットになり、ロマンティック。

ベストシーズン　春 夏 秋 冬

ACCESS　ホリデイ・リゾート＆スパ グアムから徒歩約1分
またはTギャラリア グアムから車で約3分
タモン

Map 別冊P.12-B2

Spot 4　ガン・ビーチ

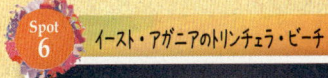
ザ・ビーチ（→P.56）でエンジョイ

1年を通して、水平線に沈むポイント！

冬の間は、タモン湾周辺から水平線に落ちる夕日を見ることがほとんどできないけれど、タモンの最北に位置するガン・ビーチ（→P.41）は通年OK！　ビーチバーもある。

ベストシーズン　春 夏 秋 冬

ACCESS　ホテル・ニッコー・グアムから徒歩約1分
またはTギャラリア グアムから車で約3分
タモン

Map 別冊P.13-D1

Spot 5　ハガニア湾

島のシルエットがすてき

第2のホテル街にいるときは夕日の名所へ

タモニングのシェラトン、オンワード、サンタフェに泊まっている人なら、夕日の名所として名高いハガニア湾で満喫。アルパット島がシルエットになり、絶景。

ベストシーズン　春 夏 秋 冬

ACCESS　ホテル・サンタフェ グアムから徒歩約3分
またはTギャラリア グアムから車で約15分
タモニング

Map 別冊P.10-A2

Spot 6　イースト・アガニアのトリンチェラ・ビーチ

人影が少ないひとり占めスポット

ハガニアまで足を延ばした日はこちら

ポストカードの撮影にもよく使われているのが、イースト・アガニアのビーチ（→P.40）一帯。視界をさえぎるものがなく、雄大なサンセットを楽しめます。

ベストシーズン　春 夏 秋 冬

ACCESS　タモン地区から車で約15分

Map 別冊P.6-A3
イースト・アガニア

お店のスタッフに聞きました

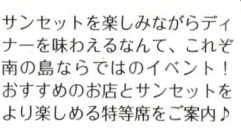

どこにしょっかな

サンセットの特等席&おすすめメニューはコチラ!

サンセットを楽しみながらディナーを味わえるなんて、これぞ南の島ならではのイベント!おすすめのお店とサンセットをより楽しめる特等席をご案内♪

P.55の各スポットのすぐそば!

Spot 4 ビーチバー

3つのスタイルで夕日を楽しめます

ザ・ビーチ
The Beach

ディナーショーもオススメ →P.46

絶景度……★★★
味………★★★

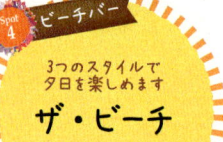

1. デッキでいちばん人気のソファ。くつろげます。
2. BBQビュッフェディナーとショーのセットも

特等席は

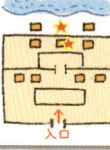

静かに夕日を眺めるならビーチのカウチ、飲み物をスピーディに頼むならデッキのソファ。ソファ狙いなら予約を忘れずに。

ライブが楽しいバー、開放的なデッキ、静かなビーチ。どのエリアでも夕日が見事♥ おつまみ盛り合わせ$20のほか、おつまみの中で人気No.1のナチョスもおすすめ。

Map 別冊P.13-D1 タモン

🏠 ホテル・ロード北部、ガン・ビーチ　☎649-7263
🕐11:00〜翌2:00　🈚日・水曜のBBQビュッフェディナー&ショー　💴L$15〜、D$25〜　💳A.D.J.M.V.　🚌べ送迎あり　🔗http://BestGuamTours.jp

Spot 5 ビーチ・バー&グリル

アルパットの島影がロマンティック

ザ・グリル・アット・サンタフェ
THE GRILLE AT SANTA FE

絶景度……★★★
味………★★★

夕暮れ時はアルパットの島影が美しく、トロピカルなカクテル$8.75が似合います。ディナーの主役は、炭火焼きのシーフードやステーキなど。

1

Map 別冊P.10-A2 タムニング

🏠 ホテル・サンタフェ・グアム内（ホテル代表）　☎647-8855
🕐7:30〜20:00、バー11:00〜22:00　🈚年中無休
💴L$10〜、D$22〜（＋10%サービス料）
💳A.D.J.M.V.　👔ベター　🚌送迎あり（ディナーのみ）　🔗www.hotelsantafeguam.com

1. ロマンティックな雰囲気
2. ニューヨークステーキ8オンス$28.95、12オンス$36.50（写真手前）

特等席は

どの席からもサンセットは見えるけれど、やはりビーチサイドがいちばん! 夕暮れ時は満席必至なので早めに予約して、テーブルを確保して。

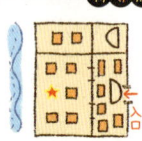

料理も楽しんで

Spot 6 カフェ

タモンの喧騒を離れて静かな時間が過ごせる

トゥリ・カフェ
tuR'e café

絶景度 ★★★
味……… ★★★

1. 海がすぐそこ
2. サーモンまたはシュリンプのチョイスができるパスタ$12.99など

1

きれい〜

特等席は

ハガニア湾が目の前のオープンデッキ。特に海に向かって右側寄りのテーブル席からは左前方の海に沈みゆく夕日の絶景が。

隠れ家的なカフェでオープンデッキから海を一望。ブレックファストやランチはサンドイッチやバーガー、夜はアペタイザーやシーフード料理、パスタなどがメイン。

Map 別冊P.6-A3 ハガニア

🏠 マリン・コー・ドライブ沿い　☎479-8873
🕐6:30〜20:00、土・日曜〜15:00　🈚イースター 感謝祭、12/25ほか　💴L$10〜、D$20
💳D.M.V.J.　👔不要　🚌送迎なし

南国の
サンセットに
カンパーイ

今日も
楽しかったね♪

右の写真はパーム・カフェにて

南国の美しいサンセットをもっと楽しむ！

Spot バーベキュー

じゃんじゃん焼いて仲間とワイワイ楽しんで♪

セイルズ・バーベキュー
SAILS BBQ

絶景度……★★★
味……★★★

オン・ザ・ビーチのテラスで味わうBBQが大評判♥ BBQとセットメニューは全7種類。事前に予約して、出かけて。

Map 別冊P.13-D2 タモン

⌂ホテル・ロード北部、オン・ザ・ビーチ
☎649-7760 ⏰入れ替え制で1回目18:00〜19:30、2回目19:45〜21:15 🈺年中無休
💰$43〜 💳A.D.J.M.V. 📋要予約 🚐送迎あり URLwww.guamplaza.com/sails-bbq

1. 広々デッキ 2. ロブスターテール、サーロインステーキ、チキン、エビ、野菜のセット「セイルズプライムBBQ」$62。写真は2人前

特等席は
全席オープンデッキだからサンセットはどこからでも楽しめるのが好評です。ビーチに出て写真を撮るのもOKです。

Spot チャモロ・フュージョン

タモンを見渡す高台に立地

パパズ
Papa's

絶景度……★★★
味……★★★

1. 南国の風が心地いいテラス席 2. 軟らかくて絶品。マリネード・リブ・アイ12オンス$39

特等席は
窓に向かって左手に太陽が落ちていくので、メインダイニングなら階段を下りた下段の真ん中。テラス席は最前列のいちばん右手がおすすめです。

カリフォルニア出身のシェフが陣頭指揮をとるチャモロ・フュージョンと、夕景&夜景がお店の売り。カウンターバーにはグアム有数のリカーコレクションが並びます。ローカルに大人気。

Map 別冊P.11-C3 グアム国際空港近く

⌂ジャン・パークウエイ沿い ☎637-7272
⏰火〜金曜11:00〜14:00、火〜土曜18:00〜22:00、日曜10:00〜14:00 🈺土曜のランチ、日曜のディナー、月曜、感謝祭、グッドフライデイ、12/25 💰L$15〜 D$20〜25
💳A.D.J.M.V. 🚐送迎なし URLwww.facebook.com/PapasGuam

Spot パシフィック・フュージョン

バラエティ豊富なインターナショナルビュッフェ

パーム・カフェ
Palm Cafe

絶景度……★★★
味……★★★

ヤシの林と海に落ちる太陽という、ロマンティックな景色が広がります。ビュッフェの内容はインターナショナルで、金曜はシーフード。

Map 別冊P.13-D2 タモン

⌂ホテル・ロード北部、アウトリガー・グアム・ビーチ・リゾート内 ☎649-9000（ホテル代表）⏰月〜土曜6:30〜11:00、11:00〜14:00、18:00〜22:00 🈺年中無休 💰L$25〜、D$36〜（金・土曜$38）+10%サービス料、サンデイブランチ10:30〜14:00、$40+10%サービス料 💳A.D.J.M.V. 📋不要 🚐送迎あり URLjp.outriggerguamresort.com

1. 世界の料理を楽しめるビュッフェ。ディナーはティーまたはコーヒー、ビール飲み放題です 2. 海と夕日の競演に感激！

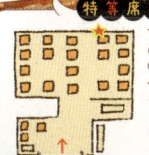

特等席は
サンセットを眺めるなら、海側の窓際テーブルへ。予約なしでも、開店直後なら窓際テーブルを案内してもらえます。

今夜はじっくり女子トーク♡
コンドミニアムでお肉焼いて、部屋飲み〜☆

暮らしているような感覚が味わえるコンドミニアムなら、備え付けのキッチンで実際に調理も可能。帰る心配がないから好きなお酒も買い込んで、眠くなったらベッドにゴロ〜ン。

1lb（ポンド）＝約454gだよ！

ビーフと付け合わせ野菜、フルーツ、調味料をGet！

野菜は量り売りだから必要なぶんだけ買えるよ。パンと、お酒もお忘れなく！

まずはスーパーで買い出し！目移りしちゃうほど楽しい♪

ローカル気分で買い物。日本であまり見かけないものもあって興味津々！

切る&焼くだけ！
コンドミニアムでクッキング

調理器具や食器、オーブンや電子レンジなどが備えられているコンドミニアムでは、地元のスーパーで食材を買って自炊もOK。少量しか使わない油や調味料は、できれば日本から小分けにして持参するのがおすすめだけど、現地で買うのならグアムならではのものにこだわって、残ったものは自宅用のおみやげに。

ビアリゾートホテル&コンドミニアム → P.171

これにしました。

ドレッシングの数が豊富

サラダにかけるドレッシングはいっぱいあって迷う〜

生野菜にぴったりなフレンチドレッシング $4.39

コレがないとはじまらない！

女子トークにGOOD♪
部屋飲み アルコールカタログ

女子にぴったりなフルーツビールや甘いカクテルを揃えました。

BEER

GUAM Ginger Beer
ジンジャーをしっかり感じる甘いビール。$1.89

Guam Mango Beer
マンゴーの風味が強いけれど爽快なのど越し。$1.89

Guam Apple Ale
酸味と甘みがマッチしたアップルエール。$1.89

BERRY WEISS
ブラックベリーの濃いジュースのような口当たり。$1.95

BUD LIGHT LIME
ライムを絞った爽やかなバドライトライム$1.95

MILLER GENUINE DRAFT
すっきりクリアで刺激的な味わいのミラードラフト$1.79

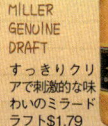

REDDS STRAWBERRY ALE
リンゴとストロベリーの甘酸っぱさが広がる。$1.95

お酒購入時の注意 → P.185

お肉は常温に戻してから◎焼くと◎

塩はグアム産を使用。JPスーパーストア（→P.104）でメイド・イン・グアムの塩のなかからスパイシーなピカ$5.99をGet!

TASI

ガールズトークで盛り上がろう！

TOTAL 好きなだけ

オススメ時間 夕方〜
予算 食材＆ドリンク代

簡単にクッキングできるメニューでせっかくの旅行中だからなるべく手間はかけないで。焼くだけのステーキ肉や冷凍食品なども上手に活用しよう。

広いキッチンでクッキング
フルキッチンで調理もスムーズ。焼くだけのステーキなら簡単で豪華なディナーに

カットフルーツ（ラージ）$7.99

ロメインレタス $1.65 ($1.29/lb)

きゅうり 76¢ ($1.59/lb)

トマト $1.63 ($1.99/lb)

パン10個入り $3.45

マンゴー2個 $3 ($1.39/lb)

冷凍野菜 $2.99

サーロインステーキ2枚 $15.49 ($5.79/lb)

コンドミニアムでお肉焼いて、部屋飲み〜★

完成♪
きれいに盛りつけしたらお店のメニューみたい

メイン＆サイド食材 TOTAL $36.96

カンパーイ！！

あとかたづけアドバイス
ディスポーザーは水を流しながら使ってね。ゴミはハウスキーパーが持っていってくれます。瓶や缶も分別しなくてOK

COCKTAIL

ASAHI PACIFIC BLUE
ミクロネシア限定アサヒビール、パシフィックブルー$1.25

SUNSET SENSATION
かわいいボトルで人気の甘いトロピカルカクテル$4.25

PIÑA COLADA
ココナッツとパインの甘いカクテル、ピニャコラーダ$3.85

EXOTIC BERRY
ベリーをブレンドして深みをもたせたエキゾチックベリー$3.85

WINE

MANGO Sparkling
おみやげとしても人気のマンゴースパークリングワイン$6.50

MANGO WINE
ほんのりマンゴーが香るさっぱりとしたワイン$6.49

Vita Vino
10種のフルーツジュースをブレンドしたスパークリング$6.50

満天の夜空は天然のプラネタリウム♡
南十字星に出合える星空ウオッチング♪

グアムの夜空は天然のプラネタリウム。
空を見上げると日本ではなかなか
見られない星空が輝いています。
ぜひぜひウオッチングしてみて★

夜空に輝く南十字星を
探しちゃお！

南半球の星座として知られ、北半球の住人に
は憧れの星座、南十字星。実は北半球でも沖
縄より南で部分的に見ることができるとい
われていて、ここグアムでは全体像をしっか
り見ることができちゃう。季節は限られてい
るけれど、チャンスがあったらぜひ！

赤っぽく
光る一等星
だから見つけ
やすいヨ！

北極星

北斗七星

春の大曲線

アルクトゥルス

スピカ

こちらは
白く光る
一等星

からす座

スピカ

北斗七星から探す
見つけ方は北斗七星と
南十字星が同じ空に
見えるグアム
ならでは♡

ケンタウルス座

ケンタウルス座の
ふたつの一等星の星、
β星のすぐ右に
見えるのが
南十字星

さそり座

β星

ケンタウルス
α星

南十字星を探そう！

TOTAL 30分

オススメ時間 時期によって
変わります

予算 $0

🔎 安全面に気をつけて
ホテルの部屋からならいいけれど、
星空ウオッチは当然夜になるので、
ビーチなどに出かけるときは安全
面には注意を。

南十字星って？

みなみじゅうじ座のこと。英語名
はサザンクロスで、全88星座のな
かでいちばん小さい星座です。天
の南極には南極星に当たる星がな
いため、大航海時代以来、天の南
極を測るために使われていたそう。

『銀河鉄道の夜』
に出てくるね

南十字星は
いつ、どこから
見えるの？

南十字星は春の星座で、見える
時期が限られています。シーズ
ンの間でも時期によって見える
時刻が違い、特に狙い目は時間
と高さがGOODな5月初旬から
6月初旬！

グアムで南十字星が
よく見えるのは4～7月！

●4月初旬　0:00頃

●5月初旬　22:00頃

●6月初旬　20:00頃

●7月初旬　19:30頃

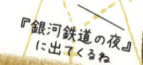
ホテルの部屋
からでもOK！

場所によっては見えないところ
もあるけれど、タモンやタムニ
ングのホテルからでも見えます

見えた!!

シェラトン・
ラグーナ・グアム・
リゾートなら

ホテル（→P.169）の部屋に
あるジャクージから見られ
るのもグアムならでは♡

ホテルのジャクージ
から優雅に♪

南十字星に出合える星空ウオッチング♪

4〜7月の南の空

からす座の四辺形を見つけたら、ずっと下へ延ばしたところに南十字星があります!

からす座

注意!

南十字星

ニセ十字星

南十字星の見つけ方(4〜7月の南の空)

1 北斗七星から「春の大曲線」を見つける

2 大曲線の先の「からす座」を見つける

3 からす座から南下して、「南十字星」を見つける

北半球では北斗七星から探すのが簡単。北斗七星の柄の部分を引き延ばし、うしかい座の一等星アルクトゥルスを結び、さらに引き延ばすと一等星のスピカ、さらには四角形のからす座に行き当たります。ここから南下すれば南十字星発見!

ニセ十字星にご注意!
南十字星は小さくて明るさが不揃い。近くにある均等な明るさのニセ十字星と間違えやすいので注意!

あると便利! 星座ウオッチングの持ち物

方位磁石
方角がわかると見つけやすい!

双眼鏡
より鮮明に見えて、楽しい♪

虫除けスプレー
ビーチでヤブ蚊に刺されないように。

ウエットティッシュ
ビーチで手が汚れたときなどに。

一眼レフカメラ
せっかくなら写真に収めたい!

三脚
星空の撮影に三脚は必需品。

アプリを使えば見つけやすい!

日本で星座アプリをダウンロードしていくと、グアムでの星座探しがより楽しい!

みなみじゅうじ座はこっち!

きれい!!

iPhone&iPad
スターウオーク
(アプリ)

おすすめのアプリは、Star Walk。探したい星座を選んで、画面を空に向ければ、星座のある方向を示してくれるのでラク! 星座早見表があれば、それを活用しても

おすすめの南十字星ウオッチングのポイント!

タモンのビーチ
タモンのホテルに宿泊しているなら、ビーチに出てみて。方向はヒルトン、ハガニアのほう。
Map 別冊P.12〜13

グアム国際空港前
レンタカーがある人は空港のエアポート・ロードからチェック。周りの車に気をつけて。
Map 別冊P.11-C3

バリガダ・ハイツの高台
土地勘のある人はバリガダ・ハイツの高台でゾーニャ、タロフォフォ方面をチェック。
Map 別冊P.5-C1

星空ウオッチングツアーに
参加しちゃおう

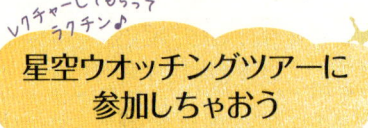

グアムの星空をもっともっと知りたい！　そんな好奇心いっぱいの女子は、星空ウオッチングツアーに参加してみて。土星の輪っかだって見えちゃうツアーもあります！

日本語で
解説してくれるから
好奇心が満たされ
大満足♪

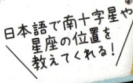
日本語で南十字星や
星座の位置を
教えてくれる！

星空ウオッチングツアーに参加　**TOTAL 45分/4時間**

| オススメ時間 | 夜 | 予算 | $60(s.t.g)/$10(レオパレス) |

★ **ツアーについて**
サンセット&夜景貸切りs.t.gはサンセットウオッチとKマートでのショッピングタイム付き。
レオパレスのツアーは宿泊者専用です。

サンセットの
時間に合わせ
て恋人岬へ

レストラン
はブロアな
ど人気店へ

周囲が暗めだから星がキ
レイに見える！

サンセット&夜景
貸切りs.t.g
Sunset & Night View Private s.t.g

ツアー時間
21:30 〜 17:30

ツアーに組み込まれているアプガンの丘の夜景鑑賞の際は、星空を見上げて南十字星を見つけてみて。美しい夜景と星とのコラボでロマンティックな一夜に。サンセットは恋人岬にて。

Map 別冊P.11-D1　デデド

🚐 各ホテルへお迎え　🅿 なし　🕒 休 なし　🕐 17:30〜21:30（時期により前後）　🈂 年中無休　💰 1人$60、2人以上4人まで（食事は別料金）　🚌 送迎あり　💳 不可　🔗 www.instagram.com/star_tour_guam　✉ papaoland@gmail.com

こんなに
いっぱい星が
見られるのね！

金星は
どこかな

織り姫
さまね

感動！

望遠鏡をのぞけば肉眼
で見ることのできない
土星も鮮明に

日本語のビデ
オで星空の解
説タイム

レオパレス
スターウオッチング
Leopalace Star Watching

もし滞在ホテルがレオパレスリゾートグアム（→P.171、172）なら宿泊者限定のスターウオッチングに参加できちゃいます。実際に星を見ながら星座の見方の日本語レクチャーがあったり、大きな天体望遠鏡ではるかかなたの星の観測も。

Map 別冊P.6-B2　マネンガンヒルズ

🚐 島の中央部、レオパレスリゾートグアム内　☎ 471-0001　📞 レオパレス21 ホテル・リゾート事業部 Free 0120-729021　🕐 20:00〜、21:00〜の1日2回、所要約45分、レオパレスリゾートグアム宿泊者のみ利用可能、🈂 不要　🈺 火・木・土曜のみ開催　💰 $10、大人同伴の12歳未満無料　※星座早見表付き
🔗 www.leopalaceresort.com/activity

レアな星が
まだまだあります

日本では
なかなか
出合えない

南の空の星座物語はとってもロマンティック。
南十字星が見える時期には、南十字星周囲にこのような星が
出ています。星たちのささやきが聞こえてきそう。

夏を代表する星座

さそり座

日本よりキレイに見えるさそり座の目印は赤く輝く一等星アンタレス。尾の先の毒針の部分には二等星と三等星が並んでいます。このあたりに天の川が流れているのも見えるはず♥

日本では見られない

ケンタウルス座

ギリシア神話に登場する、上半身が人で下半身が馬の想像上の動物がケンタウルス。グアムでは星座全体が見えます。一等星は太陽に最も近い恒星で、距離は地球から4.3光年。

これもグアムならでは

おおかみ座

ケンタウルスの槍に貫かれているような姿を現しているのが、南天を代表する星座のひとつ、おおかみ座。おもに三等星で形作られているので光害の多い地域では見えない星座。

銀河系で最も明るい

イータカリーナ星雲

南十字星の近くのりゅうこつ座にある散光星雲で、中心部は銀河系で最も明るい恒星。りゅうこつ座は日本では地平線上すれすれに、その一部しか見えない星座です。

御利益があるかも〜

カノープス

南の空の低いところにしか現れず、すぐに沈んでしまうため、日本では幻の星といわれているのが、カノープス。グアムではカノープスを見ると長生きできるといわれています。

星たちの
物語だね

63

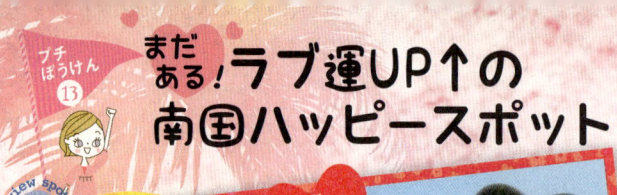

プチ ぼうけん 13

まだある！ラブ運UP↑の 南国ハッピースポット

グアムには、見ると幸せになれるという
大自然のハッピースポットが島のあちこちに点在
ドライブやツアー途中にお見逃しなく♪

GUAM MAP

view spot **A**

ラブ・ストーン
Love Stone

人気急上昇中！

自然にできたハート形の岩がラブ・
ストーン。日本のテレビ番組で
紹介されてから大人気に

Map 別冊P.4-A2

リティディアン・ビーチ近く

TOTAL **10分〜** 時間半

ハッピースポットを訪れる

オススメ 時間 日中

アクセスは？
ほかの見どころやビーチ
（→P.40）と合わせてレンタ
カーで巡るか、ツアー途中
に見られるものもある。

Access
グアム北部、リティディアン・
ビーチ（→P.40）の南にある。
タモンから車で約40分。レンタ
カーのほか、ココパーム・ガー
デン・ビーチへのツアー（→
P.75）に参加すると、バスから
見えます♪

ハート！

キスしてるみたい？

view spot **C**

キッシング・ロック
Kissing Rock

岩と岩がキスしているように見えるのが、
地元でキッシング・ロックと呼ばれている岩
命名がなんともロマンティック♪

Map 別冊P.7-C3 イパン

押し花にして
持ち歩くとケッコン
できる♪

view spot **B**

ハーフフラワー
Half Flower

花が半分切り取られたように咲
くお花。海と山に咲くこの花を
ひとつの花にして持ち歩くと、
結婚できるそう。
婚活女子は試して！

Map 別冊P.12〜13 タモンなど

Access
海や山のほかタモンのホテル・
ロード沿いを歩いても見つかる！

Access
イパン・ビーチ（→P.41）の南に
ある。タモンから車で約40分。
レンタカーのほか、レッツ・ゴ
ー・サウス（→P.86）やタロフォ
フォ川のツアー（→P.84、85）に
参加すると、バスから見えます。

できるだけ摘まないで
落ちてる花を
ひろってね

見えたら
ラッキー！

朝と夕方にチャンス到来

view spot **全域**

見た人は
幸せになるという
言い伝えが♪

グリーンフラッシュ
Green Flash

太陽が沈む瞬間、水平線に
ひと筋の緑の光が走ること約。
発生率はとても低く、これを見た人には
幸せが訪れるそう♪

見たら
いいこと
あるかも！

ダブルレインボー
Double Rainbow

虹が現れやすいのは、
朝と夕方。スコールが降ったら、
空を気にしてみて。二重の虹＝
ダブルレインボーだとうれしさ倍増！

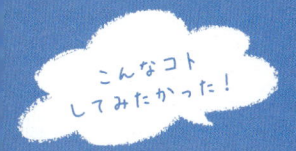
こんなコト
してみたかった！

グアムの大自然を満喫できる
海・山・空の
遊びがいっぱい！

1年中キラキラの太陽が輝く常夏の島グアムには
好奇心旺盛な女子ゴコロを射止めてくれる遊びが山盛り♪
たくさん遊んだ人勝ちの楽園で、
あんなコト、こんなコトに挑戦しちゃお！

ACTIVITY

常夏グアムを朝から夜まで遊び尽くす！
arucoアクティビティ完ペキ☆NAVI

どれにしようか迷っちゃう！

グアムには日本ではなかなか体験できないアクティビティがい〜っぱい！
人気のアクティビティはどんなもの？　種類は？
ぜ〜んぶ体験済みのarucoスタッフがナビします♪

スタッフ厳選 おすすめアクティビティ Best5

1位 イルカウォッチング

おすすめPOINT
近海で野生のイルカに会える！　運がよければボートが立てる波で遊ぶ姿が見られちゃう。

2位 ココパーム・ガーデン・ビーチ

おすすめPOINT
海の青さも砂の白さもタモンよりさらに上。プライベートビーチでリゾート気分もUP！

3位 パガット・ケーブ

おすすめPOINT
ジャングルの奥にあるパワースポット、真水の洞窟はとっても神秘的。力をもらえそう。

4位 アルパン・ビーチ・クラブ

おすすめPOINT
タモンからほど近くて、たくさんのアクティビティをまとめて楽しめる点がグッド。

5位 体験ダイビング

おすすめPOINT
透明度の高いグアムの海で、ぜひ海中世界を楽しんで！　熱帯魚やサンゴもいっぱい♥

海で遊ぶぞー！
人気のマリンアクティビティを楽しめるのはコチラ！

	❶	❷	❸	❹	❺	❻	❼	❽	❾	❿	⓫
バナナボート		✿	✿		✿		✿	✿			✿
水上バイク	✿	✿	✿		✿		✿	✿			✿
パラセーリング	✿	✿	✿		✿		✿	✿			✿
スクリーマー ※1								✿	✿		✿
オーシャンカヤック	✿	✿	✿		✿		✿		✿		
スノーケリング	✿	✿	✿	✿	✿	✿	✿	✿	✿	✿	✿
アクア・ウォーク ※2		✿			✿		✿			✿	✿
体験ダイビング	✿	✿	✿	✿	✿	✿	✿	✿	✿	✿	✿
ウエイクボード			✿		✿		✿				
イルカウォッチング	✿	✿	✿		✿	✿	✿	✿	✿	✿	✿

※1＝または同様のアクティビティ　※2＝またはシーウォーカー、スヌーバ・ダイビング、水中ボブ

催行会社 ※50音順

1 アクア・アカデミー →P.70
2 アルパン・ビーチ・クラブ →P.68
3 オンワード・ビーチ・リゾート・ウォーターパーク →P.77
4 ココス・アイランド・リゾート →P.78
5 ココパーム・ガーデン・ビーチ →P.75
6 ジェントリー・ブルー →P.70
7 スキューバ・カンパニー・マリンスポーツ →P.24・70・73
8 パシフィック アイランド クラブ グアム ウォーターパーク →P.76
9 パラダイス・アクア →P.72
10 フィッシュアイマリンパーク →P.73
11 リアル・ワールド・ダイビング →P.24・70・72

タモンのビーチでは人気急上昇中のスタンドアップパドルボードやスノーケリングを楽しめます！（大阪府　Y・K）

テーマ	ツアーメニュー(※催行会社)	掲載ページ	催行時間
イルカやウミガメに会いたい❤ (1位)	タートル・ツアーズ・イルカウオッチング・アドベンチャー	→P.23	7:30～、9:45～の1日2便
	リアル・ワールド・ダイビング・イルカウオッチング	→P.24	7:25～、10:25～の1日2便
	スクーバ・カンパニー・マリンスポーツ・イルカウオッチング	→P.24	8:30～、10:30～の1日2便
	S2 クラブ 海ガメスノーケリング	→P.25	6:45～、13:15～の1日2便
プライベートビーチ&無人島で遊ぶ! (2位)	ココパーム・ガーデン・ビーチ	→P.75	8:40～16:15
	ココス・アイランド・リゾート	→P.78	7:40～17:00、9:35～17:00
	アルパット・アイランド	→P.79	9:00～15:00 (営業時間)
パワースポットを訪ねる (3位)	パガット・ケーブ	→P.36	9:40～15:00 (天候やグループにより異なる)
	アグエ・コーブ	→P.38	9:40～15:00 (天候やグループにより異なる)
マリンアクティビティに挑戦! (4位)	アルパン・ビーチ・クラブ	→P.68	9:00～17:00 (営業時間)
	フライボード (アプラ・ダイブ・マリン)	→P.83	9:00～17:00 (営業時間)
ダイビング&水中散歩しましょ (5位)	体験ダイビング (アクア・アカデミー)	→P.70	8:00～17:00 (営業時間)
	アクア・コムズスクーバ・ダイビング (リアル・ワールド・ダイビング)	→P.72	7:25～、8:40～、10:25～、11:55～の1日4便
	水中ボブ (パラダイス・アクア)	→P.72	8:00～ (第1便の場合)
	アクア・ウォーク (スクーバ・カンパニー・マリンスポーツ)	→P.73	8:30～12:00、10:30～14:00の1日2便
	アトランティス・サブマリン	→P.73	7:10～など1日4便
	フィッシュアイマリンパーク海中展望塔	→P.73	8:00～17:00 (展望塔の営業時間)
ウォーターパーク	ターザ・ウォーターパーク	→P.76	10:00～17:00 (営業時間)
	パシフィック アイランド クラブ グアム ウォーターパーク	→P.76	9:00～17:00 (1日パッケージ利用時間)
	オンワード・ビーチ・リゾート・ウォーターパーク	→P.77	9:30～17:30 (営業時間)
空のアクティビティ	スカイダイブ・グアム	→P.80	8:00～18:00 (営業時間)
	セスナ体験操縦 (トレンド・ベクター・エビエーション)	→P.81	7:00～21:00 (営業時間)
スリル満点、アクティビティ	グアム・ジェットスキー	→P.82	8:00～17:00 (営業時間)
	グアム・アドベンチャーズ	→P.83	9:00～17:00 (営業時間)
	スリングショット	→P.83	12:00～24:00
大自然や文化に触れるローカルツアー	エコ・アドベンチャー・ジャングル・ハイキング・ツアー	→P.49	8:00～13:30
	サンキョー・ガーデン	→P.84	9:00～16:00、土・日曜～12:00 (営業時間)
	アドベンチャー・リバー・クルーズ	→P.84	7:25～12:30、13:00～17:20の1日2便
	カヤック・アドベンチャー・ツアー	→P.85	7:25～13:40
	レッツ・ゴー・サウス	→P.86	10:00～13:30
夜遊びツアー	サンドキャッスル	→P.88	18:00～20:45、21:00～22:45 (開催時間)
	マジックロックスシアター	→P.89	20:00～の1日1回
	BIGサンセット・ディナー・クルーズ	→P.88	16:00～20:30
	フィッシュアイポリネシアンディナーショー	→P.47	18:10～21:00 (コースは季節により異なる)

ツアーおすすめマークの見方

P.22～89で使用している5つのマークは、右記の人におすすめです。

…初めて …リピーター …友達同士 …カップル …ファミリー

aruco アクティビティ完★☆NAVI

マリンアクティビティで南国の海とたわむれる♪
ビーチクラブでは誰よりも遊び倒すのが正解です！

マリアナブルーの美しい海をフィールドに、さまざまなマリンアクティビティを楽しめるのが、グアムのビーチクラブ。どの遊びから挑戦する？

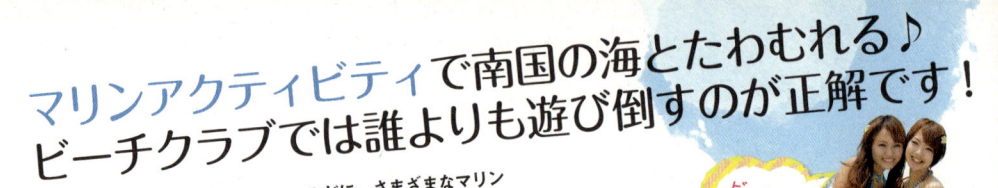

8:00 Start!

送迎
ホテルからピンクのバスでビーチへ。ワクワクが止まらない♪

11:00 空中散歩サイコー！

パラセーリング
引き続き、ボートからパラセーリング。海面スレスレに落とされたりしてスリル満点！

ビーチクラブ大好き♥

空も海もきれい♥

シートから見下ろすと

10:00

落とされちゃう〜

バナナボート
ブリーフィング後、バスでマリーナへ向かいバナナボートで出発！ 波しぶきが爽快☆

特製コインをもらえるよ

グアムの海と自然を丸ごと満喫！

アルパン・ビーチ・クラブ
Alupang Beach Club

ピンクの送迎バスが目印の老舗ビーチリゾート。パラセーリングやイルカウォッチング、水上バイクにバナナボートなど「一度やってみたかった！」アクティビティがぜ〜んぶ揃っています。

Come and Join us!

営業時間 9:00 〜 17:00

Map 別冊P.10-A3 ハガニア湾

- マリン・コー・ドライブ沿い
- 649-5200 なし
- 9:00〜17:00 土曜
- ツアーパック$55〜190、6〜13歳$30〜110、2〜5歳$20〜30（上記料金は2019年4月まで。送迎、ランチ付き）
- Card A.D.J.M.V.
- URL www.abcguam.com

海上も探検中♪

午後になると開催されるココナッツ・デモンストレーション用のヤシの実にズーム！

 水上バイクに初挑戦しました！ 海の上を疾走する楽しさはやみつき♪ （群馬県　香里）

12:00 BIGなチキン、定食です

Yummy!

アクティビティに申し込んだ人は
スーパービーチリゾートが無料でセット!

スーパービーチリゾート

① ガイド付きスノーケリング
② カヤック
③ スタンドアップパドルボード
④ 浮輪
⑤ ペダルボード
⑥ ウオーターバイク
⑦ ビーチバレーボール
⑧ 食べ放題ランチ
⑨ ストーンアート
⑩ ココナッツのデモ＆キャンディ
⑪ インスタントタトゥ
⑫ コスチュームプレゼンテーション
⑬ ココナッツの葉編み
⑭ ビーチチェア・パラソル
⑮ 貸しロッカー
⑯ ビーチシューズ

ランチタイム
カレーや焼きそば、サラダが食べ放題。フライドチキンの大きさにビックリです。

マリンアクティビティで南国の海とたわむれる♪

葉っぱでクラフト★

13:00

文化プログラム
ヤシの実割りやキャンディ作り、葉っぱを使ったおもちゃなど、ヤシは捨てるところがないんですって!

ヤシの木でトロピカルフィッシュを作れるよ

わーい!

13:30

この疾走感、ヤミツキです

Cool!

水上バイク
予約した時間にビーチから沖へ出発。フロート付きだから初心者も楽に運転できちゃう!

14:00

海風がいい感じ

Finish!

ウオーターバイク
空いた時間はウオーターバイクで水上散歩。せっせと漕いでエネルギー消費!

めいっぱい遊んで疲れても、ホテルまで送迎付きで楽ちん♪

きもちー!

日本では特殊小型船舶免許がないと挑戦できない水上バイクも、グアムならノーライセンスでOK!

ラブラブに珊瑚礁を泳いでます♥

一生同じペアで過ごすといわれるトゲチョウチョウウオ

水深2m。海に入ってすぐ、魚の楽園が！

海の中ってどんな世界？

お魚が集まってくる〜

断然2ダイブだね

明るくて魚がきれいに見えます★

営業時間 8:00〜17:00

知識欲も満たす体験ダイビング
アクア・アカデミー
AQUA academy

グアムの海を知り尽くした日本語スタッフが適切なアドバイスで案内してくれるので安心。初心者でも、ビーチ1ダイブ（約40分）よりたっぷり海中世界を満喫できる、2ダイブ（約1時間10分）がおすすめ。水中写真CDのプレゼント付き♪

Map 別冊 P.11-D2　アッパータモン

🏠マリン・コードライブ沿い　☎649-5551　📠03-3200-1404（ブルーサフ）　🕐8:00〜17:00　📅年中無休　💰ビーチ体験ダイビング1ダイブ $65、ダイバー体験ダイビング2ダイブ $100　Card D.J.M.V.　URL www.aqua-academy.com

日本語が通じるから安心
グアムのおすすめダイビングサービス

どのショップでもホテル送迎をしてくれるので安心。水中写真を撮影してくれるサービスも♪

チャモロ語で"海の十字架（Kilu'os Tasi）"なんだって

ほら、触ったど〜

きれいなアオヒトデ。優しく触りましょ

熱帯魚サンク

南国体験タ
本日デ

珊瑚礁に囲まれ、1年中に出会える美しい海。スタッフが揃った、ダイビングショップダイブデビューは

水深6mまで移動することも
スキューバ・カンパニー・マリンスポーツ
Scuba Company Marine Sports

日本人または日本語の話せるスタッフがレクチャー。ロープを伝わりながら移動し、浅い水域や水深6mの場所で餌づけに挑戦。

Map 別冊 P.10-A2　タムニング

🏠ベイレス・スーパーマーケット オカ店近く（事務所）　☎649-3369　📠03-5731-3488　🕐ホテル発 8:30〜、10:30〜、13:00〜の1日3便　📅年中無休　💰ビーチ体験ダイビング1ダイブ $70　Card A.D.J.M.V.　URL www.scubaco.com

初心者でも安心して挑戦できる
リアル・ワールド・ダイビング
Real World Diving

ビーチダイビングは砂浜からのエントリーだから、初心者も安心。色とりどりのサンゴと熱帯魚たちが戯れる楽園を楽しめます。

Map 別冊 P.12-B3　タモン

🏠ホテル・ロード中央部、フィエスタリゾート・グアム敷地内（事務所）　☎646-8903　📠なし　🕐7:00〜18:00　📅1/1、12/25　💰ビーチ体験ダイビング1ダイブ $60、体験ビーチ&ボートダイビング $145　Card J.M.V.　URL www.rwdiving.com

泳げなくてもノープロブレム
ジェントリー・ブルー
Gently Blue

経験豊富なスタッフが楽しませてくれるので、泳げなくても心配しなくてOK。潜る深さは最深で12m。潜水時間は約30分。

Map 別冊 P.13-D2　タモン

🏠ホテル・ロード北部、タモンベイ・キャピタル・ホテル内　☎646-0838　🕐7:00〜18:00　📅年中無休　💰ビーチ体験ダイビング1ダイブ $60、2ダイブ $100　Card J.M.V.　URL www.gentlyblue.com　✉guam@gentlyblue.com

  グアムの海は透明度が抜群！ 体験ダイビングでたくさんの熱帯魚に会えて、感激しました。（東京都　ななみ）

どんなふうに潜るの？

1
まずはダイビングの説明
海に到着したら、器材を装着。最初に陸でインストラクターの説明を聞きます

こっちおいで〜

色鮮やかな魚たちに囲まれて満足

南国体験ダイビング★本日デビュー！

2
浅瀬に入りましょう
準備が整ったら海へ。といっても、いきなり潜ることはありません。胸の深さでストップ

チュアリを訪ねて
イビング★ビュー！

色とりどりの熱帯魚しかも、日本語OKの初心者でも安心のがいっぱい！グアムで♪

イソギンチャクの近くを探してみて♪

3
練習後、いよいよ海へ
水中で必要なサインや呼吸を練習。不明点はインストラクターに聞いて、確認して

Diving Column

4
初ダイビングに満足！
約40分の初体験ダイブ。休憩の後、2本目へ。余裕ができて周囲を見ることができます

マンタに会いたい♪ ダイビングのライセンス取得に挑戦

透明度が高く、1年中いつでも潜れるグアムは、ダイバーズ・パラダイス。運がよければ憧れのマンタに出会えることも。体験ダイビングにハマって、もっと潜ってみたいと思ったら、次はライセンスの取得を考えてみて！

水中写真／ジェントリー・ブルー

ご存じ、クマノミ。勢いよく近づくと逃げちゃうのでそっと見守って

水中写真／アクア・アカデミー

親切でていねいな指導
サニーダイバーズ
SUNNY DIVERS

グアムで生まれ育ち、海関係の仕事に就いて20年以上の日本人インストラクター、ユウさんが率いる。初心者指導もていねい。

Map 別冊P.10-A3 タムニング

🏠タムニングプラザホテル近く
📞648-0711 🕐7:00〜19:00
📅年中無休 💴体験1ビーチダイビング$55、体験1ビーチ&ウミガメ1ボートダイビング$110
Card J.M.V. URL sunnydiversguam.com

ベテランスタッフがナビゲート
グアム・ポールズ・ダイビング
Guam Paul's Diving

グアムの海を知り尽くしたダイビングインストラクターがナビしてくれるから、頼もしさ抜群。予約ごとのツアー催行もうれしい。

Map 別冊P.10-A2 タムニング

🏠シェラトン・ラグーナ・グアム・リゾート内 📞649-6482 🕐定休日なし 🕐7:00〜17:00
📅年中無休 💴ビーチ体験ダイビング1ダイブ$75〜、ボート体験1ダイブ$180〜、ボート体験2ダイブ$245〜
Card D.J.M.V.
URL www.paulsdiving.com

少人数制が特徴
コーラル・ダイブ
Coral Dive

インストラクター1名に対し、4名までの少人数制。日本人または日本語を話せるスタッフがインストラクター。

Map 別冊P.13-D2 タモン

🏠ピアリゾートホテル&コンドミニアム内
📞647-0690 🕐7:30〜18:00
📅年中無休 💴ビーチ体験ダイビング1ダイブ$70、2ダイブ$150 Card J.M.V.
URL www.coraldive.com

日本語 OK！

泳げなくてもOK！　お気軽水中散歩で
神秘の海に癒やされる♥

グアムにはスクーバダイビング以外にも海中世界に触れられるアクティビティがいろいろ。ライセンス不要で、泳ぎが苦手な人でも楽しめるものだってたくさん♪

とっても似ているけど……

フルフェイスマスクだから鼻でも息ができる♪
アクア・コム
Aqua-Comm

こっちはフルフェイスマスク！

おすすめポイント
★鼻から呼吸できてラク！
★口が痛くならない
★顔がぬれない

ツアー時間　10:25 ～ 7:25　※第1便の場合

リアル・ワールド・ダイビング Real World Diving
アクア・コムのフルフェイスマスクは軽量。口に何もくわえたくない人も安心してトライでき、マスクの中は常に空気で満たされています。スヌーバ・ダイビングは、海面に浮かぶゴムボートに設置されたエアタンクからホースを通して空気を供給。重いタンクやヘルメットなしで自由に海中を探索できちゃいます。

Map 別冊P.12-B3 タモン

🏠 ホテル・ロード中央部、フィエスタリゾート グアム敷地内
☎646-8903（日本語OK）🚫なし 迎7:25～、8:40～、10:25～、11:55～の1日4便。所要約2時間 🚫1/1、12/25 💰アクア・コム$75、8～11歳$55、スヌーバ・ダイビング$65、8～11歳$55、4～7歳$40（スヌーバ・ドゥ）、いずれも送迎込み Card J.M.V.
URL www.rwdiving.com

重いタンクやヘルメットを装着しなくてOK
スヌーバ・ダイビング
Snuba Diving

こっちは水中めがねだね

おすすめポイント
★タンクを背負わない
★4～7歳のキッズも一緒に参加できる

ツアー時間　10:25 ～ 7:25　※第1便の場合

水中を気軽にツーリング日本人スタッフが常駐
水中ボブ
Aqua BOB

コンタクトレンズでも大丈夫

おすすめポイント
★ヘルメットと一体化した乗り物だから重さが気にならない！
★ハンドル操作のみでOK！

開催時間　8:00 ～ 16:00

パラダイス・アクア
Paradise Aqua
マシンと一体型になったヘルメット状のドームには、新鮮な空気がたっぷり。めがねを装着したままでOKで、ヘルメットの重さも気になりません。人が歩くくらいのスピードでゆっくり水中散歩♪

Map 別冊P.6-A1 ファミリー・ビーチ

🏠 アプラ港の北側、ファミリー・ビーチ内
☎646-6911（日本語OK）🚫なし 1日3便あり、所要時間はパッケージにより異なる 🚫年中無休 💰$30～、5歳以下無料（いずれもパッケージによる。送迎、ドリンク、施設使用料込み、2～5歳のみはスノーケルのみ）Card A.D.J.M.V.
URL www.paradiseaqua.com

アトランティス・サブマリンで海中世界をのぞいてきました。大きな魚たちと間近で対面！　サンゴもきれいでした。（栃木県　千里）

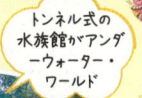

水族館 こちらも CHECK!

トンネル式水族館の中をダイビング！

シートレック　Sea Trek
アンダーウォーター・ワールド
UnderWater World

トンネル式の水族館がアンダーウォーター・ワールド

アンダーウォーター・ワールドの水槽の中を探検できるシートレック。顔も髪も水に触れないのでメークしたままでも大丈夫。約10分の説明で水中散歩スタート！ 巨大なハタやウミガメ、サメ、エイなど大型生物との遭遇率100%！

Map 別冊P.12-B1　タモン

1.ヘルメットをかぶるだけでOK　2.水中散歩は約20分　3.水族館

- 🏨 ホテル・ロード北部、ザ・プラザ サウス1F　☎649-9191
- 🕐 9:00～18:00（13:00～15:00を除く）　📅年中無休　💰$89、8～11歳$79（オーシャンサファリ（水族館）＆ダイブ3日間パス付き）
- Card A.D.J.M.V.　URL www.cometguam.com

🕐10:00～17:30　💰$23、3～11歳$12

本物の潜水艇に乗船できるアトラクション

アトランティス・サブマリン
Atlantis Submarine

海中からアトランティスⅤ号が浮上

おすすめポイント
- ★水深30mの海中世界をのぞけちゃう！
- ★揺れがなく、エアコン完備で快適

ツアー時間
10:55 / 7:10　※第1便の場合

アトランティス・サブマリン・グアム
ATLANTIS SUBMARINE GUAM, INC.

世界でも数ヵ所でしか体験できないという、本物の潜水艇に乗船できるアトラクション。48名乗りの潜水艇はエアコン完備で快適。潜行時間は約30分。大型のロウニンアジや推定1万8000歳といわれる巨大サンゴなどに会えます。

Map 別冊P.6-A2　アプラ港

- 🏨 島の南西部、アプラ港から出航　☎477-4166
- 🕐7:10～、8:10～、9:10～の1日4便 所要3～4時間　📅荒天日　💰$99、11歳以下$49（身長92cm以上）、送迎込み（帰路はタモンベイセンターで解散）　Card A.D.J.M.V.
- URL www.atlantis-guam.com

ホースからエアが供給されるヘルメットを装着

アクア・ウォーク
Aqua Walk

海中の美しさに感動◎

おすすめポイント
- ★めがねを着けていても、メークしていてもOK
- ★30分くらい潜っていられる！

ツアー時間
12:00 / 8:30　※第1便の場合

スキューバ・カンパニー・マリンスポーツ
Scuba Company Marine Sports

顔をぬらさずに潜れるので、めがねやコンタクトレンズをしたままでノープロブレム。ヘルメット前のハンドルを持てば自由に歩け、ジャンプだってできちゃう！ 泳げない人にも人気のアトラクションです。

Map 別冊P.10-A2　タモニング

- 🏨 ペイレス・スーパーマーケット オカ店近く（事務所）　☎649-3369　📱03-5731-3488
- 🕐ホテル発8:30～、10:30～の1日2便。所要約1時間30分　📅年中無休　💰$63（全器材、ドリンク、送迎込み。8歳以上）　Card A.D.J.M.V.
- URL www.scubaco.com

階段を下りるだけで海中世界を見学できる

フィッシュアイマリンパーク 海中展望塔
Fish Eye Marine Park Underwater Observatory

泳げなくてもOK！ お気軽水中散歩

熱帯魚がこんなにたくさん！

おすすめポイント
- ★水にぬれずに海中世界を堪能できる！
- ★小さな子供でも安心

開館時間
8:00 / 17:00

フィッシュアイマリンパーク
Fish Eye Marine Park

約300mの桟橋で海上散歩を楽しんだあと、らせん階段を下りると窓の外は水深10mの海中世界が！ 展望塔があるエリアは海洋保護区だけあって海の透明度は抜群。見事な珊瑚礁や熱帯魚の姿を見学できます。

Map 別冊P.6-A2　ピティ

- 🏨 マリン・コー・ドライブ沿い　☎475-7777
- 📱03-6434-0280　🕐8:00～17:00　📅年中無休　💰$14、6～11歳$7（その他、送迎・食事付きツアーあり）
- Card A.D.J.M.V.　URL www.fisheyeguam.com

水中で耳がつーんとしたときは、あごをよく動かし、つばを飲み込むと耳抜きできます。痛くなる前に対処を。

Tumon Beach
タモン・ビーチ

水遊び道具のレンタルが充実

有料　有料パラソルあり

タモンのビーチの中で最もにぎわっているのがアウトリガー・ビーチ・リゾート前に広がるビーチ。アクセス良好で、有料で浮き輪やスノーケルセット、パラソルのレンタルがいろいろ。

Map 別冊P.13-C2　タモン

ぶらっと行ける
FREE 無料ビーチ

ただビーチとツアーで

エメラルドグリーンのきれい
無料のビーチも、お金はかかる
純白の隠れ家ビーチもスタン

入場無料+コレもチェック！

トイレ　シャワー　ライフガード　屋付きベンチ　駐車場
※設備ありは青色、なしはグレー色

ホテル・ニッコー・グアムの北側で岩場が多いビーチ。岩場に隠れる魚が多くダイバーに人気だけれど、急に深くなるので遊泳やスノーケルは波が穏やかな日に浅瀬に限って！

ダイビング・スポットとして人気

Gun Beach
ガン・ビーチ

隣接のザ・ビーチ

Map 別冊P.13-D1
タモン

ローカルにも愛されている

Ypao Beach
イパオ・ビーチ

芝生が美しいイパオ公園の前に広がるビーチは熱帯魚の宝庫。公園には水シャワーやトイレ、遊具が揃っていてどれも無料。コンビニや売店が遠いので飲み物を忘れずに。

Map 別冊P.12-A2　タモン

恋人岬の眺めがピカイチ

Matapang Beach
マタパン・ビーチ

動物園の看板を目印にホリデイ・リゾート＆スパ・グアムの脇に入ると現れる静かなビーチ。恋人岬の眺めがよく、ゆったり過ごすのにピッタリ。サンセットも絶景です。

Map 別冊P.12-B2
タモン

イパオ・ビーチでスノーケリングしました。魚がいっぱいいて、最高！（埼玉県　あゆ）

楽しめるもの　★有料

スノーケリング
フィッシング
★ カヤック
★ カバナ
★ ジャングルツアー
★ 伝統工芸
ランチ

やっぱりそれだけの価値あり！

ツアーで行く ビーチ **TOUR**

行くビーチ どっちへ行く？

な海に囲まれたグアムには、
けれどそれだけの価値がある
バイ。行きたいのはどっち？

ただビーチとツアーで行くビーチどっちへ行く？

喧騒から離れたプライベートビーチ

Coco Palm Garden Beach
ココパーム・ガーデン・ビーチ

ツアー時間
8:40　16:15

大自然に囲まれたグアム島北西部にあるホワイトサンド
の美しいビーチ。海ではカヤック、釣り、スノーケリン
グ、森では熱帯植物の中を散策するネイチャートレイル
など各種アクティビティを満喫！

Map 別冊P.4-A2 ジーゴ

🏠リティディアン・ビーチの南西側　☎477-4166　📠なし　🕐[ツアー
A/ツアーB/プレミアム] ホテル発8:40〜、ホテル帰着〜16:15、Aは
デラックスプレートランチ、Bはランチなし、プレミアムはプレミアムランチ付
き、所要約7時間30分　🗓無休　💰[ツアーA] $95、3〜11歳$45
[ツアーB] $65、3〜11歳$30　[プレミアム] $250、3〜11歳$125
※いずれも送迎、諸施設使用料込み、プレミアムコースは専用カバナ、
ハンモック、専用シャワー、専用ロッカー使用料込み　**Card**A.D.J.M.V.
🔗www.cocopalm-guam.com

9:30

フィッシング
目の前のビーチで
は、フィッシング
が楽しめちゃう！
釣り竿のレンタル
は無料。餌は$4

スノーケリング
ビーチハウスでスノー
ケルセットをレンタル。透明度の高い海だ
からお魚もバッチリ♪

10:30

ランチ
ランチはオープン
デッキのダイニン
グで。日本人にな
じみやすい味ばかり

12:00

13:00

14:00

カバナ
おなかいっぱい
になったらひと
休み、1日中ゆっ
たりくつろげる
カバナ $40/1日
も便利

14:30

まったりタイム
きれいな海を眺
めながら、ただぼ
んやり過ごすの
も最高の贅沢。
癒される♪

カヤック
初めての人でもすぐ漕げるようになるカヤック。波が
穏やかなので、スイスイ進めちゃう♪ 海の上で透明
度の高いマリアナブルーのパノラマを楽しも〜

ココパーム・ガーデン・ビーチに行く途中、ハート形の岩が見えるので要チェック！（→P.64）

せっかく常夏の島に来たんだから、ウオーターパークで1日中はしゃぐのも

絶叫
スライダーが揃う
水の遊園地

ターザ・ウォーターパーク
Tarza Waterpark

営業時間
10:00
17:00

トロピカルムード満点のパークには、高さ20m、最高傾斜45度のスピードシュートをはじめ10本のスライダー、みんなで遊べるウオーターアクティビティなどめじろ押し！ タモンの中心街にあるので気軽に行けちゃうのも人気の理由♪

Map 別冊P.13-D2 タモン

🏠ホテル・ロード北部、グアム プラザ リゾート＆スパの裏手 ☎646-7803 🈳なし ⏰10:00〜17:00 🈺水曜（春・夏休み、年末年始を除く）💴一般$40、5〜11歳$30、グアムプラザリゾート＆スパ宿泊客は入場無料 Card A.D.J.M.V. URL www.guamplaza.com/waterpark

今日の波
サイコー

Check!
フローライダー

人工の波でボディボーダー気分！ 上級者は立ったり、回ったりのトリック

ゼッタイに
負けない
からね！

Check!
ゲーム用
プール

プールの上に浮かんだフロートの上に乗って、綱引きスタート！

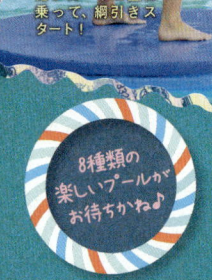

流れる
プールも

Check!
スピード
シュート

ヤミツキに
なっちゃう
かも！

猛烈なスピードで一気に滑落。この高さと傾斜はアドレナリンMAX！

暗闇を抜けて最後に水の中へダイブするブラックホール（右）と滑り台感覚のクマレラシュート

8種類の
楽しいプールが
お待ちかね♪

パシフィック アイランド クラブ グアム ウォーターパーク
Pacific Islands Club Guam Water Park

1日パッケージ利用時間
9:00
17:00

目玉はグアムではここにしかないゲーム用プール。水上綱引きや水中バスケなど、いろいろな遊びにレッツトライ！ 8種類のプールのほか、ウインドサーフィンや水中バレーボール、パターゴルフなどの遊びも楽しめちゃう！

全長85mをふたり乗りの浮輪に乗って左右に大きく振られながら滑り落ちるファミリーフレーム

ターザで絶叫スライダーに挑戦したり、流れるプールでゆらゆらして、1日遊びました。楽しかった〜♡ （島根県 かす美）

3大ウオーターパーク頂上決戦！

ありだよね。3大ウオーターパークの特徴はそれぞれ。さあ、どこにする？

広くて楽しいな

走りきれるかな！

営業時間 9:30 17:30

3大ウオーターパーク頂上決戦！

オンワード・ビーチ・リゾート・ウォーターパーク
Onward Beach Resort Waterpark

マンタと波の立つプールで大はしゃぎ♪

高さ12mから急降下するスライダー「マンタ」をはじめ、スライダーは全5コース。絶叫好きなら全コース制覇して。最大1.2mの波が立つウエーブプールで波乗り体験、プールの上を駆け抜けるジップラインなど、名物多し★

流れるプールに身をまかせて★

ウエーブプールはコンディション良好だから、初めての波乗りにぴったり

流れるプール（ラブカワ）

Map 別冊P.10-A2 タムニング

🏠オンワード・ビーチ・リゾート内
☎646-6465 📠なし
🕐9:30〜17:30 📅年中無休
💰$55〜185、5〜11歳$30〜115
Card A.D.J.M.V.
URL www.onwardguam.com

Check! 波の立つプール

よいしょっ

かわいいお魚がいます★

フロートの上を一気に駆け抜けちゃえ！ バランスを崩したら、水中にドボン？

Check! 泳げる水族館

たくさんの熱帯魚たちがたわむれる水族館でスノーケリングも♥

Map 別冊P.12-A3 タモン

🏠ホテル・ロード南部、パシフィック アイランド クラブ グアム内 ☎646-9171
📠03-5413-5934（または各旅行会社、宿泊予約はパシフィック アイランド クラブ ジャパン） 🕐リゾート施設を利用するパッケージ9:00〜17:00 📅年中無休
💰1日パッケージ$110、2〜11歳$55、ディナーショー付き1パッケージ$140、2〜11歳$70（いずれもビュッフェランチ、送迎込み）Card A.D.J.M.V.
URL www.picresorts.jp

キッズプールも充実♪

マンタに挑戦しまーす

きゃー

Check! マンタ

絶叫せずにはいられない！ 勇気のある女子はぜひ挑戦してみて！

エメラルドグリーンの海に白砂のビーチ、無人島でリゾートアイランドをひとり占め！

"奇跡の青"に星の砂も♪

リゾートアイランドビーチでのんびりしたり、カヤックで無人島を目指したり。
喧騒とは無縁の白砂のビーチで自由気ままな南国タイムを楽しんで。

グアム最南端の村から定期船で約10分の無人島

みんな来てね〜！

10:30 水上バイクに挑戦したり

海上を疾走するのは格別！

水上バイクに挑戦。免許不要で楽々扱えます

全13種類 アクティビティ数はグアム屈指！

- ★ボート・スノーケリング　$25（5歳以上）/約60分
- ★ビーチ・スノーケリング　$20（子供は大人同伴で2歳以上）/約60分
- ★パラセーリング　$60（1人乗り）、$100（2人乗り・子供は大人同伴で5歳以上）/約30分
- ★ボートフィッシング　$25（用具込み・5歳以上）/約60分
- ★シーウォーカー　$80（8歳以上）/約50分
- ★体験ダイビング　$80（10歳以上）/約60分
- ★ファンダイビング　$80（10歳以上）/約60分
- ★体験ウエイクボード　$75（5歳以上）/約60分
- ★バナナボート　$25、子供$20（6歳以上）/約15分
- ★水上バイク　$40（1人乗り・機械は16歳以上）/$60（2人乗り・子供は大人同伴で5歳以上、同乗のみ）/約15分
- ★ミニジャングルツアー　$15（大人同伴で子供無料）/約30分
- ★ビーチレンタルパッケージ　$20/1日
- ★サンドバギー　$25（1人乗り）、$40（2人乗り）/約15分

白砂が広がるプライベート・アイランド
ココス・アイランド・リゾート
Cocos Island Resort

ツアー時間
7:40 〜 17:00
※1日コース（第1便の場合）

ローカルが「奇跡の青」と呼ぶ、美しい海に囲まれた無人島。イルカやウミガメ、マンタに出会える、遠浅で穏やかなラグーンでまったりするもよし。パラセールやウエイクボードでパワフルに遊ぶもよし★

Map 別冊P.7-D1 ココス島

♦メリッツォから定期船で約10分　☎646-2825　⊖両なし　◷ホテル発7:40〜、9:35〜の1日2回、所要6時間（半日コース）〜9時間（1日コース）　㊡年中無休　⊛1日コース$89、2〜11歳$45、半日コース$58、同$37（いずれも入島料、定期船、送迎込み。1日コースはランチ込み）　Card A.D.J.M.V.　URL www.cocos-island.jp

ココス島の海の青さは格別！　グアムに生息する絶滅危惧種の飛べない鳥、ココバードにも会えました。（北海道　えりな）

保護地になってます

グアムにだけ棲息する絶滅危惧種の飛べない鳥が、ココバード（グアムクイナ）

12:30 グアム固有の飛べない鳥、ココバードに会えます

星の砂も見つかります!!

13:00 サンドバギーで島を探検

サンドバギーで島を探検。星の砂が見つかるビーチにも立ち寄りましょう

無人島でリゾートアイランドをひとり占め!

1日コースのランチはビュッフェ

海のきれいさがダントツだから、バナナボートの楽しさも倍増♪

11:00 バナナボートに大はしゃぎ

最高に楽しい〜!ぜひ挑戦

14:00 ビーチでのんびり

"奇跡の青"に抱かれて、のんびりするのもリゾートならではの楽しみ方

ずっといたいね

タモンの近くにも無人島が!

島に到着!

スノーケリングも楽しめます

カヤックで探検!

1. 安定性の高いカヤックなので初心者もスイスイ♪ 2. 島から見るグアムの景色はいい思い出 3. カヤックからシューズまですべてレンタルできます

『ひょっこりひょうたん島』のモデル島!?
アルパット・アイランド
Alupat Island

シェラトン・ラグーナ・グアム・リゾートのテニスコートの先でカヤックとライフジャケットを借りて、目の前の無人島、アルパットへ! 遠浅の海で5分も漕げば到着するショートトリップで、ワクワク探検気分を味わえます。

営業時間 9:00〜15:00

Map 別冊P.10-A2 ハガニア湾

🏨シェラトン・ラグーナ・グアム・リゾート前 ☎649-6482 🚫なし ⏰9:00〜15:00（最終受付14:00） 📅年中無休 💵2人乗りカヤック時間$25（シェラトン宿泊者は1時間無料）、カヤック利用者スノーケリングレンタル$7 💳A.D.J.M.V. 🚫送迎なし 🌐www.sheraton-laguna-guam.com

『ひょっこりひょうたん島』のモデルといわれているのが、アルパット島。ドン・ガバチョさんは当時のグアムの知事、カマチョ氏がモデルという説も？ 💡

大自然のエネルギーを感じながら

まって〜 わたしも行く〜

エメラルドグリーンから深い
ヒーリングエネルギーたっぷりのジャングル

大空を舞う鳥になった気分♪

爽快MAX！　雲の上からレッツダイブ！

Skydive Guam
スカイダイブ・グアム

10:00 ブリーフィング

免責同意書にサインしたら日本語でレクチャー

10:40

11:15 セスナから大空へジャンプ！

着替え
自分のサイズに合ったジャンプスーツに着替えてハーネスを装着

11:30 証明書をもらえます♪

着地後、担当ダイバーが達成証明書を授与。やったー！

写真と動画で$140

タンデムマスターと2ショット

サイコーでした♪

ただいま〜！

11:25 大地に帰還

パラシュートで数分間の空中散歩♪　そのあとは広いグラウンドへゆっくり着地しま〜す

営業時間

8:00　18:00

Map 別冊P.5-C1 ティザン

🏠 グアム国際空港の隣　☎475-5555
🚫鳥なし　⏰8:00〜18:00（予約受付）、所要3時間　📅12/25　💴$299〜（送迎、保険代込み）、有料オプションあり　※18歳以上、65歳以下、体重100kg以下で運動制限を受けていないこと、アルコールや薬物の影響を受けていないこと、妊娠していないこと、24時間以内にスクーバダイビングをしていないことなどが参加条件。ハンディキャップ情報は事前に要確認
Card D.J.M.V.　URL www.skydiveguam.com

経験豊かなダイバーと一緒に飛び立つタンデムスカイダイビング。高度は2400m($299)から4種類あるけれど、一生に一度経験するかしないかなら思いきって最高度の4200m（＋$120）からダイブするのがオススメ。滞空時間やスリルが格段に違うし、グアムの景色のよさも存分に楽しめちゃう！　ブリーフィングは日本語、操作はタンデムマスターがするので初心者でも安心。飛んだあとの満足感は格別。世界観が変わるかも!?

一度やってみたかったスカイダイビングに初挑戦！　鳥になった気分を味わえました♪（愛媛県　ミオ）

空中散歩を楽しんじゃお★

ブルーへと変わっていく海の色。
の緑。空から見るグアムも最高です♪

10:35 機内へ

操縦方法など簡単なビデオを観たら、いよいよ機内へ

10:40 ブリーフィング

実際の操縦の仕方を機内でもう一度、確認

10:45 いよいよテイクオフ！

教官の指導を受けつつ、操縦桿を握り……

操縦できちゃった！

あっという間に上空へ。景色を楽しんだり、上昇、水平、旋回、降下にもトライできます

11:25 無事、着陸。大成功！

スムーズにランディング。飛行を終えて機外へ

11:35 ログブックをもらって終了

最後にオフィスで正式な飛行記録書（ログブック）をもらえます

楽しかった♪

大空を旋回しながらグアムの大自然を満喫♪

Introductory Pilot
セスナ体験操縦

アプラ港(Map:別冊P.6-A1)の上空700mあたりで遊覧飛行♪

グアム国際空港の滑走路の離着陸から飛行中の操縦まで、本物のセスナを自分で操縦できる、世界でも珍しいフライトツアーがこちら。米国連邦航空局公認の日本人インストラクターが隣で親切に指示してくれるから、初めてでも大丈夫！　難しい知識がなくても、大空を駆け巡れちゃいます。標準コースからキッズ・パイロットコース、体験訓練コースまで、いろいろ♪

Map 別冊P.5-C1 ティザン

🏠グアム国際空港の隣　☎473-4100（トレンド・ベクター・エビエーション）☎042-461-7880　🕐7:00〜21:00、所要約2時間（キッズ・パイロットコースは約1.5時間）🗓年中無休　💰標準コース$220（12歳以上、同乗者は$100）、キッズ・パイロットコース3歳〜小学生$205（保護者同伴のみ、保護者の後部座席同乗は無料）、訓練コース$240（12歳以上）、ホテル送迎、インストラクション込み　Card D.J.M.V.　URL www.trendvector.com

未知なる体験にヤミつき！
盛り上がり無限大の爽快アトラクションに挑戦！

グアムには日本でなかなか体験できないスリリングなアクティビティがた〜くさん！ arucoスタッフのリアル体験レポートをお届けします。

aruco調査隊

ブイの周りをぐるぐるする周回コースとは違って、自由に波を読んで走るのが爽快。イルカやトビウオ、カメと出会うことも♡ ヤマハの最新モデルが続々追加されメンテナンスも万全です。（ライターO）

WOW!

操作方法をチェック
海に出る前に操作方法を習います

浅瀬から出発
浅瀬に係留しているジェットスキーに乗り込んで出発！

海を駆け抜けて★
途中でイルカと出会えることもあるんです

海の上からの絶景！
アグエコーブコースは往復25kmのロングツーリングですが、恋人岬も楽しめちゃいます

シャワーでさっぱり！
クラブハウスでシャワーを浴びて終了！

ジェットスキーもスノーケルも！
海を自由に遊ぶよくばりツアー

1 グアム・ジェットスキー
GUAM JETSKI

海の上を自由に疾走するジェットスキー（水上バイク）ツーリングはいかが？ 恋人岬、アグエコーブ、ガバナーズハウスの巨大ラッテストーンに向かう3コースで、アグエコーブ行きなら紫サンゴが群生するビーチでスノーケルもOK！

営業時間 8:00 〜 17:00

ドキドキ感 ♥♥♥
爽快感 ♪♪♪
リピート度 💧💧💧

Map 別冊 P.10-A2 タムニング

🏠 ジミーディー・パラダイスビーチ・リゾート・バー隣
☎788-6676 🕐8:00〜17:00 🚫荒天日
💰アグエコーブ$180、（ふたり乗り）$250、恋人岬$120（ふたり乗り）$200、ラッテストーン$100（ふたり乗り）$170、すべて送迎込み）ほか Card A.D.J.M.V URL guamjetski.com ＊運転は16歳以上。16〜17歳は大人（18歳以上）の同乗が必要。14〜15歳は大人の運転に同乗可能。6〜13歳は湾内のみ大人と同乗可能

オーナーは日本人だから、予約は日本語でダイジョーブよ

ブイの周りを回る水上バイクは何度も乗っていますが、グアム・ジェットスキーでツーリングを初体験！（神奈川県 まゆ）

2 グアム・アドベンチャーズ
道なき道をドライブする大人の泥んこ遊び
Guam Adventures

営業時間 9:00~17:00

ドキドキ感 ♥♥♥
爽快感 ♪♪
リピート度 ♪♪♪

四輪バギー（ATV）を運転して
ジャングルを駆け抜けるツアー。
雨上がりのツアーは泥だらけに
なるけれど、それもまた楽しい★
運転に自信がない人は、ガイド
の隣に乗るツアーがオススメ。

Map 別冊P.5-C2 ジーゴ

⚑ グアム・インターナショナル・レースウェイ内
☎989-0900 ●9:00~17:00、乗車
時間は約40分~ 困年中無休 ㉜$75
~ （オフロード、送迎込み）Card D.J.M.V.
URL www.guamadventures.com

日本語のビデオでルールを教えてもらった
あと、ヘルメットとサングラスを借りて準備
完了。駐車場でスタートとストップの練習
をしたら、さっそくレッツゴー！

aruco調査隊
ジャングルを通り抜けた先には、マリアナ
ブルーの大パノラマが広がるビューポイントが♥
運がよければ野豚やイグアナに遭遇できる
そうで、グアムの大自然を満喫できる。
（エディターT）

うっそうと茂る木々の間、
デコボコ道を疾走するの
はエキサイティング！

オフロードのほか、マウンテ
ンバイク、ゴーカート、ハイ
キングのパッケージもある

---

3 フライボード
水圧で空を飛ぶ
Fly Boad

ドキドキ感 ♥♥
爽快感 ♪♪
リピート度 ♪

営業時間 9:00 ~ 17:00

aruco調査隊
上達すれば、いろいろなワ
ザを楽しめそう。感覚さえ
つかめば今日の日に立てます！
（ライターK）

初心者でも意外と簡単。連続ジャ
ンプを楽しんで！

トゥッ！

アプラ・ダイブ・マリン
Apra Dive Marine
Map 別冊P.6-A1 アプラ港

水上バイクの噴射の力で海面
から浮き上がり、連続空中浮
遊を楽しめるエキサイティン
グなフライボード。波穏やか
なアプラ港内の海だから、初
心者でも気軽にトライ。意外
に難易度は低め♥

⚑ ファミリー・ビーチ ☎648-0123 URL なし
●9:00~17:00 困年中無休 ㉜$95 （フラ
イボード15分、ビーチスノーケリング、ビーチセット、
ホテル送迎込み、ランチ追加$7）Card D.J.M.
V. （クレジットカードを使用の場合、手数料がか
かる）URL www.apradivemarine.com

---

4 スリングショット
タモンの街並みが真下に見える
Slingshot

ドキドキ感 ♥♥♥
爽快感 ♪
リピート度 ♪♪

営業時間 12:00~24:00

Map 別冊P.13-C2 タモン

いわゆる逆バンジー
で、上空70mまで勢い
よく発射！ ふわりと
無重力状態になったあ
と、球形のコクピット
は次にどちらの方向を
向くのか予想できず、
スリル倍増です。上空
で街並みを楽しめ
たら、猛者確定☆

⚑ サンド・キャッスルの向かい ☎646-7468
●12:00~24:00、乗車約3分 困年中
無休 ㉜$25 （乗車後、USB$25、写真
$15で購入可）~5歳~、身長120cm~
Card J.M.V. 困送迎なし
URL www.facebook.com/GuamSlingshot

aruco調査隊
空を見たかと思えば、
タモンを真下に見ながら
落ちていく！ 絶叫必至ですが
写真を撮れられます。ご注意を。
（ライターO）

ざぁあああ~

BOOM

カメラに
向かって
スマイル☆

盛り上がり無限大の爽快アトラクションに挑戦！

グアム・アドベンチャーズではマウンテンバイクでダウンヒルを楽しむツアーもあります☆

ブーゲンビリアやプルメリアが咲くガーデンに、クルーズやカヤックで川上りして

熱帯植物が咲き誇るガーデン

グアムの島花ブーゲンビリア

樹齢25年以上のブーゲンビリア

バナナがたわわに

スリーピングハイビスカス

プルメリア

オウゴチョウ

ハイビスカス

フルーツの試食もできます♡

開園時間
 9:00
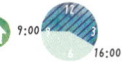 16:00

サンキョー・ガーデン
Sankyo Garden

手入れの行き届いた約3000坪の敷地に150種類以上の熱帯植物を配した、グアムでも珍しいガーデン。遊歩道を1周すると、園内のすべての植物を観賞できる仕組みで、フルーツの盛り合わせも試食できます♪

Map 別冊P.5-D1　マンギラオ

🏠グアム中央部、10号線と15号線の交差点近く　☎687-1731　📠なし　🕘9:00～16:00（入園は15:00まで）、土・日曜～12:00　📅月曜（オプショナルツアーを除く）　💴$15.2～11歳$10（フルーツ、ドリンク付き）　💳不可　🚌送迎バスあり（前日までに要予約 Sankyo@teleguam.net）　🌐guam.sankyofrontier.com

ワイルドに火起こし!

1. 南国の自然がいっぱい♥ 白いハイビスカスは希少種
2. ハイビスカスの木とヤシの皮で火起こし。難しい～

アドベンチャー・リバー・クルーズ
Adventure River Cruise

ツアー時間 12:30 / 7:25　※第1便の場合

タロフォフォ川をクルージング。軽妙な日本語ガイドで、手軽にジャングルを満喫できます。古代チャモロ村に上陸して、火起こしなどのカルチャー体験ができるのもお楽しみ。ヤシで作られたカゴや帽子のおみやげもうれしいサプライズです♪

Map 別冊P.7-C3　タロフォフォ

🏠4号線沿い　☎646-1710（タートル・ツアーズ）　📠なし　🕘1便7:25～12:30、2便13:00～17:20　📅年中無休　💴1便$85、5～11歳$55（ランチ付き）、2便$75、5～11歳$45（ランチ付き）　💳D.J.M.V.　🚌送迎あり　🌐www.turtletoursguam.com

タロフォフォ川の上流で文化と生活体験

ゆっくりと川上り

古代チャモロ村のレプリカを目指して、川上り♪

💙カヤックでの川上り、最高でした! 川はとても穏やかなので、初めてでも心配無用。すぐ漕げるようになります。（鹿児島県　しのか）

たっぷりの**ネイチャー体験★**

訪ねる古代チャモロ村。グアムならではのネイチャー体験にチャレンジしてみない?

クルーズか
カヤック、どっちに
しようかな?

小さな洞窟を見たり、マンサニータやサワーサップの実を食べながら遺跡の村を散策

探検家
気分だね!

タロフォフォ川をのんびり
カヤック・ツーリング

日本語
だから安心

ローカル色たっぷりのネイチャー体験☆

ジャングルの中をアメンボ気分でスイスイ♪

復元された古代チャモロ村

サワーサップ
食べて〜

古代住居の土台といわれるラッテ・ストーン

魚を
つかまえた?

1日22名限定!
ライジャケを身に
つけたら出発!

ジャングルの説明を受けながら、ゆったり進みます

イグアナ
発見

水上から古代チャモロ村を見学

そんなところにいたとは!

ヤシの実、どうぞ

ロープもなしにスイスイ木登り。あっという間に頂上到着

はや〜い!

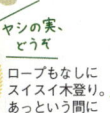

火起こし体験に四苦八苦

ツアー時間
13:40
7:25

カヤック・アドベンチャー・ツアー
Kayak Adventure Tour

左記ツアーと同じ、タロフォフォ川をカヤックで探検。初心者だって簡単に漕ぎ進められます。水面を抜ける風はとっても涼しく、気分爽快。途中、ジャングルにすむ動物たちに出会うサプライズや古代チャモロ体験も。

Map 別冊P.7-C3 　**タロフォフォ**

🏠4号線沿い　☎646-1710(タートル・ツアーズ)　🚗❓なし　🕐7:25〜13:40　📅年中無休　💰$99(ランチ、送迎付き)、$84(送迎なし)、11歳以下参加不可　💳D.J.M.V.
URL www.turtletoursguam.com

レンタカーなしでも遠出できちゃう!

グアム南部をバスツアーで巡る
楽々♪半日スモールトリップ

景勝地や旧日本軍の戦跡など、見どころスポットいっぱいのグアム南部。アクセスが難しいエリアを手軽にバスでひと巡り♪

南部の見どころリストは →別冊P.8

START!

10:00頃
専用バスで出発

Tギャラリア グアム by DFSのバスストップからスタート♪

行ってきまーす

白亜の外壁がきれい〜

10:10頃
始めは歴史ある
ハガニアの大聖堂へ

17世紀に建てられたグアムキリスト教会の総本山。大聖堂内部の見学は$1の寄付が必要

Map 別冊 P.14-A3

厳かな雰囲気だね

みどころ
1
Dulce Nombre de Maria Cathedral -Basilica
聖母マリア大聖堂 →P.94

10:30頃
米軍対日本軍の
戦いの舞台へ

太平洋戦争国立歴史公園内にあり魚雷や慰霊碑も点在。今は芝生とヤシの木が美しいローカル憩いの場所

Map 別冊 P.6-A2

みどころ
2
Asan Beach
アサン・ビーチ →P.41

見晴らしが最高!

10:45頃
アサン展望台から
ビーチを見下ろす

太平洋戦争の激戦地だったアサンを一望。眼下に広がるのはアメリカ軍が上陸したアサン・ビーチ

Map 別冊 P.6-A2

みどころ
3
Asan Overlook
アサン展望台

遠くにココス島も見える

ちょっとだけ階段を登ります

11:10頃
展望台からの
眺めに感動!

周辺の丘陵地帯には古代チャモロ人が生活していたとか。背後にはグアム最高峰ラムラム山も

Map 別冊 P.7-C1

みどころ
4
Cetti Bay OverLook
セッティ湾展望台 →別冊P.8

今度は泳ぎに来たいね

11:30頃
メリッツォ桟橋から
"奇跡の青"を眺める

ブルーラグーンが広がるココス島(→P.78)への玄関口。島でいちばん美しいといわれるメリッツォ村の雰囲気を楽しんで

Map 別冊 P.7-D1

みどころ
5
Merizo
メリッツォ村

みどころ
6
Bear Rock
ベア・ロック →別冊P.9

11:55頃
クマの形に見える奇岩

イナラハンに向かう途中にある奇岩。対岸に停車するから見逃さずにパチリ

Map 別冊 P.7-D2

ゴジラにも見える!?

島の南部へ行ってみたかったので。バスツアーに参加。大聖堂を見学できたのは貴重な体験でした。(茨城県 すぐり)

12:05頃
チャモロ文化を体験
チャモロの伝統文化や生活が再現されている施設。ココナッツ削りの実演や試食もある
Map 別冊 P.7-D3

楽しい経験だね

みどころ
⑦ **GEF PA'GO Chamorro Culturel Village**
ゲフ・パゴ文化村

ココナッツオイルができたよ

ハイビスカスのロープにぶら下がっても切れないよ！

ヤシの実を触った〜

グアム南部バスツアー

昔ながらの器具でココナッツの実削りに挑戦！

ギフトショップでおみやげ探しもできる！

ヤシの葉を編んだ小物入れ$7

手作りのココナッツオイルが人気なんですって

ワイルド・ハイビスカスの繊維をよって作るロープ作りを体験

13:25頃
マイクロネシア・モールで下車もOK
ここでショッピングをしたい人は下車。帰りは各自シャトルバスなどを利用して
Map 別冊 P.11-D2

みどころ
⑧ **MICRONESIA MALL**
マイクロネシア・モール
→P.106

GOAL!
13:30頃
Tギャラリア グアム by DFSへ帰着
再びにぎやかなタモンへ。タイムスリップしたような気分で終了♪

タモンと違う景色が広がる！
レッツ・ゴー・サウス
Let's Go South!
タモンから専用バスに乗り、南部に点在する歴史的な大聖堂や眺めのいい展望台などを巡るツアー。各ポイントの滞在時間は5〜15分ほどで、見て写真を撮るには十分。最後はチャモロ文化ともたっぷり触れ合える！

ツアー時間 10:00 13:30

グアムの景色を満喫しました！

Map P.13-D2,P.10-A3 タモン

🏠 ホテル・ロード北部、Tギャラリア グアム、またはタムニング、グアム・プレミア・アウトレットより出発 ☎649-5314（ラムラム・ツアーズ）🚫なし Tギャラリア グアム10:00、グアム・プレミア・アウトレット10:15発の1日1便、所要約3時間30分 年中無休 $30、2〜11歳$15 Card A.D.J.M.V. URL なし

ツアー途中のキッシング・ロック（→P.64）もお見逃しなく！

イリュージョンにクルーズ、それともマジック？
南国の夜を100%楽しむ おすすめナイトツアー

絢爛豪華なショーにロマンティックなディナークルーズ、マジックショー。今夜はどれにする？

異次元の世界に迷い込む華麗なアクロバット＆イリュージョン

SAND CASTLE
サンドキャッスル

マジック、イリュージョンを中心とし、アクロバットや華麗なダンスが繰り広げられるオリジナルのステージ。三次元空間を体感できるダイナミックなショーは圧巻。ディナー付き、ショー鑑賞のみなど各種プランが用意されています。「ZUBRICK」（ズーブリック）は最高傑作との呼び声も高く、必見のショーです!!

Map 別冊P.13-C2 タモン

🏨ホテル・ロード北部、ホテル・ロード沿い ☎646-8000／649-7263 📞06-6372-9210 🕐18:00～22:45（ファーストショー・ディナー付き・チェックイン18:00、ショー19:30、ショーのみ・チェックイン19:00、セカンドショー・ショーのみ・チェックイン21:00、の1日2回公演）🈺日・水曜、シーズンにより日曜は特別営業日となることがある 💴食事付き$105～、2～11歳$35～、ショーのみ$65～、2～11歳$20～ 💳A.D.J.M.V. 🔗http://BestGuamTours.jp ※2019年4月以降、料金変更の可能性あり

何が起きるのかは当日のお楽しみ

華麗なショーもお楽しみのひとつ

意外にもグアムでサンセット・ディナー・クルーズを楽しめるのはココだけ。しかも、サンセットを待つ間に手品を披露してくれたり、魚釣りだってできるんです。帰港前はダンスタイム。盛りだくさんで超楽しい♪

BIG SUNSET DINNER CRUISE
BIGサンセット・ディナー・クルーズ

Sunset Cruise

グアム唯一お楽しみ満載ディナークルーズ

Map 別冊P7-C1,P6-A3 アガット、アプラ港、またはハガニア

🏨アガット・マリーナ、アプラ港、ハガニア・ボートベイスンのいずれかから出航 ☎649-7263（日本語可）📞06-6372-9210 🕐ホテル発16:00～、ホテル着20:30～ 🈺水曜 💴$95～、2～11歳$55～ 💳A.D.J.M.V. 🔗http://BestGuamTours.jp ※2019年4月以降、料金変更の可能性あり

注目POINT!
海に沈む雄大なサンセットを楽しめます。見ると幸せになれるというグリーンフラッシュ（→P.64）も要チェック！
VIPプランは2階デッキで眺望抜群

海を眺めながらのディナー。運がよければイルカもやってくるんですって

日本語OKだよ！

注目POINT!
船上でビュッフェスタイルの食べ放題ディナーを楽しめます。ビールやワイン、ソフトドリンクも飲み放題
レッドライス、ケラグエン、バーベキューなどローカルフードがたっぷり★
もちろんデザートも♥

💬船上から眺めるサンセットは最高でした！ 次回はグリーンフラッシュを見たいな。（大阪府　ミク）

Illusion

本格的なイリュージョンに感激★

注目POINT!
最新技術を駆使したダイナミックなショー。クオリティはグアムNo.1
ヘリコプターも登場する大がかりな舞台仕掛け

注目POINT!
本物のホワイトタイガーが登場！
ホワイトタイガーが現れるイリュージョンから観客席から歓声が

南国の夜を100％楽しむおすすめナイトツアー

注目POINT!
ディナーはステーキ＆ロブスターを楽しめるフルコース
シェフのエスプリを感じる本格ディナーも楽しみ♥

ブルーからオレンジへ、海の色が変わる様子がステキです

華麗なマジック！

小劇場ならではの間近でマジックを楽しむから迫力満点！

Magic

小劇場ならではの迫力あるショーを展開

MAGIC ROCKS THEATER
マジックロックスシアター

デッキでは魚釣り。夕暮れ時は爆釣時間です。頭上の一番星を誰よりも早く見つけるのも楽しい

世界的に活躍しているナビル・マーディー

海の上から見える壮大な夕日は絶好の撮影タイム

マジシャンはナビル・マーディー。テーブルマジックやハンドマジックをはじめ、大掛かりなイリュージョンが盛りだくさん。ウェスティン リゾート グアム内の人気ダイニング「プレゴ」または「テイスト」のディナー付きとマジックショーのみのプランがあります。

注目POINT!
ディナー付きのコースは「プレゴ」か「テイスト」を選べます♥
本格イタリアンを楽しめるプレゴのディナー例

Map 別冊 P.13-D2　タモン

37名という少人数の会場です

🏨ホテル・ロード北部、ウェスティン リゾート グアム内　☎647-0995（ホテル代表）　🕐ショーは20:00〜の1日1回　㊡シーズンによって異なる　💴マジックショーのみ$85、6〜11歳$30、「プレゴ」レストランイタリアンコースディナー$99〜、6〜11歳$50、「テイスト」レストランビュッフェディナー$110、6〜11歳$50　Card A.D.J.M.V.　URLwww.westinguam.com/jp

ワンポイント
のコツを

プロのカメラマンがこっそり伝授！
南国グアムの撮り方講座

少し工夫する
だけで印象に
残る写真が
撮れるよ

ちょっとしたコツで写真のデキがワンランクUP！　インスタのいいねも増えるかも!?
青い空、白いビーチ、絶品グルメや絶景etc.……。南国の思い出をキレイに残しちゃお！

カメラマン
橋本幸則さん

カメラマン
大塚七恵さん

Point 1

海をドラマチックに
撮りたい!!

すごい!!

✕ これだと平凡でつまらない！

パシャッ

海がきれい〜♪　砂浜
も入れて撮っちゃお！

うーん……よくあるパターン。
全体的におとなしめ

水面が
キレイ！

◎ 海に入って
撮るだけで大変化！

「海に入って水面すれすれにカメ
ラを構えてみよう。自分が泳い
でいるような目線でね」（橋本）

水に
落とさない
ように！

◎ 逆光でOK！
白い砂浜が巨大な
レフ板に

目がチカラ
UP！

目が
開かない……

まぶしいのをガマ
ンしたから微妙な
表情（泣）

「晴天の砂浜はレフ板代
わりになって逆光でも
顔が暗くならず、光が
回るし、表情もやわら
かくなるよ」（橋本）

Point 2

大自然のレフ板
効果を味方につけて！

✕ 順光だと日差しが
まぶしくて、
目がしょぼしょぼ

ビーチでいつものように
順光で撮影すると……

◎ いちばん高い位置で、ひざを曲げてみよう！

Point 3

ビーチでは
青空に向かって
思いきりジャンプ！

✕ 意識しないでただ飛ぶと……

あれれ…

足が真っすぐ伸
びて棒状に……

タイミングを
揃えるのが
大事！

「大げさなほど思いっ
きり、ひざを曲げたり
広げたりすると、より
高く飛んでいるような
躍動感が出る！」（橋本）

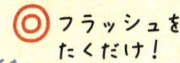

Point 4

サンセットも人物もキレイに！

女優ライトを当てたみたい♪

✕ 太陽にカメラを向けると……

逆光で顔が暗くなっちゃう!!

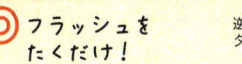
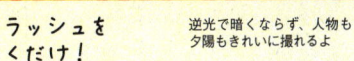

◎ フラッシュをたくだけ！

逆光で暗くならず、人物も夕陽もきれいに撮れるよ

透明感が出た♪

ナプキンで光増量

Point 5

料理をおいしそうに撮りたい！

✕ フラッシュをたくとイマイチ

うしろが暗く落ちてしまって、かわいくなーい

✕ 窓の近くで撮ると

今度は手前が暗く落ちちゃう

◎ ナプキンをかざすと食欲をそそる"作品"に変身

「ナプキンなど白いものをレフ板代わりにして、手前にやわらかな光を入れてね★」（大塚）

上級編 ドリンクを入れてみる

「ドリンクがあったら、さりげなくうしろに置いてみて。プロっぽい仕上がりに♪」（大塚）

✕ 友達のお水やパンが……

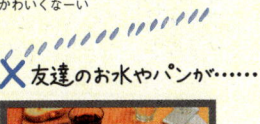

向かいに座っている人のお水や携帯、お手ふきなども写りがち

Point 7

正面から撮らないで！

◎ フラッシュで影を弱めましょ

◎ 角度を変えるとほら

すっきり★ステキ

「正面から撮ろうとすると、お水などが写らないようにカメラを下に向けることに。正面からではなく、ちょっと角度を変えれば、いらないものが消えちゃいます！」（大塚）

Point 6

テラス席ではフラッシュを使用しよう

✕ 日差しが強くて影がくっきり

影で料理がつぶれちゃいます（泣）

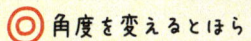

料理がきわ立つ！

「強い日差しはフラッシュで影を消します。メインを真ん中にして近寄って」（大塚）

上級編

暗いお店の場合は

「キャンドルをそばに置くと雰囲気が出ます。暗いとブレやすいので、ひじをついて両手でカメラを固定するのも大事！」（大塚）

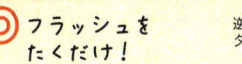

南国グアムの撮り方講座

グアム観光の中心地、タモンの **プレジャー・アイランド周辺**で 夜まで遊び尽くし★

Tギャラリア グアムを中心にタモン北部周辺に広がる 一大アミューズメントエリアがプレジャー・アイランド。 夜遅くまでオープンしているスポットが多いので、 ツアー参加後や到着日も夕方から存分に楽しめます！

TOTAL 8時間

タモン おさんぽ

TIME TABLE ♪

- **15:30** タモンのビーチ
  ↓ 徒歩2分
- **18:00** セイルズ・バーベキュー
  ↓ 徒歩3分
- **19:30** ザ・プラザ、Tギャラリア、JPスーパーストア
  ↓ 徒歩2分
- **22:00** スプラッシュバー＆カフェ
  ↓ 徒歩2分
- **23:00** スリングショット
  ↓ 徒歩2分
- **23:15** ABCストア

ビーチレンタルも揃ってます

タモンの海、最高！

砂浜をお散歩♪

1 ビーチレンタルも充実♪ **15:30**
タモンのビーチ Tumon Beach

アウトリガー・グアム・ビーチ・リゾートの目の前は、すぐビーチ。ペダルボートをレンタルして、海上をすいすい走ったり、白い砂浜をお散歩するのも楽しい♪

Map 別冊P.13-C2 タモン **DATA→P.13**

1〜4. タモンのビーチのなかでも、いちばんにぎわっているのがアウトリガー周辺。ビーチレンタルは17:00頃までのところが多いので、少し早めにビーチを目指して

1. 波音を聞きながら、サンセットを堪能♪ 贅沢なひととき 2. お肉もシーフードも、た〜っぷり♥ セルフスタイルだから、盛り上がる！

2 絶景サンセットを眺めながらバーベキューディナー **18:00**
セイルズ・バーベキュー SAILS BBQ

オン・ザ・ビーチのロケーションで1年中バーベキューを楽しめるのは南国ならでは。タモン湾に沈む雄大なサンセットを眺めながら、おなかいっぱいいただきまーす！

Map 別冊P.13-D2 タモン **DATA→P.57**

3 夜はこれから！ お買い物三昧 **19:30**
ザ・プラザ、Tギャラリア、JPスーパーストア
the Plaza SHOPPING CENTER,T GALLERIA GUAM by DFS, JP Superstore

ハイブランドもカジュアルブランドもプチプラショッピングも、まとめて楽しめるのがこのエリア。じっくり攻めて！

Map 別冊P.13-D2 タモン **DATA→P.100・103・104**

Tギャラリア周辺はプレジャー・アイランドと呼ばれ、夜も人通りが絶えない観光のメッカ

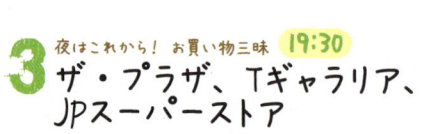

ザ・プラザ ショッピングセンターは無料でWi-Fiがつながり、便利でした！（鹿児島県、麻美）

4 22:00 海底にいる気分でカクテルタイム★

トンネル式の水族館でカクテルを♥

スプラッシュバー＆カフェ Splash Bar & Cafe

美しくライトアップされた夜の水族館でカクテルやフードを楽しめる、落ち着いた雰囲気のバー。タモンの中心地にありながら、隠れ家的な雰囲気も人気。アルコールは21歳から。写真付き身分証明書を要持参。

Map 別冊P.12-B1 タモン

幻想的なライティングが広がる空間

🏨ホテル・ロード北部、アンダーウォーター・ワールド ☎649-9191 ◷20:30〜23:30 困年中無休 Card A.D.J.M.V. ㊟オリジナルストラップ付きVIPパス・ドリンク1杯付き$30、3〜11歳$12（ノンアルコールカクテルまたはソフトドリンク1杯付き。ふたりの場合は$20） URL www.uwwguam.com

行ってきまーす！

挑戦してね！

5 深夜の逆バンジーに挑戦 スリングショット 23:00
Slingshot

夜はさらにスリルが倍増！ タモンの夜景を楽しむ余裕は果たして？

Map 別冊P.13-C2 タモン DATA→P.83

1,2 スリングショットはふたり乗り。写真やビデオの撮影もあるので、ヘン顔に注意。3 スタッフがノリノリで案内してくれます

白砂のビーチが続く！

6 ドリンクやおやつを調達！ホテルへお持ち帰り ABCストア 23:15
ABC Stores

夜はまだまだ終わらない♪ ABCストアでアメリカならではのドリンクやおやつを調達したら、そのあとホテルで女子会♪

Map 別冊P.21,P.12-B1 タモン DATA→P.120

夜までにぎわうスクランブル交差点

アウトリガー・グアム・ビーチ・リゾート →P.166

パシフィック・プレイス →P.99

ザ・プラザショッピングセンター

ホテル・ロード（サン・ビトレス・ロード）

JPスーパーストア

アンダーウォーター・ワールド

サンドキャッスル →P.88

Tギャラリア グアム by DFS

ターザ・ウォーターパーク →P.76

プレジャー・アイランド

スリングショット

1. アルコール類やソフトドリンクがいろいろ
2. おなじみのプリッツはおみやげの定番だけど、味見をかねて女子会で現地消費！

夜まで明るくにぎやかなタモンの街

夜には華やかなショーも！

スペイン統治時代の美しい史跡が残る
グアムの首都ハガニアで
ヒストリカル・ウオーキング♪

うん、行ってみよ!

スペイン統治時代にスペイン総督邸があったこの街は、
歴史にかかわる名所や地元で愛されているお店がたくさん♪
カメラ片手にのんびり散策が似合うローカルタウンです。

TOTAL 5時間半

ハガニア　おさんぽ
TIME TABLE

10:00	聖母マリア大聖堂
↓ 徒歩3分	
10:30	カップ＆ソーサー
↓ 徒歩3分	
11:30	スキナー広場
↓ 徒歩3分	
12:00	サン・アントニオ橋
↓ 徒歩2分	
12:15	モザズ・ジョイント
↓ 徒歩5分	
13:30	スペイン広場
↓ 徒歩3分	
14:00	ラッテ・ストーン公園
↓ 徒歩3分	
14:30	アガニア・ショッピングセンター

1　バスが停まるこちらからスタート　10:00
聖母マリア大聖堂
Dulce Nombre de Maria Cathedral-Basilica

ハガニア巡りは、ランドマーク的存在でもある白亜の大聖堂からスタート。大聖堂では南部の村メリッツォの海で発見されたという伝説の聖母マリア像が必見。

ハガニアのランドマーク的存在

Map 別冊P.14-A3　ハガニア

🏠スペイン広場の隣　☎472-6201
🕐8:00～17:00（特別な祭事の際は見学不可）　🅿年中無休
💰$1寄付　🌐www.aganacathedral.org

2　シナモンロールを試さなきゃ!　10:30
カップ＆ソーサー
cup & saucer

ハガニア探索にこのカフェはハズせない！　名物は地元で大人気のシナモンロール。パステルグリーンの外観がかわいらしいので記念撮影も忘れずに♪

フロスティングをかけて召し上がれ♪

Map 別冊P.14-B2　ハガニア

DATA →P.158
自慢のシナモンロールはトーストもあります！

のんびり散策よ

3　海風を感じながら　11:30
スキナー広場
Skinner Plaza

少し歩いてカロリー消費！　美しい広場を歩いていると、マリン・コー・ドライブの向こうから、ときおり、気持ちのいい海風が吹いてきて、南国を実感できるかも。

Map 別冊P.14-A2　ハガニア

🏠スペイン広場の隣　🅿年中無休
💰入場無料

4　人魚伝説のシレナに会いに
サン・アントニオ橋と人魚像シレナ　12:00
San Antonio Bridge & Statue of Sirena

グアムには人魚になってしまったシレナという女の子の伝説があり、これにちなんだ像がこちら。おみやげのパッケージなどのモチーフにもなっているので、街で人魚グッズを見つけてみて！

有名な伝説

Map 別冊P.14-A2　ハガニア

🏠West Soledad Ave.とHerman Cortez Ave.の間
🅿年中無休　💰入場無料

パガット
タモン
タムニング　デデド
ジーゴ
ハガニア
アサン　　　マンギラオ
ピティ
タロフォフォ
ウマタック
メリッツォ　イナラハン

Map 別冊P.14

ローカル屋台が並ぶ
チャモロ・ビレッジ。
水曜の夜はナイトマ
ーケットで盛り上がる
→P.30

自由の女神像

パセオ公園

ハガニアの
見どころリスト →別冊P.15

大酋長キプハの像

ハガニア・ボート・
ベイスン

マリン・コー・ドライブ

Aspinall St.
Seaton Blvd.
4号線

Chalan Santo Papa Juan Pablo Dos
West O'Brien Dr.

Gap & Sauce
Pastry & Grille
Cafe

グルメも
楽しんで！

バス停

セブンスデイ・アドベンティスト教会

ハガニアへは
ショッピングモール・シャトルで

ハガニアへは、赤いシャトルバスのショッ
ピングモール・シャトル（→P.181）を利用。
タモンからはタモン・シャトルでGPOへ行
くか、TギャラリアからKマートへ行き、シ
ョッピングモール・シャトルに乗り換える。

5 バーガーフェス優勝の人気店
モサズ・ジョイント
mosa's Joint

12:15

看板メニューは
バーガーだよ！

店内にはグアムのローカル・アーティストが描いた
作品を展示。自慢のバーガーは肉のうま味がぎゅっ
と凝縮。一度食べたらやみつき間違いなしです！

Map 別冊P.14-A2　ハガニア　　**DATA→P.138**

バーガーフェス優勝のお墨
付き。ラムバーガー$14

6 ヨーロッパにトリップ？
スペイン広場
Plaza de Espana

13:30

総督夫人が客人をチョコ
レートドリンクでもてな
したチョコレート・ハウス

スペイン統治時代の名残が色
濃く残っているのがこちらの
広場。緑の建造物は崩れかけ
ているものもあるけれど、提
督邸があった由緒ある場所。

Map 別冊P.14-A3　ハガニア

🏠聖母マリア大聖堂の隣
🕐年中無休　🎫入場無料

7 スピリチュアルスポット
ラッテ・ストーン公園
Latte Stone Park

14:00

おじゃま
しまーす

次はディープなグアムを体験。
地元の人は祖先の霊タオタオ
モナが宿るとして近づこうと
しないラッテ・ストーン。観
光客もリスペクトを忘れずに。

Map 別冊P.14-A3　ハガニア

🏠スペイン広場裏　🕐年中無休
🎫入場無料

8 ローカルに愛されている
アガニア・ショッピングセンター
Agana Shopping Center

14:30

ペイレス・スーパー
マーケットに
寄りました♪

地元らしさいっぱいの素朴なショッピ
ングセンター。タモンへ戻るにはここ
のバス停からショッピングモール・シ
ャトルでKマート、またはGPOへ行き、
タモン方面へ行くバスに乗り換えを。

Map 別冊P.14-B3　ハガニア

🏠4号線沿い　📞472-5027　🕐10:00〜20:00（ペイレス・スーパ
ーマーケットは24時間営業）　🕐1/1、イースター、感謝祭、12/25（ペ
イレス・スーパーマーケットは年中無休）　**Card** 店舗により異なる
URL www.aganacenter.com

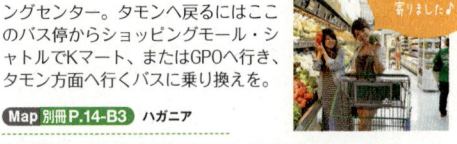

日中は暑いので、適度に休憩を。ミネラルウオーターも用意して出かけて。

arucoスタッフのリアル買いアイテム①
「自分へのおみやげはコレ!」

どんなに取材でヘトヘトになろうとも、狙った獲物は逃さない!
時間のやりくりをしながら仕留めたおみやげをお見せしま～す♪

グアムの海の色を
連想させる大好きな色
なので、こちらも迷わず
購入。ハファロハ
(→P.159) で発見

レア感たっぷりの
ハファロハ (→P.159) の
ロゴ入りキャップ。
帽子コレクターとしては
買わずにいられません!

ファンデのよれを許さない
魔法のスポンジ

日本で手に入りづらい最
旬コスメやメイクアップ
用品が多く揃っているグ
アム。探してたスポンジ
も、話題のコスメを取り
扱うジャパニ・ビュー
ティ(→P.107)で見つけ
ました。(ライターF)

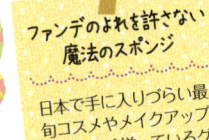

均等でムラなく
伸ばすことができるので
1日中メークをキープ。
スポンジにしてはちょっと
お高めだけど、
一度試すとやめられなく
なります♪

グアムではダヴの石鹸だっ
て種類豊富でオトク。シア
バターやピオニーなどいろ
んな香りがあって、
どれにするか迷います。
$9.99 Kマート(→P.99)
で購入。

スキンケアなら
アメリカ製とグアム製

話題の貼るサプリはバン
ビーノで。ABCスト
アよりも種類豊富なん
ですから! ほかにも
グアム産の洗顔専用石
鹸やオイルなどオッと
思わせるものが手に入
ります。(ライターH)

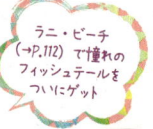

ラニ・ビーチ
(→P.112) で憧れの
フィッシュテールを
ついにゲット

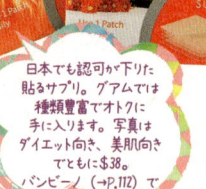

日本でも認可が下りた
貼るサプリ。グアムでは
種類豊富でオトクに
手に入ります。写真は
ダイエット向き、美肌向き
でともに$38。
バンビーノ (→P.112) で

バンビーノ (→P.112)
とハガニアアイウェアの
コラボサングラス。
レンズがちょっぴり大きめで、
しっかり紫外線から
目を守ってくれます。$28

お得なTシャツと
シューズに首ったけ

Tシャツとシューズが大好き。
グアムではアメリカらしいデ
ザインやお得なシューズが豊
富なんです。憧れブランドは
メイシーズのバスを使うと
思った以上に安く手に入りま
す。(カメラマンN)

グアムで出会ってから
手放せなくなった高濃度の
レチノールクリーム
$6.80は、毛穴対策に。
グアム国際空港の免税店で

ローカルブランド
中心に

狙っているのは日本では
手に入らないローカルブ
ランド。アイランドテイス
トたっぷりなので、グア
ムですぐ使えちゃいます
♪ (エディターK)

チャモロ語で
「ありがとう」と書かれた
Tシャツ。ピンクのかわいさに
ひかれて、即買い!
ハファロハ (→P.159) にて

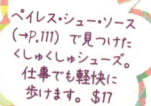

ペイレス・シュー・ソース
(→P.111) で見つけた
くしゅくしゅシューズ。
仕事でも軽快に
歩けます。$17

肌にすーっとなじみ、
しっとり。しかもアンチエイジン
グの期待大と聞けば、
買わずにはいられません。
ブーゲンビリアを閉じ込めて、
香りにも癒やされます。
ハーバルオイル$14も バンビーノ
(→P.112) でゲット

プチプラもレアコスメも
お待ちかね♪
お買い物&ビューティ決戦!

水着にサンダル、リゾートウエアも揃えたいし、
バッグやアクセは自分へのごほうびに。
南国パワーを味方につけて、女子力もUPさせなくちゃ!
最新スパにお持ち帰りコスメもくまなくナビゲート♪

ココさえおさえておけばお買い物は大成功♪
グアム6大ショッピングモール攻略術

ブランドショッピングを楽しめるモールから激安アウトレットまで、はずせないのはこちら！ 🍴レストラン・カフェ ♪エンタメ Ｓ両替所

各モールのフロアマップ
→ Map 別冊P.19〜

各モールのフロアマップ → Map 別冊P.19〜

シャトルバスを利用するなら
ホテル・ロードから目指すときは、赤いシャトルバスのタモン・シャトルを利用するのが便利。ほかにも、タモン・サンズ・プラザ〜グアム・プレミア・アウトレット間を無料直行バスが10〜15分間隔で運行

憧れブランドを$200以下で！

23:00までラグジュアリーショッピング！

1 Tギャラリア グアム by DFS
T GALLERIA GUAM by DFS

大型	
ハイブランド	★★★
カジュアルブランド	★★
ファッション	★★
雑貨	★★
コスメ	★★
フード	★★

攻略術 ディナーのあとも買い物！
名だたるブランドが軒を並べ、最新作から限定品まで続々。高級ブランドが免税価格で買い物できて、毎日23:00まで営業！ 周辺にもモールがあるので、買い物の起点はここに。

🍴 ♪ Ｓ

DATA→P.100

タモン中心部から徒歩圏。ラグジュアリーなブランドモール

2 タモン・サンズ・プラザ
TUMON SANDS Plaza

中型	
ハイブランド	★★★
カジュアルブランド	★
ファッション	★
雑貨	★
コスメ	
フード	★

攻略術 目的のブランドを狙い撃ち！
Tギャラリア グアムから歩いても約15分、タモン中央部に位置する洗練されたモール。ルイ・ヴィトンやグッチなどのハイブランドが軒を連ね、優雅にお買い物を満喫♪

🍴 ♪ Ｓ

DATA→P.101

ヴィヴィアンのショップはここだけ！

歩いてショッピングできるのはTギャラリアを起点にすると、ザ・プラザはホテル・ロードを挟んだ向かい、JPスーパーストアは横断歩道を渡ったところにあります。この3軒は徒歩でOK！

ホテル・ロードを挟んで、Tギャラリアの向かいに立地

3 ザ・プラザ ショッピングセンター
the Plaza SHOPPING CENTER

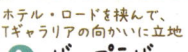

大型	
ハイブランド	★★
カジュアルブランド	★★
ファッション	★★★
雑貨	★★
コスメ	★★
フード	★★

攻略術 オンリーワンブティックが見つかる
ノース、アウトリガー、サウスという3エリアで構成され、オンリーワンブティックも充実。買い物の合間は、30店以上あるカフェ＆レストランでひと休み。

🍴 ♪ Ｓ

DATA→P.103

入手困難アイテムがぞくぞく

朝イチから行けるね！

Tギャラリアより1時間早い9:00オープン

4 JP スーパーストア
JP Superstore

大型	
ハイブランド	★★
カジュアルブランド	★★★
ファッション	★★★
雑貨	★★★
コスメ	★★★
フード	★★★

攻略術 すきまショッピングOK！
アパレルに雑貨、コスメまで充実の品揃えを誇り、グアム最大のセレクトショップとして君臨。9:00から23:00まで営業しているので、すきま時間を使った買い物もOK！

🍴 ♪ Ｓ

DATA→P.104

タモンの中心地にあるモールは、夜遅くまで営業しているので便利！ 夜は買い物三昧しました。（熊本県 里菜）

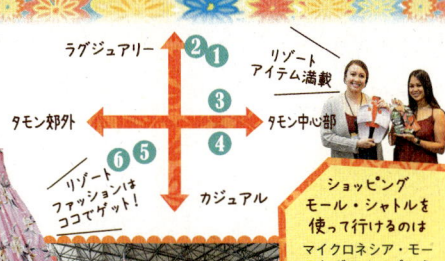

ラグジュアリー ②①
リゾートアイテム満載
③
タモン郊外　④　タモン中心部
⑥⑤
リゾートファッションはココでゲット！
カジュアル

アカンタ・モール
③④⑤
パシフィック・プレイス
ホテル・ロード　②①
⑥ Chalan San Antonio　Ypao Rd.　Kマート　マリン・コー・ドライブ

ショッピングモール・シャトルを使って行けるのは
マイクロネシア・モールとグアム・プレミア・アウトレット、Kマートの3ヵ所。タモンから少し離れたモール間をはしごしたいときに速くて便利♪

シャトルバス路線図→別冊P.16

使えるデイリー服が激安！

営業時間
10:00
21:00

主要ホテルをつなぐ無料バスやシャトルバスで難なく到着

5 マイクロネシア・モール (MM)
MAICRONESIA MALL

大型

攻略術 フロアマップで予習を！
4本のコンコースで結ばれた巨大ショッピングモール。アパレル、雑貨、コスメなど気になるお店をあらかじめリサーチしてから巡るのが正解。狙いを定めて効率よく回って。

ハイブランド	★
カジュアルブランド	★★★
ファッション	★★★
雑貨	★★★
コスメ	★★
フード	★★★

🍴 ♪ $

DATA→P.107

タモン・シャトルのほかタモン・サンズ・プラザから無料バスも

6 グアム・プレミア・アウトレット (GPO)
GUAM PREMIER OUTLETS

中型

攻略術 激安だから即買いが基本！
アメリカンブランドを中心に驚きのアウトレットプライス。特にナイキやスケッチャーズ、ナチュラライザーなどシューズの品揃えが抜群。人気の味を集めたフードコートも必訪。

ハイブランド	★
カジュアルブランド	★★★
ファッション	★★★
雑貨	★★
コスメ	★★
フード	★

🍴 ♪ $

DATA→P.109

営業時間
10:00
21:00

こちらのモールもCHECK！

レアアイテムもあります

ホテル・ロードの北に立地
パシフィック・プレイス
Pacific Place

ウェスティン リゾート グアムの向かいにある白亜のモール。店舗数は少ないけれど、水着やABCストア、サプリのお店、人気のカフェが入店しています。

Map 別冊P.13-D2　タモン

🏠 ホテル・ロード北部
☎ 🈺 Card 店舗によって異なる
🍴

パステルカラーの外観が目印
アカンタ・モール
Acanta Mall

ホテル・ロードの中央部にあり、センスのいいブティックやクッキーの専門店、ステーキハウスなどが入店。タモン北部と南部から行くときはタモン・シャトルが便利。

Map 別冊P.13-C3　タモン

🏠 ホテル・ロード中央部
☎ 🈺 Card 店舗によって異なる
🍴

24時間オープンの巨大スーパー
Kマート
Kmart

グアムの日常生活が垣間見れるような食品、衣料、家電、日用品などが並び、見て回るだけでも楽しい。おみやげ用のチョコやクッキーのセットなどツーリスト向け商品も充実。

Map 別冊P.12-B3　アッパータモン

🏠 マリン・コー・ドライブ沿い
☎ 649-9878　🕐 24時間
Card A.D.J.M.V.
URL www.kmart.com

TギャラリアとKマートはダイレクトに結ばれてます！
Kマートで買い物したい！というときは、TギャラリアとKマートをダイレクトで結ぶTギャラリア⇄Kマートシャトルが便利。約20分間隔で循環。

お買い物楽し〜い！

ちょっといいモノが欲しい♡ ブランドブティックて

お気に入りのブランドブティックで、MYごほうびを探しちゃおう。手の届きやすいアイテムを厳選。

kate spade
ケイト・スペード

オンでもオフでも活躍するNYブランド。リボンモチーフは、持っているだけでハッピーになれそう。

☎646-9640/9641
Card A.D.J.M.V.
URL www.katespade.com

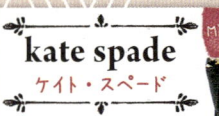

MYごほうびアイテム

1. 甘くてちょっぴりスパイシーなふたつ折り財布 $135　2. ひとすじのリボンがアクセント♡ 財布 $125　3. コーデの主役になるリボンモチーフのバッグ $170　4. IDカードを入れるならこれくらいかわいくなくちゃ! パスケース $60

MARC JACOBS
マーク ジェイコブス

PCやスマホ用ケースなど、機能的なアイテムにかわいさをプラス。カラバリ豊富で選ぶのが楽しい♡

☎646-9640／9641
URL www.marcjacobs.com
Card A.D.J.M.V.

MYごほうびアイテム

1. バッグの中でも主張するコインケース $118　2. 持ち歩くならこんなさわやかなパスケースがいい! $88　3. DFSでしか手に入らない限定トート $188　4. こんなパソコンケースがほしかった★ $138　5. スマートウオッチはデザインも大切! $158

COACH
コーチ

馬車が目印の憧れブランドで、日本未入荷の新作がスタンバイ。財布やスカーフをごほうび買い★

☎646-9640/9641
Card A.D.J.M.V.
URL www.coach.com

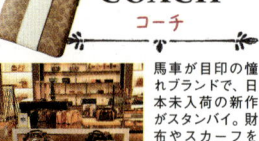

MYごほうびアイテム

1. バラのプリントがエレガント。長財布 $178　2. ランチや買い物など身の回りの物をまとめるのに便利。サコッシュ $188　3. ちょっぴり大人びた気分のときにピッタリ。長財布 $198　4. 何枚あっても重宝するスカーフ各 $128

MICHAEL KORS
マイケル・コース

知的でエレガントなバッグがお出迎え。歩きやすいシューズも手に入れて。

☎646-9640/9641　Card A.D.J.M.V.
URL www.michaelkors.com

MYごほうびアイテム

1. ふたつ折りだけど収納力抜群の財布 $98　2. キュートなハンドバッグは、クロスボディで気軽に持ち出しても。$198　3. 女の子らしさをアピールするショルダーバッグ $198　4. いつものワンピも華やかに変身。ラウンドシューズ $110

─一流ブランドのラインアップは島内随一─
Tギャラリア グアム by DFS
T GALLERIA GUAM by DFS

世界が注目するブランドブティックが集結し、"とっておき"を探すのにピッタリ。最大30%オフなのも感激。

Map 別冊P.12-B2 ▶ デデド

🏨 ホテル・ロード北部、ホテル・ロード沿い
☎646-9640/9641
🕐10:00〜23:00
📅年中無休
Card A.D.J.M.V.
URL www.dfs.com

全店マップ ▶別冊P.19

TORY BURCH
トリーバーチ

大人気のフラットシューズがズラリ。インパクト大のシューズやポーチで生活に刺激を与えて!

☎646-9640/9641　Card A.D.J.M.V.
URL www.toryburch.com

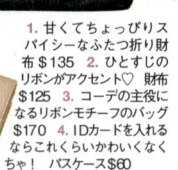

1. お気に入りのコスメを入れて♡ ゴールドのポーチ $199　2. 増えがちなカードを入れてみて。パスケース $128　3. スタイルアップにも役立つ厚底トングサンダル $88　4. 何かと重宝するミニ財布 $148

MYごほうびをハンティング

BALENCIAGA
バレンシアガ

大人気エディターズバッグを中心に、財布やサングラスなど洗練されたデザインを多彩にストック。

☎642-4817　Card A.D.J.M.V.
URL www.balenciaga.com

MYごほうびアイテム

1. ロゴを主張したヴィルトップハンドル$2100
2. 荷物が増えてもOK。エブリデイトート$1350
3. 毎日使いたいネイビーカバ$1020
4. 人気モデル、パピエの財布$405
5. 即買い必至！全世界で入手困難なトリプルSのスニーカー$895

Chloé
クロエ

MYごほうびアイテム

カラー豊富なシグネチャーバッグをはじめ、新作が多数。フェミニン＆カジュアルに使えるのが魅力。

☎646-4813　Card A.D.J.M.V.
URL www.chloe.com

1. アクセサリー感覚のブレスレットバッグ♪ナイル$1930
2. アイコンバッグのマーシー$1780
3. ミニバッグに入るサイズ。フラットウォレット$360
4. オーガナイズしやすいフェイデイ$2030
5. モテ香水の定番、オードパルファム$111

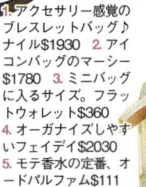

1. とびきりキュートなキティとコラボ！メトロポリスのショルダー$470
2. 花モチーフにきゅん♡ムゲット$730
3. 上品カラーのメトロポリス$420
4. 立体的でめちゃカワなコインケース$120
5. チャームにもなる型押し×メタルのキーリング$70

MYごほうびアイテム

FURLA
フルラ

上質レザーのバッグが手の届きやすい価格。コラボ商品や遊び心にあふれたアイテムも続々登場。

☎649-2868　Card A.D.J.M.V.
URL www.furla.com

GIVENCHY
ジバンシィ

革新的なデザインが人気。ブティックとしては世界クラスの店舗面積で、レディス＆メンズともに充実。

☎642-4818　Card A.D.J.M.V.
URL www.givenchy.com

1. 立体感がシャープなアンティゴナ$1640
2. 4Gロゴがポイント。バムバッグ$645
3. 今旬スタイルのレザースニーカー$520
4. ヴィンテージ風チェーンがモダンにマッチ。クロススリー$1060
5. デイ＆ナイトに使えるGV3のバッグ$2160

MYごほうびアイテム

お目当のブランドがある人はマストビジット
タモン・サンズ・プラザ
TUMON SANDS Plaza

中央の吹き抜けを囲むようにゆったりとハイブランドが並ぶ。日本未入荷などレアアイテムに出合える可能性大♪

Map 別冊P.13-C3 タモン

🏠ホテル・ロード中央部／ホテル・ロード沿い
☎646-6802
🕙10:00～22:00
📅年中無休
URL www.tumonsands guam.com

全店マップ→別冊P.22

Tギャラリア グアムとタモン・サンズ・プラザでは、専用の無料シャトルバスを運行（→P.183）しています。

グアムでしか手に入らないお宝アイテムも！

Vivienne Westwood

ヴィヴィアン・ウエストウッド

王冠と地球をモチーフにした「オーブ」が目印。日本未入荷アイテムはもちろん、個数限定だけどグアム限定のバッグやピアスもあるので要チェック。

☎646-5175　Card A.D.J.M.V.
URL www.viviennewestwood.com

絶対手に入れたいオーブ型ピアス

大人気の3Dオーブイヤリング **$145**

お買い物に便利なキャンバストート。限定100個だから急いで！
各$145

いつもの鍵がとっておきの宝物になりそうなキーホルダー

$70

ヴィヴィアンにかかればエコボトルだってこんなに華やかに変身！
$65

ゴールドのがまぐちが今の気分のコインケース
$115

持ち歩きに便利な小さめ財布
$230

グアム限定狙い

定番買い

オンリーワンブティックを狙い撃ち★
「ザ・プラザ ショッピングセンター」に首ったけ

ザ・プラザ ショッピングセンターには"グアムではここだけ"のオンリーワンブティックが多数。日本未入荷やグアム限定品は、見つけたら迷わず手に入れて。

おみやげにもなるキャップはカラバリ豊富 **$40**

定番買い

さわやかな空色が小麦肌にぴったり

キーリング付きのポーチはお出かけの必携アイテム
$85

ちょっぴりボーイッシュに決めたいときにオススメのオレンジのシャツ **$58**

パーカーなら彼とお揃いがいいかも **$65**

グアムの海にはヘルシーでセクシーなビキニがぴったり♡ **$115**

彼とお揃いのキャップや雑貨を探して

stussy

ステューシー

サーフカルチャー生まれのストリートブランド。メンズの印象が強いけれど、女子向きのワンピやシャツもあり。彼へのおみやげ探しにもぴったり。

☎648-7887　Card A.D.J.M.V.　URL www.stussy.com

ザ・プラザは23:00まで営業しているので、ディナーのあともゆっくり買い物できました！（東京都　なほ）

波が来たってへっちゃらのアリゾナEVA
$40

華やかなうえ、水ぬれOK

細めストラップで足下を華奢魅せできるマヤリ
$88

$128
南国にぴったり。ゴールドの輝きがすてきなギゼBS

ザ・プラザ ショッピングセンター

シューフィッターのアドバイスでベストな1足を

BIRKEN STOCK
ビルケンシュトック

日本人シューフィッターがいて、自分に最適なサンダルが見つかる！ ビーチ向きのEVA製サンダルも豊富だから海に出かける前にのぞいてみて。

☎646-2077　**Card** A.D.J.M.V.¥　**URL** www.birkenstock.com

定番買い

やっぱり欲しい、大人気サンダル。アリゾナBS
$88

かかとがパタパタしなくて歩きやすいリオ
$98

プチプラからハイブランドまで
ザ・プラザ ショッピングセンター
the Plaza SHOPPING CENTER

全店マップ ➡別冊 P.20,21

Map 別冊 P.13-D2　タモン

タモンの中心地に、60店舗以上のブティックと20店舗以上のカフェ＆レストランが並び、何度訪れても楽しめる。南北に延びていて、プラザサウスは男子向き、ノースは女子向きと覚えて。

🏠ホテル・ロード北部、ホテル・ロード沿い　☎649-1275
🕙10:00〜23:00　📅年中無休
URL theplazaguam.com

グアムの景色を描いた華やかコインポーチ
$31

コスメや文房具にちょうどいい、ハファデイ・スモールココ
$77

グアム限定狙い

かわいくて使いやすいグアム限定柄だらけ

LeSportsac
レスポートサック

とっても軽くて機能満載のファンクショナル・バックパック
$165

グアム限定狙い

使いやすさも満点だよ♪

軽くて扱いやすいバッグは、通勤・通学からレジャーまでいろんなシーンで活躍。狙いはなんてったってグアムの自然が描かれた限定プリント♪

☎649-5000　🕙10:00〜23:00　📅年中無休
Card A.D.J.M.V　**URL** www.lesportsacglobal.com

定番買い

$110

限定柄のアメリア。キュートなチャーム付きでオトク度120%

グアム限定狙い

$100
グアム店限定のトートバッグは毎日のお出かけに便利！

Fashion

見つけたら早い者勝ち！
JPスーパーストア　JP Superstore

ラグジュアリーからストリートブランドまで、HOTな最旬ブランドがずら〜り。日本でもレアなアパレルはもちろん、コスメやバッグ、おみやげも個性的なアイテムを手に入れられます！

🏨 ホテル・ロード北部、グアム・プラザ・ホテル1F　☎646-7803
🕘 9:00〜23:00　🈺 年中無休
Card A.D.J.M.V.
URL www.jpshoppingguam.com

全店マップ ➡別冊P.22

広い売り場に「JPスーパーストア」

日本でもレアなアパレルや
自分のごほうびやバラマキみやげを探し

> レアな
> アイテムを
> ゲット

ヒースコート＆アイボリーのハンドクリームでしっとり輝くに。$16

Must Buy 1

細部までこだわるスコッチ＆ソーダのTシャツ $55

BLAUW
BLAUW
BLAUW

日本人が使いやすいカラーを揃えたパレット。いろんな表情を作って♡ $20

SCOTCH SODA
AMSTERDAM BLAUW

CALA°
ROSE BLISS COLLECTION
PREMIUM MAKE-UP BRUSH SET

コスメの基本はブラシから！肌当たりがよくて粉のつけ過ぎも防ぎます。$24

renewing argan oil of morocco

紫外線で傷みがちの髪をシルクのように仕上げるアルガンオイル $10.99

オランダ発のスコッチ＆ソーダ。いち早く新作Tシャツを手にして。$45

スタイルよく見せてくれるディーゼルのデニム。ダメージ具合が絶妙。$298

Cosme

double dare
OMG! OMG!
STEP1
OMG!
3 in 1 Kit Peel Off Mask
STEP 2

> JPのみの
> アイテムも
> 続々

OMGの首周りから覆うパックと、マスククリームで死角なし。$9

Must Buy 3

Bag

印象的なイルビゾンテのレザーハンドバッグ $695

Must Buy 2

> 人気
> ブランドが
> 勢揃い★

kate spade new york

愛らしいふんわりピンクがかわいい。ケイトスペードのバッグ $320

Wallet

買い物のたびに女の子らしさが際立つ！ケイトスペードの財布 $205

kate spade new york

JPスーパーストアのコスメコーナーは要チェック！旬のブランドがめじろ押しです。（広島県　千尋）

欲しいモノが続々♪
マストバイ♥アイテム

JP Superstore

個性的なアイテムがいっぱい。
ご滞在中は何度も通ってしまうかも！

お出かけの必需品ストローボトル。容量は350mLでたっぷり。$25

Baby & Kids

グアム屈指のアイテム充実度

くたっと優しい感触はベビーのお気に入り♡ $24

Must Buy 4

注目はKENZOのキッズライン。季節を問わず使えるロンT $71

こちらはKENZOのエクスクルーシブエディションTシャツ $75

食事に欠かせないベビービブは拭き取りやすいのがいちばん！ $20

大好きな彼に。メッセージ入りチュッパチャップス $12.50

ココナッツ、ストロベリーほか種のリンドールチョコ $28.50

定番みやげのゴディバ。たまにはココアはいかが？410gで $16.99

あれもこれも楽しみたい！5フレーバーの紅茶セット $17.50

トッピングは何にする？パンケーキのおままごとセット $24

Souvenir

グアム柄のバニティポーチ $12。まち付きで案外たっぷり入ります

ハワイ生まれのクラ・ハーブス石鹸5個セット $18.50。肌を優しく洗浄

南国っぽいイラストがステキ。珪藻土のコースター $4

おみやげ探しもおまかせ

Must Buy 5

ストロング、ホワイトニング、シナモンミント。3種のミント歯磨き粉 $22

柔らかな酸味と甘い香りがコーヒー好きをうならせる。コナコーヒー $46

貝柄で彩られた写真から海風が吹いてきそう。フォトフレーム $12.50

パンケーキがユニコーンになるって知ってた？パンケーキ型 $13

今やグアムみやげの定番！ゴディバのチョコレート $14.99

友達にゴールドメダルチョコを贈ればリッチな気分になれるかも。$19.50

JPはカレへのおみやげ探しにもおすすめ！Tシャツもキャップも、日本より割安★

105

南国の街歩きにぴったり

ロイヤル・ハイビスカス
ROYAL HIBISCUS

女子にいちばん
人気のデザイン

胸元シャーリングがフィットして着心地◎。$50

Best コーデ

動くたびに揺らめくフィッシュテールデザイン。$75

コーデアイテム
1. 水着に重ねてもかわいいミディ丈ドレス $37 2. 立体的な花びらがきれい。プルメリアのヘアクリップ $3 3. シェルネックレスをプラスしてさらに南国気分をアップ。$4

リゾートワンピやアロハが揃うアイランドウエア専門店。人気のシャーリングドレスはキュートな色柄が満載。トロピカルなアクセも。

🏠 マイクロネシア・モール2F
☎ 637-0356
Card D.J.M.V.

プチプラで全身コーデが完成

裾フレアたっぷりで視線を集める真っ赤なドレス $87

Mission!! 「マイクロ
アイランドガール

幅広いジャンルの買い物ができ
グアムステイを盛り上げてくれるリ

1日では周りきれない
マイクロネシア・モール
MICRONESIA MALL

100以上のショップが並ぶグアム最大級のメガモール。フードコートもあり、アメリカ百貨店メイシーズとも直結。

スーパーや雑貨も要チェック →P.119,120,123
全店マップ →別冊 P.24,25

南国の日差しに負けない鮮やかな配色のマキシ $60

プチプラカジュアルの宝庫
ジーンズ・ウエアハウス
JEANS WAREHOUSE

Best コーデ

編み上げの紐がバックコンシャスなキャミ $10.99

コーデアイテム
1. ヘルシーな肌見せが叶うレイヤードキャミ $14.99 2. 脚長に見せてくれるデニムのショーパンは夏の必須アイテム。$21.99

キャミやショートパンツなど滞在中にも着られる旬のデザインが激安で手に入る。ジャケットや長袖シャツなど夏以外の服も多数。

🏠 マイクロネシア・モール1F
☎ 635-5326
Card A.D.J.M.V.

リボンを結んで美シルエットに

レースキャミとスカートのドッキングワンピ $28.99

イレギュラーなヘムラインのガーリーワンピ $24.99

🔴 ロイヤル・ハイビスカスはキッズのアイランドウエアも充実。家族連れにもおすすめです♪ （東京都　ハナ）

「ネシア・モール」で
に大変身♪

るアメリカンスタイルのモール。
ゾートにぴったりなウエアが満載!

Map 別冊P.11-D2 デデド

⌂ マリン・コー・ドライブと16号線の角
☎632-8881 ⏰10:00〜21:00 休12/25
URL www.micronesiamall.jp

女子心をくすぐるガーリーな店

ジャバニ・ビューティ
JAVANI BEAUTY

ホテルディナー
にぴったり

デコラ袖ワン
ピはカジュアル
パーティに
おすすめ。
$49

マイクロネシア・モール

Best
コーデ

コーデアイテム
1. もふもふファーのチェー
ン付きクラッチ$55。携帯
や財布を入れるのにちょう
どいいサイズ 2. エアリー
なシフォンのロンパース$46
3. 色っぽいヌーディカラー
がレディなサンダル$42

ラッシュガードの品揃えが抜群

プリモ・サーフ
PRIMO SURF

遊びゴコロ
たっぷり♪

ビタミンカラーに
オリジナルロゴを
オンしたキャップ
$22.95

Best
コーデ

ビーチ映えするラ
ッシュガードはセ
ットアップもOK

日焼け対策に
マスト。ハー
レーのラッシ
ュガード$40

コーデアイテム
1. カラフルリボン
がアクセント。ロ
キシーの中折れハ
ット$26 2. ユニ
ークなグラフィック
がいっぱい。ロ
キシーのロゴT$18
3. かわいくてすぐ
乾くハーレーのスイ
ムパンツ$35

身の回り品を
スマートに収
納。ロキシー
のリュック$30

アメリカで大人気の
BOOM BOOM ジー
ンズもバリエ豊富

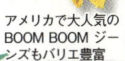

キュートでデコラティブな
お部屋のようなセレクトショ
ップ。クローゼットにはフォ
ーマルドレスやおしゃれな服
がいっぱい。厳選コスメも。

⌂ マイクロネシア
・モール2F
☎637-5477
Card J.M.V.

ビラボン、ボルコム、ロキ
シーなど人気サーフブラン
ドがずらり。海で必須のラ
ッシュガードはかわいくて
オシャレなデザインが豊富。

⌂ マイクロネシア
モール1F
☎637-2053
Card A.D.J.M.V.

◥ プリモ・サーフの ◤
取り扱いブランドリスト

ROXY
サーフ系女子の定番。キュー
トなグラフィックロゴTやビ
ーチウエアを豊富にリリース

BILLABONG
オーストラリア発のサーフブ
ランド。セレブにも愛用者が
多くオフスタイルもおしゃれ

HURLEY
ビーチファッションとしても
完成度が高く、高機能なスイ
ムウエアはカラバリ豊富

マイクロネシア・モールの2階にはミニ遊園地あり。地元キッズに大人気です。

最大80%のオフプライス
グアム・プレミア・アウトレット（GPO）
GUAM PREMIER OUTLETS

アパレル、コスメ、超格安のロス・ドレス・フォー・レスなど約30店が集結。ローカルも足繁く通うお買い物スポット。

全店マップ →別冊P.23
ロス・ドレスも要チェック! →P.130

Map 別冊P.10-B3 タムニング

🏠 ホスピタル・ロード沿い　☎ 647-4032
🕙 10:00〜21:00　休 12/25
URL www.gpoguam.com

グアム・プレミア・アウトレット

デニムに合うトップスが多彩
ゲス

 GUESS

体にぴったりフィットするゲスらしいカッティングのタンクトップ

~~$39.99~~ $24.99

~~$109.99~~ $89.99

wow! $20 save
~~$59.99~~ $39.99

シンプルフォルムのショルダーバッグはお気に入りの柄を選んで

ゲスのブランドマークにチェック柄を重ねて遊びゴコロをプラス

MAX 60% OFF

ロゴが立体的に浮き出たこだわりデザイン

~~$69.99~~ $49.99

ボタニカル柄のショーパンを足すだけで南国リゾートコーデに

~~$89.99~~ $69.99

キュートな後ろ姿に視線が集中。ホワイトデニムのショーパン

おしゃれでちょっぴりセクシーなラインが人気のカジュアルブランド。凝ったデザインのロゴTやスタイル豊富なデニムが満載。

☎ 649-0560　Card A.D.J.M.V.
URL www.guess.co.jp

毎日のキレイに欠かせない!
ビタミンワールド

VITAMIN WORLD

オーガニックのアルガンオイル。浸透力がよく全身に使える

~~$20.99~~ $16.99

wow! $10 save
~~$38.99~~ $29.99

血流を改善して生活習慣病やたるみを予防。オメガ3フィッシュオイル

最近、注目のルテイン。日々の紫外線やスマホで疲れがちな目におすすめのサプリ

MAX 50% OFF

口コミで話題!リピーター続出の大人気クリーム

~~$9.99~~ $8.99

アンチエイジングケアに欠かせないレチノールを高濃度配合

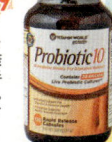 Retinol Cream

 LUTEIN 20 mg

~~$24.99~~ $20.99

~~$28.99~~ $23.99

腸内環境を整えて健康的な肌を手に入れて。プロバイオテック10

1000点以上がぎっしり

内側から健康を目指すサプリ専門店。ビタミン剤やエイジングコスメなど大容量でコスパも◎ 無料の会員登録でさらに割引になる。

☎ 647-5661　Card A.D.J.M.V.
URL www.vitaminworld.com

手荷物サイズのスーツケースも

GPOの敷地内には映画館やゲームセンターが併設され、ファミレスもいろいろ揃ってます。

ひと目ボレ♡
南国の
リゾート感
たっぷり♪

足を入れるたび
フカフカのボア
に癒やされる♡
大人気ミネトンカ
のモカシン C

プチプラ♪
ボア付きで
かわいさ
倍増♥

通勤・通学に！
リボンがかわいい
ウエッジシューズ
はマストハブ A

~~$39.99~~
$29.99

$213

~~$39.99~~
$12

1点投入で華見え。
明るいフラワープリ
ントのウェッジソール
パンプス D

~~$54.99~~
$45

ドレスシューズっ
ぽいのにニット。
不思議ニュアンス
が新鮮です A

$188

素足でさっと履い
て出かけたい。ロ
キシーらしいさわ
やかな配色のス
ニーカー C

1足はゲット
しなきゃ♪

シューズ・ショ
のグアムで
ひと目惚れ
手に入れ

グアムでのお買い物で絶
お手頃価格で種類豊富な
とびきりの1足

ひと目ボレ♡
南国の太陽に輝く
シルバー♪

ひと目ボレ♡
スカートを
合わせて
甘辛コーデに

$288

カジュアルになりがちのスニー
カーも、きらきらシルバーになる
だけでカッコイイ A

しなやかに優しく足を包み込
んでくれるバレエシューズ。
メッシュアッパーで履き心地
さわやか D

$32.99

~~$79~~
$59.99

ハンサムマニッ
シュに決まるおじ
靴はエナメルのツ
ヤ感で差をつけて
B

A 見た目も歩きやすさも妥協なし
コール ハーン　Cole Haan

ほめられること間違いなしのきれい
め靴は、軽やかに歩けることでも定
評あり。デザインも機能性も両立す
る人気ブランドは、サイズもたっぷ
り。お得価格のコーナーも必見です。

Map 別冊P.20 タモン

🏠 ザ・プラザ・ショッピングセンター内　☎649-1150　🕐10:00〜23:00　休年
中無休　Card A.D.J.M.V　URL www.colehaan.com

B コンフォートシューズならココ
ナチュラライザー　NATURALIZER

長く履いていても疲れにくい足にフ
ィットするシューズが人気の老舗ア
メリカンブランド。ファッショナブ
ルなデザインも魅力で、2足目以上は
さらに割引になるのもうれしい。

Map 別冊P.23 タムニング

🏠 グアム・プレミア・アウトレット内　☎646-0553　🕐10:00〜21:00（感謝祭
〜17:00）　休12/25　Card A.D.J.M.V.　URL www.naturalizer.com

ホテルにスリッパがないときは、プチプラのビーチサンダルを部屋履きに使用。（東京都　LINA）

このかわいさでこの価格はむしろ買わないほうが損。夏本番に使いたい！ D

$188

ひと目ボレ♡
とっても軽くて歩くのが楽しくなります♡

$28.99 ↓ $22.99

トレンドコーデに欠かせないメタリック。ソールはコルク素材でカジュアルにぴったり D

軽やかなバイカラーが印象的 A

マキシでもジーンズでもスタイルを選ばず履ける夏に大活躍のぺたんこサンダル D

$34.99 ↓ $17

$22.99 ↓ $5

$79 ↓ $31.58

プチプラ♪
掘り出し物発見！アウトレットのさらにセール品も見つかります

プチプラ♪
ジュートとコルクを組み合わせた横顔がおしゃれ♪

$69 ↓ $13.78

女性らしい表情を見せるスイートピンク。アンクルストラップがホールド感をアップ B

抜け感がありながら甲をしっかりホールド。気持ちいいフィット感で歩きやすさ抜群 B

ッピング天国
プチプラ&
アイテムを
うやお♥

対にハズせないのが、
シューズ・ショッピング。
をゲットして！

ふわふわクッションで疲れ知らず。ビジューほど甘くないスタッズで気軽に履けそう B

スタッズが映えるニュアンスカラーの厚底サンダル。太めのヒールで安定感も◎ B

$69 ↓ $49.99

$79 ↓ $49.99

$49.99 ↓ $29.99

$32.99 ↓ $19.99

気持ちいいフットベッドで足裏が快適。程よい厚底だから熱い砂浜の上を歩くのも楽チン C

夏らしい輝きを放つキラキラビジューがリゾートの大人コーデにぴったり C

プチプラ♪
細いストラップは足首を華奢に見せてくれる♡ C

シューズ・ショッピング天国のグアム

C スニーカーもおしゃれ靴も圧倒的な品揃え フェイマス・フットウエア FAMOUS footwear

全米で展開しているシューズストア。ナイキ、アディダス、ビルケンシュトック、クロックス、ミネトンカなど人気ブランドが最大70%オフ。探してたシューズがお得に見つかるかも。

Map 別冊P.23 タムニング

🏠グアム・プレミア・アウトレット内 ☎647-2818 🕐10:00〜21:00（感謝祭〜17:00）⊗12/25 Card A.D.J.M.V. URL www.famousfootwear.com

D バリエ豊富なシューズの宝庫 ペイレス・シュー・ソース Payless Shoe Source

サンダルやパンプス、スニーカーなどさまざまなタイプのシューズがどれも驚きのロープライス。気軽に買えるからアメリカっぽいカラーやデザインの靴にもトライしてみて。

Map 別冊P.23 タムニング

🏠グアム・プレミア・アウトレット内 ☎647-7466 🕐10:00〜21:00（感謝祭〜17:00）⊗12/25 Card A.D.J.M.V. URL www.payless.com

現地調達してすぐ着たい♥
南国リゾートワンピコレクション!!

滞在中、一度くらいはリゾートワンピでお出かけして、ロコガールになりきって！　着るだけで南国気分が盛り上がります♪

モンステラとハイビスカスが肌を明るく見せてくれます C
$79

ちょっと珍しいふんわり袖付き。たっぷりのスカートが風にのってふんわり C
$79

セクシーなオフショルダー

デコルテラインをすっきり華やかに演出。フィッシュテールのふんわりドレス e
$58

Pink

$60

大好きなピンクのドレスは、胸元をキュートに魅せるオフショルダー D

パレオみたいに巻き付けて着ます。胸元のリボンがワンポイント C
$79

裾のニュアンスが華やか

1着でサマになる

細かなパイナップルが楽しげ。バルーンっぽく広がる裾も個性的 D
$98

ドレスは裾がたっぷりとられた贅沢なデザイン。動きを優雅に見せてくれます B

$48
袖のリボンや大きく開いた胸元など、女性らしさを演出する仕掛けが満載 B

$48

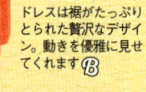

e ラニ・ビーチ
Lani Beach
エアリーで大人っぽいテイスト

素肌に優しく触れる柔らか素材のオリジナルブランドドレスは、ほかと差がつく大人ガーリー。バッグやアクセ、おしゃれなホームデコにぴったりな貝モチーフの雑貨も多数。

Map 別冊 P.24 デデド
🏠マイクロネシア・モール1F
☎633-5264 🕙10:00〜21:00
12/25 Card D.J.M.V.

B バンビーノ
Bambino
LA発のドレスでおめかし

日本人オーナーが仕入れるドレスは日本人好みのデザイン揃い♡ ハットやバッグ、肌のお手入れ用オイルもあるので、ドレスに似合うピカピカ肌と小物を手に入れて。

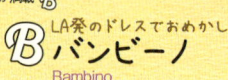

Map 別冊 P.23 タモン
🏠ホテル・ロード中央部、アカンタ・モール内
☎646-1121 🕙10:30〜20:00 無休 Card D.J.M.V.
www.bambino-guam.com

リゾートドレスでおめかしして、ホテルのディナーへ♥　屋内は冷房が強いので、羽織り物があると重宝します。(山梨県　結花)

Botanical

南国リゾートワンピコレクション!!

ショート丈のオールインワン

グアムでは珍しい7分丈のカシュクールドレス$48。ドロップテールで後ろ姿もエレガント **B** $48

大人っぽいカシュクール

ウエストゴム仕様で着心地満点。ストンと落ちるシルエットで着痩せ効果も♪ $78

藍色のしぼりがちょっぴり和を感じるドレス。使い勝手がよくヘビロテ必至 **D** $100

$48

黒いキャミを重ね着したみたいで、スッキリ。足長効果も見逃せません **B**

元気なパンツスタイル。なのにどこかフェミニンな空気感 **C** $79

スカート部分は後ろ側にギャザーがたっぷり。ヒップをきれいに見せてくれる♪ **C** $82

ホルターネックやスカートなど3ウェイで使えるワンピ。イレギュラーなヘムラインが軽やか☆ **C** $48

Blue

チューブトップから流れるラグジュアリーなドレープがきれい **C** $68

ドロップテールで軽やかなステップを演出 **D** $80

ホテルディナーにもぴったり

スリーブスタイルのほか、ワンホルダーやスカートにも。表情を変えて着回せる3ウェイ **C** $58

C シー・シェル・ピンク
Sea Shell Pink

待望のレンタル開始

同じ生地でもデザインは多彩。だから自分に似合うアイランドドレスを見つけやすいんです。レンタル（予約制）もあり、ふたごコーデにするのも楽しい★

Map 別冊P.23　タモン

🏠ホテル・ロード中央部、アカンタ・モール内　☎648-8181　🕙10:30～20:00
休日曜　Card D.J.M.V.
URLwww.seashellpink.net

D マムエモア
MAM et MOI

フェミニンなドレス探しに

日本ではお受験服専門店だけれど、グアム店ではリゾートウエアが主力。ふわふわフェミニンなドレスと、かわいいバッグが手に入ります。狙いはひとつずつ表情が違う手染めのドレス♡

Map 別冊P.21　タモン

🏠ホテル・ロード北部、ザ・プラザ、プラザ・ノース2F　☎969-6665　🕙10:00～23:00　休年中無休　Card D.J.M.V.
URLameblo.jp/mametmoi-guam

タモンには友達とお揃いや色違いのリゾートワンピで街を歩いている女子もいっぱい！

113

Summer wear

南国の鳥がかわいく演出
野鳥プリントが今の気分。健康的なチラ見せでビーチの主役になれるかも。トップス $58、ボトムス $46 A

南国のビーチへ出発♪

やっぱりかわいいベアトップ
三段フリルで胸元のボリュームアップ♡ ボトムは足長効果のあるデザイン。トップス $66、ボトムス $46 A

花柄とストライプ、どっちにする?
南国模様とストライプのリバーシブル。元気なビーチガールにぴったり。トップス $60、ボトムス $48 A

黒のトリムが決め手
憧れの白い水着。肩を隠すこともできます。セット $55 B

軽やかに揺れるレース
薄手のレースを組み合わせていて、気になる胸元をカバーします。トップス $62、ボトムス $46 A

元気はつらつ
アクティブに遊ぶならこんな水着でしっかりカバーでもいいかも。トップス $60、ボトムス $50 A

かわいく日差しをガード
首もとから手の甲までしっかりカバーできるフード付きラッシュガード $89 A

ちょっぴりセクシー
コンパクトにまとめてセクシーに。腰のリボンがポイント。トップス $60、ボトムス $46 A

ビーチからのお買い物に
かぶるだけで水着感をなくせるロンパース $86 A

絶対欲しい三角ビキニ
ちょっぴり縦長の三角ビキニでセクシー度アップ♡ ストライプと花柄のリバーシブル。トップス $64、ボトムス $50 A

ビーチからの買い物にも

アクティビティにマスト
いつもの水着の上に履いて元気に遊ぼ。ボトムス $64 A

肩までフリル★
たっぷりフリルで気になる胸元と二の腕をカバー。上下セット $55 B

aruco'

CUTE

アイランドガール御用達の
水着&ビーサン★海ファッション♪

純白のビーチに映える水着で、いざ海へ!サンセットタイムに浜辺をお散歩するなら、キュートなビーチサンダルも揃えなくっちゃ♥

海遊びやビーチサイドのお散歩に

1. カラフルに染められたリアルシェルのチャームがキュート。ストローハット $36 C 2. フリルたっぷりで歩くたびにプルメリアがダンス♪ トップス $64、ボトムス $48 A 3. 透明感のあるストラップがキレイ。クロックスだから軽さと柔軟性はお墨付き。$45 D

Hat & Bag

人気のメッセージ入りハット
セレブのインスタで人気爆発。いろんなメッセージがあるので気に入ったモノを選んで。$39 **B**

好きなメッセージを選んで

Dolce Vita

マリンな気分を盛り上げる
ストライプとロープがいかにも！タオルやマッドを無造作に放り込んでもサマになるトート $50 **A**

おっきなリボンに注目
入荷するたびに即売り切れるリボンモチーフ。$39

くしゅくしゅがかわいい
ぺたんこのストローバッグだけど、荷物に合わせて大きく膨らみます。$50 **A**

夏本番のマストアイテム
夏感たっぷりのビーズとチャーム、波打つ曲線がおしゃれな中折れハット $36 **C**

小顔効果もあるつば広ハット
大きなリボンでいつもよりレディな雰囲気に。$44 **A**

ボーイッシュに決まる★
はずしアイテムとしても欲しいマニッシュなハット★ $30 **B**

レディス仕様のキャップ

チャーム付きで女子力アップ
スポーティなキャップだけど、サイドでロコ・ブティックのロゴチャームがキラリ。$20 **A**

リゾートワンピにも♪
ガーリーなルックスでリラックスした履き心地。サヌークのスリッポン $63

キラキラリボンがキュート♡
かかとがパタパタしないのでショッピングにも重宝。$46 **A**

脱いでも注目の的
一対で完結するイラストがかわいいイパネマのビーサン $26。ゴールドピンの自転車がアクセント **D**

ecommend Code

SEXY

真夏の定番カラー★

南国らしさ満点。
細い鼻緒が足をすっきり見せてくれるハワイアナスのビーサン $28 **D**

1. 人気のパイナップル柄。ホルターネック＋ややブラジリアンのボトムでスタイルアップに期待。トップス $64、ボトムス $48 **A** 2. ひとつは欲しいつば広ストローハット。ロコ・ブティックの超人気アイテムです。$44 **A** 3. 白いお花が涼しげ。小麦色の肌にも映えるサンダル $34 **A**

SHOP LIST

A
誰よりかわいくなる水着を見つけて
ロコ・ブティック パシフィック・プレイス店
LOCO BOUTIQUE
ハワイ生まれのスイムウエア専門店で、同じプリントでもデザイン＆サイズが豊富。自分に似合う一着がきっと見つかります。

Map 別冊P.23 タモン
🏠ホテル・ロード北部、パシフィック・プレイス1F ☎647-6600
🕙10:00～23:00 🈳年中無休
Card A.D.J.M.V.
URL www.locoboutique.com

B
旬のハットと水着を探して
バンビーノ Bambino
定期的にLAに買い付けてくるので旬のドレスや雑貨がズラリ。セレクトショップなので数は少ないですが、水着はセット販売なのがうれしい♡
DATA → P.112

C
南国リゾート感たっぷり
ラニ・ビーチ Lani Beach
ビーチをテーマにしたハワイ発のセレクトショップ。女子を釘付けにするアイランドドレスのほか、マリンテイストの雑貨も揃う。
DATA → P.112

D
今旬ブランドの新作が続々
フリップ・フロップ・ショップス
Flip Flop Shops
ハワイアナス、イパネマ、サヌーク、リーフなど人気ブランドを多数取り揃えたビーサン＆カジュアルシューズ専門店。最新モデルをいち早く手に入れて、そのままビーチへGO！

Map 別冊P.24 デデド
🏠マイクロネシア・モール1F ☎637-4337
🕙10:00～21:00 🈳12/25
Card A.D.J.M.V. URL www.flipflopshops.com

街歩きにもおすすめ

水着＆ビーサン☆海ファッション♪

ロコ・ブティックはトップスとボトムスのサイズを体型に合わせて選べます！

ピアミアも愛用している「シナヒ」♥

グアム伝統のアクセは美しい三日月型が特徴の「シナヒ」のネックレス $150。写真はメンズ用

ラッテ・ストーンをかたどったマザー・オブ・パール×クリスタルビーズのネックレス。$35

幸運を引き寄せるパワーストーン！

ヤシの葉で編んだ魚の先に天然のジェイドがあしらわれたピアス $27.50

ふたつと同じ模様のない天然貝で作られたピアス $35。左右逆向きなのもこだわり

グアムに自生する世界一堅い木、イフィットの木に洞窟壁画の文字を彫刻。$40

ラッテ・ストーンをかたどったネックレスは各 $3

糸を花の形に編み込んで作ったピアス各 $4.50

グアム伝統の素朴なアクセ
GUINAHAN CHAMORU
グイナハン・チャモル

貝や木などの材料にビーズなどを組み合わせたアクセは、リゾートドレスと好相性。チャモロの人たちに愛されている昔ながらのアクセもあれこれ。

Map 別冊P.10-B2　タモン

🏠ホテル・ロード南部、ヒルトン グアム リゾート＆スパ近く　☎997-5461
🕐11:00～18:00　㊡日曜、1/1、感謝祭、12/25　**Card**不可

南国の自然モチーフのデザインがキュート♥
アイランドアクセのおすすめショップはココ！

南国の大自然の素材やモチーフを生かしたアクセは、なんだかパワーを秘めていそう。ナチュラル系からキラキラ系まで乙女心をくすぐるアイテムたちがいっぱい！

美しいグアムの自然が題材です

ビーズのように見えるのは、石化したパンダナス（植物）。地球の歴史を感じます。$20

貝をスライスしたペンダント $28

女性らしい優美アクセが人気
GUAM ART BOUTIQUE
グアム・アート・ブティック

女性のローカル・アーティストが中心のギャラリーで、アクセやイラストなどaruco世代にぴったり。シェルや植物を使ったアクセはどれも一点物。

Map 別冊P.14-A2　ハガニア

🏠チャモロ・ビレッジ内　☎なし
🕐10:00～18:00、水曜10:00～21:00
㊡日曜　**Card**A.D.J.M.V.
URLwww.guamartboutique.com

重ねづけしたくなるブレス各 $20

プルメリアが揺れるピアス $30

ヒトデのヘアクリップ $6。同じ形はありません

ヴィンス ジュエラーズではジュエリーを3つ買うと、4つめが無料になりました。（神奈川県　まみ）

夏の色使いとモチーフでリゾート気分アップ。ブレスレット$28

カメとプルメリアの鉄板コンビ。ハワイアンネックレス$38

ジルコニアがキラリ★ 3つのプルメリアが並ぶネックレス$48

マリンチャームがたっぷり♪

見た目も涼しげで夏にぴったりなヒトデピアス$22

ヒトデバングル$38とスワロフスキーを使ったシルバーピアス$38

片方にお花をあしらったシェルのピアス$68

キュートな南国アクセたち
Lani Beach
ラニ・ビーチ

リゾートスタイルにぴったりなアクセが豊富。ハンドメイドのピアスや海の生き物をかたどったブレスなどデザインもオシャレ。

DATA→P.112

アイランドアクセのおすすめショップはココ！

ハートの中から覗くピンクゴールドのプルメリアがキュート。ピアス$110〜

ピンク×ホワイト×イエローゴールドの3色のプルメリアが並ぶリング$185〜

2大モチーフのプルメリアとカメを組み合わせたイエローゴールドのネックレス$129

ほどよい存在感

スターフィッシュとシェルのヘアクリップ$10。きれいめスタイルにおすすめ

まとめ髪のアクセントに使いやすいシルバーカラーのヘアクリップ$10

ターコイズ×コーラルカラーの夏らしいビーズネックレス$32

繊細な透かし彫り

プルメリアが連なるピンクゴールドのブレスレット$398

首元に本物の輝きを纏わせて。ボリュームたっぷりのイエローゴールドのネックレス$879〜

重ねづけしてもオシャレ

チューブドレスに合わせたい大ぶりネックレス。左$18、右$20

高級ジュエリーが最大60%オフ
ViNCE JEWELERS
ヴィンス ジュエラーズ

プルメリアやカメなど女子が大好きなモチーフのハワイアンジュエリーがお手頃価格で手に入る。高品質のダイヤネックレスやブレスなども充実。

Map 別冊P.24 デデド

🏠マイクロネシア・モール1F ☎632-8888 🕙10:00〜21:00
📅12/25 💳A.D.J.M.V. 🌐vincejewelers.com

こなれ感を演出できるオシャレアクセ
MAM et MOI
マムエモア

南国モチーフ、ビーズのブレスやネックレスなど女子が夢中になるアクセがいろいろ。リゾートドレスに合わせて楽しんで。

DATA→P.113

FOODS
healthy

手軽に作れる
おしゃれ朝食

水を入れて混ぜるだけで生地が完成するパンケーキミックス。ブルーベリー&アサイー味

Hawaiian Sun
BLUEBERRY AÇAI
Natural Flavored
Pancake Mix
JUST ADD WATER
NET WT 6 OZ (170g)

$3.89

欲しいもの
だらけで
困っちゃう！

まろやか風味の
天然甘味料

味にクセがなくてさまざまな料理に使えるオーガニックのアガベシロップ

Green Bottle
Wholesome
Organic
Blue Agave
Low Glycemic Sweetener

$7.29

いろいろな味を
試してみたい

牛乳を加えて火にかけるだけのお手軽パスタソース。肉料理のソースにも合いそう

Knorr Garlic & Herb
Knorr Parma Rosa

$1.99

SYNERGY
organic kombucha
TRILOGY

$4.49

美ボディをつくる
成分が豊富

セレブの間でも大注目。名前はコンブチャだけど昆布ではないの発酵紅茶のドリンク

地元の*スーパーマ*
ローカル気分

マイクロネシア・モールに来たら必ず
ギフトショップよりお得に買えるおみやげや、

clean
BATH TIME
&
TOILETRY

$6.69

Tom's
Tom's

プレミアムな
バスタイムに

しっとりすべすべ肌に仕上がるコナッツオイルやシアバター配合のオーガニックソープ

お買い物 HOW TO

お会計のしかた

購入点数が少ない場合は、エクスプレス・ラインに並ぶのが○。写真は12アイテム以下のライン。

野菜・果物は量り売り

料金の表示は重さごと。好みの量をビニール袋に入れよう。値段がいくらかわからないときは売り場近くの秤に載せてチェック。

エコバッグ事情

グアムにもエコバッグが普及しつつあります。スーパーのオリジナルバッグも販売されていて、値段は手頃。レジ袋は無料。

$3.59

pura d'or
Scalp Therapy
Shampoo

$16.85

スカルプ
ケアに♪

スカルプ・セラピー・シャンプーで硬い頭皮を洗い上げてふかふかにすれば、髪が健康に！

$2.49

女磨きのおともに

バスタイムが楽しくなるボディブラシ

ナチュラルな虫よけやリップ

自然素材だから、安心して使えます。アウトドアトラベルキット

GREEN GOO
ARNICA

$13.29

KITCHEN ITEM
cooking

$4.19

アメリカらしい便利グッズ

アメリカンチェリーの種を抜くための道具ですって！

バーベキューパーティにぜひ！

スイカをそのままジャグにしちゃうキット

$7.99

$2.89

サイズいろいろ

ぬれた水着を入れたり、スマホの防水用に。旅先で何かと重宝するファスナー付きポリ袋

$16.49

ピクニックや持ち寄りパーティに

ひとつあると便利なワインクーラー

地元のスーパーマーケットに潜入！

$5.98

こんなモノまで専用!?

なんとイチゴを洗うためのカップです♪

$4.45

ぶきっちょさんにどうぞ

自家製ドレッシングをこぼさず運べる

$4.99

$3.29

機能も見た目もナイスな梱包用テープ

粘着力があって、すぱっとカットできるのでストレス知らず。しかもかわいい♥

removes pet hair

ミニサイズのコロコロ

旅先でも重宝します★

――ケットに潜入！
でお買い物

立ち寄りたいスーパーマーケット。部屋飲みに必要な酒類＆フードがずらり。

グアムに9店舗！

おみやげも食品もまとめ買い

ペイレス・スーパーマーケット
PAY-Less SUPERMARKETS

ローカル御用達の大型スーパーには、生鮮食品からパン、お菓子、ドリンク、オーガニックフード、日用品まで、あらゆるアイテムが勢揃い。珍しいスパイスやキッチン雑貨などは、日本に帰っても重宝しそう。

Map 別冊P.24 デデド

🏠 マイクロネシア・モール
1F ☎637-7233
🕐 24時間 📅 年中無休
💳 A.D.J.M.V.
🌐 www.paylessmarkets.com

$3.69

洗濯物がいい香り

乾燥機に1枚ポンっ！洗濯物を香りよくソフトに仕上げる柔軟剤入りシート

Spring Scent
Essential

OTHERS
more

$16.29

泡タイプで楽ちんケア

リッチなクリーミーフォームで素早く肌にのびるホイップサンスクリーン

made in Guam

特設コーナーをチェック！

アイランドみやげをセレクトしたコーナーには、グアム産のお菓子やグッズが充実。

NEW!
Coppertone
CLEARLY SHEER
Whipped
SUNSCREEN
(50)

99¢

COMMUNITY
Pay-Less
SUPERMARKETS
FOUNDATION
paylessmarkets.com

デザインがキュート♪

グアムらしいカラフルなオリジナルエコバッグ。安くて軽いからバラマキ用に

1
Map 別冊P.24
デデド
🏠 マイクロネシア・モール1F
📞637-2444 ⏰10:00
～21:00 ⏰12/25
Card A.D.J.M.V.
URL www.abcstores.com

2
Map 別冊P.21,P.12-B2
タモン
🏠 ホテル・ロード北部、ザ・
プラザ、プラザ・サウス、スト
リートレベル 📞649-0501
⏰7:30～翌1:00 ⏰年中
無休 Card A.D.J.M.V.

3
Map 別冊P.21,P.12-B1
タモン
🏠 ホテル・ロード北部、ザ・プ
ラザ、プラザ・アウリガー、ス
トリートレベル 📞646-0911
⏰7:30～翌2:00 ⏰年中
無休 Card A.D.J.M.V.

4
Map 別冊P.20
タモン
🏠 ホテル・ロード北部、
ザ・プラザ、プラザ・ノース1F
📞646-2567 ⏰8:00～
23:30 ⏰年中無休
Card A.D.J.M.V.

5
Map 別冊P.23,P.13-D2
タモン
🏠 ホテル・ロード北部、パ
シフィック・プレイス1F
📞649-0015 ⏰8:30～
翌0:30 ⏰年中無休
Card A.D.J.M.V.

ABC

aruco調査隊が行く!!②

ツーリストの強い味方「ABCストア」を

フードやドリンク、日用品やビーチ用品、コスメにバラマキみやげなど、旅先で必要なもの

くしゅっと丸めてどこに
でも持っていけるのが便
利★ ハット $14.49

**aruco
ピックアップ**
シンプルな水着
でもハイビスカ
柄キャップで
華やかに♡

活用法 **1**
リゾートファッションに
チェンジ♪
南国らしい強烈な日差しもア
イランドドレスやTシャツなら
気持ちよく過ごせます。お得
価格なので、友だちとのふた
ごコーデもオススメ♡

**aruco
ピックアップ**
涼しくて女子ら
しさもアップ。
プチプラなので
BBQにも重宝♪

レストランでも
ビーチでも活躍する
ショート丈のドレス
$20.99。2枚なら
$40

グアムらし
さ全開!
$14.99

ピンクのハイビスカ
スで顔色もワントー
ン明るく見えちゃう。
キャップ $14.99

活用法 **2**
ビーチアイテムは
現地調達！
日本では夏しか手に入らない
ビーチアイテム。苦労して探
すよりも現地調達しちゃおう。
グアムらしい華やかデザイン
で気分もあがります。

小麦色の脚に映える
アイランド模様の
ビーサン $8.99。肌
に優しいトングも自
慢です

自宅のバスルー
ムがスパに変身。
タシのバスソル
ト各 $6.59

メイド・イン・
グアムでお
みやげにも最
適。タシのコ
コナッツオイル
各 $25.99

ロールオンで
南国フラワー
がふわっと香
ります。塗る
香水 $19.49

メイド・イン・
グアムのチョコ
$1.59。12個
セットは $18.95

**aruco
ピックアップ**
種類豊富な石鹸
は、ABCスト
ア限定が狙い目。

活用法 **3**
お試しサイズや
今旬コスメをチェック
かわいいパッケージやステキ
な香りのコスメは、どれかひと
つだけ選ぶなんてできない！
とっておきのグアムコスメも
たっぷり用意しています。

南国の香りに
癒やされる石
鹸はABCスト
ア限定！ 各
$5.99。
2個で $11.50

 ABCストアには毎日通いました♪ コンビニコスメもかなり充実。(香川県　桃花)

6
Map 別冊P.13-C3
タモン
🏠 ホテル・ロード中央部、グランド・プラザ・ホテル1F
☎646-1871　⏰7:30～翌0:30　🗓年中無休
Card A.D.J.M.V.

7
Map 別冊P.12-A3
タモン
🏠 ホテル・ロード南部、パシフィック アイランド クラブ 向かい　☎646-2560
⏰7:30～翌1:00　🗓年中無休　Card A.D.J.M.V.

8
Map 別冊P.23
タムニング
🏠 グアム・プレミア・アウトレット内　☎647-1134
⏰9:30～21:30　🗓12/25
Card A.D.J.M.V.

グアムに8店舗！

タモン湾
パシフィック アイランド クラブ グアム
ザ・プラザ ショッピング センター
パシフィック・プレイス
ホテル・ロード
グランド・プラザ・ホテル
Tギャラリア グアム
グアム・プレミア・アウトレット
マリンコート・ドライブ
マイクロネシア・モール

使い倒せ！aruco的活用法⑥

あると便利なものが揃う最強のコンビニがこちら。夜遅くまで営業しているのもうれしい♥

aruco ピックアップ
自宅でも簡単にグアムの味を作れるキットが登場。

料理好きの友だちへのギフトはこちら。チャモロ料理に欠かせないフィナデニソースの素 $3.59

これさえあれば日本でもレッドライスが作れます。レッドライスの素 $3.59

活用法 **5**
アイランド雑貨で
グアムの思い出をお持ち帰り

プルメリアやハイビスカス、パイナップル……。南国雑貨は、置くだけでキッチンやリビングにグアムの空気がよみがえります。ぬくもりを感じるハンドメイド雑貨もステキ。

とっておきの思い出はハファダイ・フォトフレームに入れて♡ $3.99

活用法 **4**
バラマキみやげ&
自分用もGet!

ABCストアで見逃せないのは、個別包装がたっぷり詰まったおみやげセットや、まとめ買い割引♪ ちょっぴり多めに用意して、たくさんの人に思い出をおすそ分け♡

aruco ピックアップ
キッチンがパッと明るくなるミトン。おみやげにしてもOK。

サングラスをかけた生意気パイナップルがかわいい。$5.99

ローカルが大好きなタバスコとチョコを組み合わせたらおいしいおつまみになりました。タバスコチョコレート $4.99

aruco ピックアップ
フルーティで飲みやすいビールは女子人気高し！

メイド・イン・グアムのグアムビール $2.59は、フレーバーがどんどん増加中。イチ押しはマンゴー味

活用法 **6**
今日の夜は
ホテルで部屋飲み★

アメリカ産、グアム産のビールやワイン、ウイスキーがスタンバイ。スパイシーなおつまみとともにホテルに帰れば、気の置けない友だちとの女子会スタートです。

ABCストアでは $100以上買うとマグカップやショッピングバッグなどから好きなものをひとつプレゼントしてくれます！

MACADAMIA NUTS
COVERED IN REAL MILK CHOCOLATE

GUAM

NET WT 2 $2.35

B グアムのエンブレムをまとったパッケージがかわいい♡マカダミアナッツチョコ

C ふんわりマシュマロをダークチョコレートでコーティング。悪魔のおいしさ $3.09

GUAM
Chocolate Covered Macadamia Nuts

$4.69

B 海の人気者、イルカが描かれたマカダミアナッツチョコ。グアムの思い出がよみがえります

C 各$3.19 グアムのゆるキャラ、グアムに恋したかわいい怪獣"グマモン"のフレーバーチョコ

C $3.59 ピリッとスパイシーな唐辛子入りチョコ。お手軽価格でおみやげにぴったり

American Chocolate
MADE IN GUAM
GUAM Spic

CHOCOLATE

食物繊維たっぷりで風味豊かなアーモンドがぎっしり D
GUAM MADE IN GUAM $3.05

E たっぷりのミルクチョコでマシュマロとマカデミアナッツをくるんでいます。食感の違いを楽しんで $18

Coco-Jo's
Milk Chocolate Covered Marshmallow & Macadamia

MADE IN GUAM

目印はこのプロダクトシール

American Chocolate Factory
GUAM
MADE IN GUAM

アンチエイジング効果に注目。ピーカンナッツ D
$3.49

American Chocolate Factory
GUAM Pecans MADE IN GUAM
Pecans Dark Chocolate

American Chocolate Factory
GUAM MADE IN GUAM
$3.69

アメリカン・チョコレート・ファクトリーのチョコレートは、フレーバーがいっぱい。ヘーゼルナッツ味

$3.29
甘酸っぱいクランベリーは美肌効果に期待！
GUAM MADE IN GUAM D

American Chocolate Factory
GUAM MADE IN GUAM
$3.49
甘い口当たりのカシューナッツ D

グアムでしか

Made in

おいしい♥

グアムのご当地
グアムでしかゲットでき
誰にでも喜んで
メイド・イン・グア
上のプロダクトシール
目印に

ご当地限定パケもCHECK！
Tギャラリア グアム by DFSでは、定番みやげにご当地限定のパケを用意。手に入るのはTギャラリア グアム by DFSのみ！

仲のいいお友だちへのおみやげに。ゴディバの小箱3個セット$24 E
GODIVA

かわいくておいしいホノルルクッキーにグアム・サイパン・パラオ限定パッケージが！ $18

$14.39
Guam Chocolate
Chamorro Host
MADE IN GUAM

グアム・チョコレート&ペイストリー（→P.158）の工房で手作りされている絶品チョコ。3箱パック D

ロングセラー

TUNA JERKY

ツナのジャーキーだから日本持ち込みOK！左はスパイシーな照り焼き味

PREMIUM TUNA
GUAM TUNA JERKY
SPICY TERIYAKI

各$9.99 A

PREMIUM TUNA
THE HEALTHY SNACK!
GUAM TUNA JERKY
TERIYAKI FLAVOR

ビーフジャーキーは動物検疫を受けないといけないけれど、ツナなら不要！部屋飲みのおともにも活躍してます。（エディターK）

グアム伝統スイーツのグズリアがおいしい！ 素朴な甘さにハマります。（東京都 K）

OTHERS

A グアムの唐辛子、ドニを使ったウマ辛ソース。カレーやスープに加えてみて！
$8.95

C ココナッツの炭や唐辛子など、料理のアクセントになる味付きシーソルトのアソート
$31.49

arucoスタッフ
お気に入り
TASIとは現地の言葉で"海"の意味。オシャレなパッケージで料理好きの友達に喜ばれそう。（ライターF）

$6.75

B

Mango Chocolate
Made with Real Island Mango
Village Market
Approx. Net Wt 4.5 oz. (128g)

$7.99 **C**
甘酸っぱいドライマンゴーにチョコをディップした魅惑のお菓子

C グアムらしい南国フルーツ、マンゴーのひと口ケーキ。ほかにパイナップル味も
$12.49

MADE IN GUAM
$4.99 **B**
チョコレートをかけたゴマ入りビスケット。ミルキーなホワイトチョコとビターなダークチョコ、どっちが好き？

A グアム名産の唐辛子を用いたピリ辛のクッキー。パッケージもかわいい♡
$5.99

COCO-JO'S Coconut Deluxe Coconut Macadamia Chocolate Cookies
フレーバーが豊富で定番人気のココジョーズ・クッキー

手に入らない！
Guamの おみやげ

名物ってなあに？ないグルメみやげなら、もらえそう！…ムのおみやげには…が貼られているから、…してね！

ロングセラー

ココナッツの甘い香り

TITA'S GUGURIA SELECT
$3.95 **B**
日本のかりんとうのような食感のグアム伝統菓子、グズリア

COOKIE & BISCUIT

クッキーもパッケージもラッテストーン★ 形だけでグアムをアピールする。4つのフレーバー入りラッテストーンクッキー

B **$24**
aruco スタッフ お気に入り
サクサクッとした歯触りで、ぺろりといけちゃうおいしさ。見た目にもインパクトがあり、おみやげに好評です♪

Latte Stone Cookies

ロングセラー

THE ORIGINAL CHAMORRO CHIP COOKIES Chocolate Chip Chocolate Chip
MADE IN GUAM, U.S.A. NET WT. 8 OZ.

CHAMORRO CHIP COOKIES Macadamia Nut and Chocolate Chip
MADE IN GUAM, U.S.A. NET WT. 8 OZ.
素朴なパッケージがいい感じ。小ぶりで軽い歯ごたえのあるチャモロクッキー
各**$7.50**

CHAMORRO COOKIES
C **$8.99**
甘塩っぱいチャモロクッキーを、一つひとつダークチョコにディップ。10個入り

A おみやげ選びに迷わない ABCストア
ABC Stores
人気アイテムを厳選しているので時間がないときにサッと選んでも失敗なし。ABCらしいお得なまとめ買いパッケージは、当然グアム産みやげにも設定されています。
DATA… →P.120

B チョコの品揃えは島内一 JPスーパーストア
JP Superstore
味と見た目にこだわったチョコレートがズラリ。その品揃えはグアム一とも噂されます。もちろんグアム産も！そのほか南国味のおみやげも揃っています。
DATA… →P.104

C セット売りが充実！ Kマート
K mart
店内の一角にあるツーリストに人気のおみやげエリアには、チョコやクッキーなどお得なパック売り商品がいっぱい。まとめ買いでバラせばおみやげ代が抑えられる！
DATA… →P.99

D うれしいローカルプライス ペイレス・スーパーマーケット
PAY-Less SUPERMARKETS
グアム島内に9店舗ある大型マーケット。地元の人たちが日常的に利用しているから、メイド・イン・グアムの食用品は底値の場合が多い。専用コーナーを要チェック。
DATA… →P.119

E 限定パッケージも Tギャラリア グアム by DFS
T GALLERIA GUAM by DFS
狙いはクッキーやチョコレートの限定パッケージ。高級感あふれるTギャラリアですが、まとめ買い割引もあって実はお得。
DATA… →P.100

おうちBeauty最強
レアコスメでキレイ

南国フルーツを使った自然派コスメ
レアコスメがずら〜り！　日本

$13.95

シャワーあとの肌に素早く浸透して肌を潤すボディローション A

$18

ロングセラーになっているカミールベックマンのハンドクリーム。リッチな使用感で官能的な香り B

aruco スタッフおすすめ
甘いオーキッドバニラが全身を包み込み、心も体もリッチな気分になります。（ライターF）

$16.95

ツヤツヤボディになれます

カミールベックマンのバブルバス。バラの香りの泡に癒やされながら至福のバスタイムを過ごして B

$10.50

ベタベタせずにスーッと肌になじむラリシャスのボディバター、シュガーキス G

アロエが肌に栄養補給しながらさっぱりした感触を与えてくれるボディミスト。携帯にも A

$27

猫っ毛でも髪がからまることなくスムーズにブラッシング。サラサラにまとまります C

$5.89

ホホバの種子が入っていて優しく角質をオフ。クシオのボディバターウオッシュ D

aruco スタッフおすすめ
クシオの製品で肌がしっとり。いろいろな香りがあるけれど、狙いは女子力アップのザクロ。（カメラマンO）

$30.95

重過ぎず伸びのよい使用感で肌を保湿するテラノバのボディバター。ふんわり甘い香りのチューベローズ B

バスタイムが楽しくなるバスボム。シアバターやシーソルト配合でお風呂上がりもなめらか肌に

$5.50

$12.99

CUCCIO
pomegranate & fig
HYDRATING BODY BUTTER WASH

肌にのせるとすーっとしみこむ美容オイル。90粒。ザクロとアプリコット、どっちも欲しい！

各 $12

$18.50

各 $5

ミラクル・コンプレクション・メイクアップ・スポンジ D

肌のあらゆるトラブルを抑制するといわれるダカオオイル。スパイシーな香りのダカオ100%と、ラベンダー5%配合のオイルがあります C

$29

DAOK OIL
Skin Care

メイド・イン・グアム

DAOK OIL

くすみをオフ、しっとり洗い上げて肌の状態を整える、洗顔のためのグアム産ソープ F

$9.99

aruco スタッフおすすめ
ラウンド、平ら、先端を使い分ければ、ミラクルな仕上がり！（ライターO）

すーっと唇になじむリップバーム。南国らしい香りで癒やし効果も期待できます

メイド・イン・グアム

各 $11

パンピーン限定

A ハワイ産の自然素材を使っています♥	B ナチュラル系コスメに夢中★	C プチプラ・コスメならおまかせ♥
ラニカイ バスアンドボディ LANIKAI BATH and BODY	**アップルウッズ** APPLE WOODS	**シュガー・クッキー・ネイルズ&コスメティックス** Sugar Cookie Nails & Cosmetics
店内にはプルメリアやココナッツ、マンゴーなどを使ったバス＆ボディケア用品がいっぱい。心地よい香りに癒やされる♪	テラノバやカミールベックマンがイチ押し！バラマキみやげにぴったりのアイテムも見つかります。パッケージのかわいさも優秀♥	人気のO・P・Iをはじめ、日本未入荷ブランドもスタンバイ♪ グアム産の石鹸やココナッツオイルも狙い目。
Map 別冊P.21　タモン	Map 別冊P.21　タモン	Map 別冊P.20　タモン
ホテル・ロード北部、ザ・プラザ、プラザ・ノースSLF ☎989-9009 ⏰10:00〜23:00 無休 Card D.J.M.V. URL lanikaibathandbody.com	ホテル・ロード北部、ザ・プラザ、プラザ・ノースSL ☎647-4498 ⏰10:00〜23:00 無休 Card D.J.M.V.	ホテル・ロード北部、ザ・プラザ、プラザ・ノースLL ☎649-3546 ⏰10:00〜23:00 年中無休 Card A.D.J.M.V. URL sugarcookieguam.wordpress.com

シュガー・クッキーのグアムメイド・アイテムは甘過ぎない香りがグッド。おみやげにも喜ばれました。（宮崎県　はる）

Natural Skin Care
PLUMERIA BALM
WITH VITAMIN E

メイド・イン・グアム

$8.95

肌の乾燥をピタッと抑えるプルメリアバーム。いつも持ち歩いてこまめにケアして **C**

aruco スタッフおすすめ
ふわふわのホイップ状だから、肌にすぐなじんでくれて使いやすい！手放せません。（カメラマンO）

FHF FARMHOUSE FRESH Marshmallow Melt SHEA BUTTER HAND CREAM

$16

乾燥した手と爪に潤いを与えるファームハウスフレッシュのハンドクリーム **B**

TOCCA

$16

ココナッツオイルやシアバター配合で、かさつく手指がみずみずしく。さわやかで甘い香りにも癒やされる♥ **E**

全米で話題

KERABOND Technology
KERATHERAPY
KERATIN INFUSED DEEP CONDITIONING MASQUE

$26.99

レアコスメでキレイを手に入れる♪

全米で話題のケラチントリートメントをおうちで！ケラセラピーのヘアマスク **C**

ヨーグルトとローズヒップの成分をたっぷり配合したドールフェイスのオールインワンクリーム。これさえあれば怖い物なし ★ **C**

lavido
Replenishing Facial Serum

$62

グアムではシュガー・クッキーでしか手に入らないラヴィド。アンチエイジング向きのフェイシャルセラム **C**

シュガークッキー限定

DOLL FACE

$49

甘くていい香り♪

ラインアップ☆を手に入れる♪

や、モデルやセレブに人気の未発売も見逃さないで♪

$10

ココナッツ60個を使って、ようやくペットボトル半分取れるという貴重なバージンココナッツオイル。グアム南部に住むおばあちゃんが作る、南の魔女のココナッツオイル **F**

プルメリアを詰め込んだメイド・イン・グアムのMCTオイル。癒やしの香りに包まれながらお手入れを **F**

aruco スタッフおすすめ
ヘチマの繊維が角質を穏やかに取り除きながらお肌をスベスベにしてくれます！（ライターO）

Fresh Pineapple Loofah Soap

$9.99

トロピカルないい香りがあふれ出す天然ヘチマ付きソープ **A**

HERBS KULA HERBS EXCELLENT SOAP

ハワイ生まれの手作りソープ、クラハーブス。南国らしい香りを揃えたお得なセットです **E**

aruco スタッフおすすめ
古い角質を除去する同スクラブ$28とセットで使うとより効果を感じられます。（エディターK）

my lip slips

$28

テッパン人気のサラハップのリップバーム **G**

各 $14

$8.50

肌をツルツルにしてくれる良質ミネラルたっぷりのハワイアンバスソルト。ボックス入りはおみやげに大人気 **A**

グアバの香り♥

$3.95

Guava

天然シアバター配合でとても潤うリップクリーム。人気NO.1のグアバの香りのほかマンゴー、パイナップルなども **A**

$28.95

さらさらと軽いテラノバのボディローション。ホワイトジンジャーの香りがさわやか **B**

TERRANOVA White Ginger

毎日のお手入れにプラスして

D グアムでクシオを手に入れるなら
ナチュラル バイ ニナ
NATURAL by NINA

クシオのボディクリームは小型のジャーもあり、まとめ買いする人が多数！ O・P・IやCND、グレースコールも充実。

Map 別冊P.23 タムニング

🏠グアム・プレミア・アウトレット内 ☎989-3300
🕙10:00～21:00 📅12/25
💳A.D.J.M.V.

E 世界の話題コスメを探すなら！
JPスーパーストア JP Superstore
DATA →P.104

F グアム産レアコスメが手に入る
バンビーノ Bambino
DATA →P.112

G セレブに人気のコスメなら
ジャバニ・ビューティ Javani Beauty
DATA →P.107

商品によってはテスターもあるので、つけ心地や香りを確かめてみて。

125

月の満ち欠けによって異なるアプローチ！
タモンベイ ムーンリチュールで
ココロとカラダをデトックス♡

「タモンベイ ムーンリチュール」は月の満ち欠けのパワーを
メソッドに取り入れた「ニュームーン」と「フルムーン」のふたつの
コースがあります。月の状態に合わせてコースを選べば、より効果が
期待できるそう！ ここでは「ニュームーンリチュール」をご紹介。

1 海草成分配合の スクラブで お肌すべすべ

肌を清潔にする海草とデトックス効果もある緑茶スクラブが、日焼けした肌を優しく癒やしてくれる

1. 自然成分をブレンドしたアロマオイル。4種類から好きな香りを選べる 2. 海草をメインにしたフランス産アルゴテルムなどナチュラル素材のプロダクトを使用 3. 石をくり抜いたバスタブのあるガーデンバス付きの部屋 4. 90分以上のコースではトリートメントの前にジャクジー風呂やミストサウナでゆっくり過ごせる 5. カップル用のルームもある

Map 別冊P.13-C2 タモン

♠タモン北部のオン・ザ・ビーチ、デュシタニ グアムリゾート内 ☎648-8000（ホテル代表）♟要
⏰10:00〜22:00 ⚅年中無休 Card A.D.J.M.V.
✉送迎あり URL www.devaranaspa.com

ニュームーン リチュールって何？

体の不要物の排出に適するという、月の欠ける時期にぴったりなトリートメント。ボディスクラブでクレンジングし、ボディラップで体の中の毒素を排出しながら潤いを補給。リンパの流れを促す贅沢な全身ケア。180分／$320。

＊水分によるむくみを解消
＊日焼けした肌を癒やし、肌のトーンを整える
＊代謝機能の活性化と全身解毒作用が
　期待できる

夢見心地の気分〜

非日常の扉を開けて至福の時間を
テワラン スパ DEVARANA SPA

「天国の庭園」をコンセプトに心も体もリフレッシュされ優雅なひとときを過ごせる高級スパ。現代タイ様式で統一されたインテリアに囲まれて、日常のストレスから一気に解放されそう。テラピストはバンコクから招集し、トリートメントはタイベースに東洋と西洋の技法を融合。日頃の疲れをじっくり癒やして！

テワラン スパは最高級リゾートのデュシタニ グアム リゾート内にあるだけあって、セレブ感を味わえます！（大阪府　ゆず）

3 程よい手の力で 全身をマッサージ

スリミングオイルを滑らせながらリンパの流れを促して老廃物を流す。その後はボディラインに沿ったマッサージで全身すっきり！

ココロとカラダをデトックス♡

2 海藻とカフェインの スリミングラップ

コーヒーのアロマに包まれる全身ラップ。海藻ミネラルが血管とリンパ液の流れを整えて、ヨウ素が解毒作用を促進。体重が減ったらうれしい〜

海藻から抽出した
エッセンシャルオイルとコーヒー成分を配合

4 クールダウンで 美の仕上げ

施術やお風呂のあとは空気を浄化するヒマラヤのピンクソルトをインテリアにしたリラクセーションルームでクールダウン

タイの"Bale"茶で
水分補給と
デトックス

フルムーン
リチュールコースには
フェイシャルも

体の吸収力が高まるという、月が満ちる時期にぴったりなのがフェイシャルケア。アンチエイジング効果の高いバラとジャスミンのオイルを浸透させ、お肌を生きいきとよみがえらせる。

トップクラスの
マッサージを
ぜひ体験して
ください

ほかには
こんなトリートメントがおすすめ
menu

♦ **タモンベイ ムーンリチュール（フルムーン リチュール）**
180分／$320
ボディスクラブ、アーユルヴェーダ伝統のマッサージ、贅沢オイルを使ったフェイシャルのコース。

♦ **チャモロ インスパイア マッサージ**
90分／$160
ヘッドマッサージからスタートし、体の緊張をほぐしながら体内の血栓および気泡を減少させる。

♦ **テワラン マッサージ**
90分／$190〜
タイ式、アーユルヴェーダ、スエーデン式など5種類の技法をひとつにまとめた人気のマッサージ。

♦ **サーモ マリン ＆ サケ フェイシャル**
90分／$180
日本酒を使ったアンチエイジング＆ホワイトニングのフェイシャル。活性効果と保湿効果で輝く肌に。

♦ **テワラン タッチ オブ ヘブン**
150分／$270〜
60分のフェイシャルと90分のボディマッサージ。全身リラックスできる一番人気のトリートメント。

連日受けられる充実スパ

好みのスクラブやマッサージを選んで数日間にわたって行うデイリー・サンクチュアリ2日間／$345〜、カップルで数日間受けられるカップル・ハイダウェイ2日間／$910〜(2名)〜などの贅沢なプログラムもある。

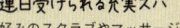

ホテルスパは夜遅くまで営業しているところが多いので、予定に組み込んでみて!

127

アーユルヴェーダからタイ式、バリニーズまで！

グアムなら、雰囲気もサービスも抜群な高級リゾートのホテルスパで、極上エステを気軽に体験できちゃう♪

ホテル直営ならではのきめ細かいサービスと技術

アイランド セレナ
Island Sirena

エステティシャン全員がコスメトロジスト（美容ライセンス）の有資格者で、プロのテクニックを堪能できるハンドマッサージで評判。言葉の心配がないよう、施術中も日本人スタッフがスタンバイしているのもうれしい♪

Map 別冊P.13-C2　タモン

⌂ホテル・ロード北部、ハイアット リージェンシー グアム内　☎647-4245　要　⏰10:00～22:00　年中無休　Card A.D.J.M.V.　送迎あり

どの国がいいかしら

繊細なマッサージに癒やされる♪

世界のエステ
安心の自然派コスメ

フェイシャルは安心できる、無香料無着色の日本製コスメとニューヨークセレブに人気のジュンジェイコブスを使用。グアム在住の日本人女性にも大好評

おすすめお手頃メニュー

スパスイート（エナジー）……	$210／120分
セレナマッサージ……	$100／60分
フェイシャルモイスチャー……	$100／60分
タラソセラピー……	$120／60分
コンビ……	$170／90分

1.海を望めるルームも　2.タルゴ海藻マスクやローズクリームマスクでお肌をふっくらなめらかに　3.海藻ミネラル使用のデトックス海洋療法ですっきりスリムに

世界のエステ
アーユルヴェーダ

薬草やスパイスを混ぜたオイルを額に垂らすシロダーラ。使用するオイルはインドの病院でも実際に使われているもの

バリ式を中心にバリエ豊かなトリートメント

スパ・バリ
Spa Bali

本格的なバリ式マッサージを堪能できるだけでなく、インド発祥のアーユルヴェーダやハワイ式、ホットストーンマッサージにチョコレート施術など、さまざまなトリートメントを体験できちゃう♪　指圧、フットも用意。

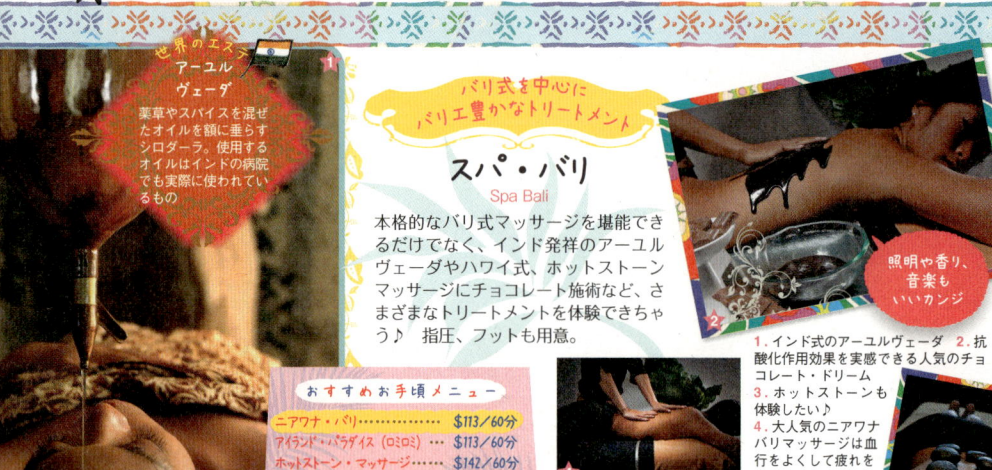

照明や香り、音楽もいいカンジ

おすすめお手頃メニュー

ニアワナ・バリ……	$113／60分
アイランド・パラダイス（ロミロミ）	$113／60分
ホットストーン・マッサージ…	$142／60分
アーユルヴェディックマッサージ アンド シロダラ……	$194／120分
フット・マッサージ……	$113／60分

Map 別冊P.13-D2　タモン

⌂ホテル・ロード北部、グアムプラザ リゾート&スパ内Gフロア　☎649-4772　要　⏰9:00～21:00　年中無休　Card D.J.M.V.　送迎あり

1.インド式のアーユルヴェーダ　2.抗酸化作用効果を実感できる人気のチョコレート・ドリーム　3.ホットストーンも体験したい♪　4.大人気のニアワナバリマッサージは血行をよくして疲れをとる

海を眺められるトリートメントルームはリラックス度満点♪　アイランド セレナで体感しました。（滋賀県　みく）

ホテルスパで世界の極上エステにうっとり♥

ココロもカラダもとろけちゃいそうな世界各地のスゴ技をぜひ試してみて！

エナジーバランスを整え ストレスから心身をリセット

スパ アユアラン ヒルトン店
SPA ayualam

グアムだからこそのリゾートスパを味わえる人気店。高い技術とグアムの南国ホスピタリティが癒合し、至上のホテルスパが体験できる♪ 昼間はラウンジからタモン湾が一望でき、SNS映え間違いなし。ホテルニッコーグアムにも店舗あり。

Map 別冊P.12-A2 タモン

🏨ホテル・ロード南部、ヒルトン グアム リゾート＆スパ内 ☎646-5378（要予約）🕙10:00〜22:00 🈳年中無休 Card A.J.M.V. 🚗送迎あり URL www.hilton-guam.com/spa

世界のエステ
バリニーズ

人気の各種ラグジュアリーパッケージでは、強めの圧で硬くなったコリをほぐしてくれるバリ式のバリニーズマッサージを体験できる♪

ハーブの香りに癒やされるわ

おすすめお手頃メニュー

アユアラン・リラクゼーション
‥‥‥$120 / $160／60分・90分

フットリカバリー	$60	40分
パワーツリー	$120	60分
ラグジュアリーヘッドスパ	$150	90分
ラグジュアリー210分	$310	210分
プレミアカップルスパ	$300(2名)／90分	

1. 手技や白樺スティックで体の深部にアプローチ
2. 老廃物の排泄を促すハーブテント
3. マッサージのあとはハーブティーでリラックス

うっとりするほど極上のひとときを過ごせます

タイのワザで 女子力に磨きをかけてもらお★

アンサナ・スパ
Angsana Spa

世界中のリゾートホテルで展開するタイ式高級スパ。はちみつや花、フルーツなど自然の力を使ったシグネチャーマッサージのアンサナ$125は、体のツボを刺激して、内に秘める"気"を活性化してくれるそう。

Map 別冊P.10-A2 タムニング

🏨シェラトン・ラグーナ・グアム・リゾート内 ☎646-2222（要予約）🕙10:00〜23:00 🈳年中無休 Card A.D.J.M.V. 🚗送迎あり URL www.angsanaspa.com

世界のエステ
タイ式

植物のパワーと伝統療法を取り入れた本格タイ式テラピーが好評。東洋と西洋の技術を融合させたホリスティックなアプローチが特徴

1. 癒やしのパワーに満ちたデラックス・トリートメント・ルーム 2. 落ち着いて過ごせるシングル・トリートメント・ルーム 3. オートミールやハニーの力で女子力UP

おすすめお手頃メニュー

ヴァイタリティ・スターター	$220	120分
ピュリファイ・タッチ	$220	120分
ヘッド&ショルダー	$80	30分
フット・ルース	$80	30分
アンサナ	$125	60分
フュージョン	$125	60分

スパのなかには、友達やカレと一緒に施術を受けられるお部屋を用意しているところも。

arucoスタッフのリアル買いアイテム②
「ロス・ドレス・フォー・レス大好き☆」

朝早くから夜遅くまでローカルでにぎわう激安ショッピングスポット。
取材スタッフも仕事のあとに夜な夜な通ってます☆

ふわふわタオルをゲット

毛足の長い上質なタオルがアンダー＄10！ 大判バスタオルも＄20以下で手に入ります。ちょっぴりかさばりますが自宅でホテルライクなタオルを使えます♡（ライターH）

上質なクリスタルがキラリ★ Joan vassのピアス ＄12→＄5.99

アイシャドー、ブレンダー、チークブラシのセット。ハンドルのビーズでテンションアップ！ ＄6.99→＄4.99

いくつも揃えて並べたいかも。仔牛のミルク入れ ＄5→＄2.99

しわになりにくいミニワンピだからヘビロテ必至。旅行にもぴったり。 ＄29→＄13.99

猫の王様マグカップで1日をはじめてみて。電子レンジOK。 ＄5→＄2.99

憧れのダブルサイズ枕！

海外ドラマでよく見るダブルサイズの枕。日本ではなかなか手に入らない憧れの枕で、思い切ってカバーとともに買っちゃいました。軽いのでバッグに押し込めばOK！（カメラマンN）

顔をぱっと明るく見せるストール。刺繍とビーズがポイント。 ＄14→＄8.99

魅力的なキッチン雑貨

存在感たっぷりの大皿やカラフルな食器セット、日本では見かけないかわいい調味料入れやアイデアグッズなど、キッチン雑貨は掘り出し物と出合う確率大。（エディターK）

ドレスに見えますが、ショートパンツで元気にはしゃげます。 ＄19.97→＄9.99

重ねて収納できるのが便利。カラフルでサッと欲しいサイズを選べます。計量カップ ＄3.99

ビーズの刺繍がステキ。フォトフレーム ＄12→＄6.99。4×6サイズなのでポストカードやイラストを入れてもいいかも

グアムの必需品、サングラスだって激安。＄3.99

ワンピやTシャツをじっくり探して

アパレルはサイズも種類も豊富。アウトレットよりも安いので、流行のデザインにも気軽に挑戦できます。ベビー用ウエアも多いので、友だちへのギフト探しにも★（ライターF）

掘り出し物がたっぷり
ブランド品も驚きプライス！
ロス・ドレス・フォー・レス
ROSS DRESS FOR LESS

ローカルが愛する激安店でレジでは行列必至。ドレスやシューズ、アクセサリー、バス＆キッチン雑貨……毎日使うものが何でも揃います。しかもブランド品も驚きのロープライス！ 時間の許すかぎり、じっくり探して。

Map 別冊P.23 タムニング

⌂ グアム・プレミア・アウトレット内
☎ 647-7677 ⏰ 6:00〜翌1:30
⊗ 12/25 Card A.J.M.V.
URL www.rossstores.com

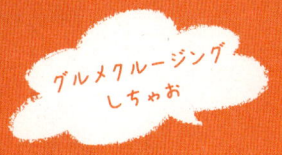

ワガママ女子をうならせる♪ 美食の島☆グアムの おいしいものたち

いろいろな国の文化がミックスしているグアムでは、
グルメハンターもご満悦のおいしいものがいっぱい♪
そうそう、別バラのスイーツだって、グアム限定を要チェック！
たくさん遊んで、おなかをすかせてから出かけなきゃ♡

Macadamia nut Pancake

マカダミアナッツ・パンケーキ $8.39

Close up!

1位

たっぷりナッツが香ばしい！ バター風味とベストマッチ♥（ライターO）

ほんのり塩気のあるパンケーキ生地とたっぷりのマカダミアナッツのマリアージュ♥

ハワイで人気のふわふわパンケーキ

16:00～が入店しやすいの

エッグスン・シングス Eggs'n Things

日本でもパンケーキブームを巻き起こした人気店。薄めで軽～いパンケーキは、たっぷりのクリームをつけながらべろっと食べちゃえます。グアム限定グッズも要チェック！

Map 別冊P.13-D2　タモン

🏠ホテル・ロード北部、JPスーパーストア正面
📞648-3447　🕐7:00～14:00、16:00～23:00　🗓年中無休
💰B$10～　Card D.J.M.V.
🚫不要　🚗送迎なし
URL www.eggsnthingsjapan.com

Strawberry Pancake

ストロベリー味のパンケーキ $13

ストロベリーにホイップクリームとマカダミアナッツの押しも押されぬ王道のパンケーキ♥

ふわふわホイップの量に圧倒されますが、イチゴの酸味が食欲を刺激するんです

ローカルの支持率ナンバー1！

キングス・レストラン Kings Restaurant

ローカルが口を揃えて「グアムNo.1のパンケーキ」といち押しするのがキングスのパンケーキ。その支持率はラムラム山よりも高く、ソウルフードともいうべき存在。

DATA → P.149

Close up!

チョコレート好きは必食！ビターなチョコ味とホイップクリームも好相性♥

グアム限定

生地にもチョコレートを練り込んだビターで濃厚なパンケーキ

Chocolate Pancake

チョコレート・パンケーキ $10.39

---

aruco調査隊が行く!!③

●WE パン

南国ならではの素材もた～っぷり

グアムでは日本でブーム老若男女に愛され続南国ならではの素材バリエーション

Ube Pancake

ウベ・パンケーキ $10.50

Close up!

2位

グアムでは珍しい厚みのある、ふわ＆もち生地。まったりしたウベクリームで、パクパク食べられます（ライターO）

素朴な味わいのウベ（ムラサキイモ）のクリームを挟んでおなかも満足

グアム限定

Close up!

厚みのあるパンケーキを重ねたボリューム満点のココナッツクリームの甘い香りにうっとり

Coconuts Pancake

ココナッツ・パンケーキ $10.50

ココナッツ風味のクリームがたっぷり

モチモチのパンケーキがラブリー

ルーツ ヒルズ グリルハウス ROOTZ HILL'S GRILLHOUSE

人気グリルレストランですが、朝は南国フレーバーのふわふわパンケーキを楽しめます。朝寝坊をした日はお隣のカフェ・アット・ルーツでいただけるので安心♡

Map 別冊P.13-D2　タモン

🏠ホテル・ロード北部、グアム プラザリゾート＆スパ1F　📞646-7803/649-7760
🕐6:30～10:30、11:30～14:00（日曜11:00～）、18:00～21:30（カフェアットルーツは6:30～22:00）
🗓年中無休　🚗送迎なし　Card A.D.J.M.V.　URL www.guamplaza.com

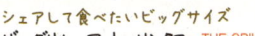

シェアして食べたいビッグサイズ
ザ・グリル・アット・サンタフェ THE GRILLE AT SANTA FE

オーシャンフロントに立つレストランでロケーションも最高。ブレックファストメニューで食べられるパンケーキはプレーンのワンタイプ。ボリュームがあって大満足！

DATA→P.56

Primo's Pancakes
プリモズ・パンケーキ $9.75

お好みでブルーベリーとバタークリームでアクセントを♪

Close up!

4枚重ねでかなり大きめなから、空気をしっかり含んでいてしっとりふわふわ

ちょっと食べたいときのワンプレート
デニーズ Denny's

ローカルが愛用するファミレスはボリュームのある料理でおなかを満たしたあともお楽しみが続きます。甘いデザートも$2〜のプチプラでパンケーキをどうぞ。

DATA→P.149

薄くライトに焼かれたパンケーキだけれど、バターミルクの香りがリッチ

Silver Doller Pancakes
シルバーダラーパンケーキ $2

ウオームシロップをたっぷりかけて召し上がれ♪

Strawberry Cream Pancake
ストロベリークリームパンケーキ $14.95

3位

チョコレートソースはブラック＆ホワイトチョコレートの2種類を使用

Close up!

シロップ漬けではなく、フレッシュなイチゴを使っているから、甘さ控えめです（ライターF）

WE LOVE パンケーキ♥♥♥

LOVE ケーキ

になるずーっと前から**♥**けているパンケーキ。を使ったものなど、もいっぱいです！

グアム限定味も要チェック！

アメリカで大人気のファミレス
アイホップ IHOP

朝食に特化したレストランチェーンとして知られるアイホップの看板メニューは、アメリカ人がこよなく愛するパンケーキ。もちもちの生地が人気の秘密です。

DATA→P.134

2種類のチョコソースがたっぷり
ホノルル・コーヒー・カンパニー HONOLULU COFFEE COMPANY

日本でも人気のコーヒーショップですが、タモン・サンズ・プラザ店ではふわふわホットケーキがラインアップ。ストロベリーパンケーキがいち押しです。

DATA→P.154

Close up!

見た目のインパクトと違い優しい味です

生地にチーズケーキを練り込んだコクのあるパンケーキ

プレーン以外にも3種類の味が楽しめる♪
ザ・クラックド・エッグ the kracked egg

平日は14:00クローズなので午前中は混雑必至。プレーンのほか、欲張りさんにはチョコチップ、ブルーベリー、ベルベッドの3枚がセットになったホットケーキメドレー$10.95も。

Map 別冊P.13-C2 タモン

🏠ホテル・ロード中央部、タモン・サンズ・プラザの向かい ☎648-0881 🕐月〜金曜24:00〜14:00、土曜24時間営業、日曜17:00〜20:00 🈓年中無休 💰$8〜 Card D.J.M.V. 🈲不要 🚌送迎なし

New York Cheese Cake Pancake
ニューヨークチーズケーキパンケーキ $11

Close up!

チーズケーキの風味が口いっぱいに広がって♪ ストロベリーの酸味と絶妙にマッチ

Redvelvet
レッドベルベット $10.50

強烈な赤色に着色したベルベットケーキに相性抜群のクリームチーズをトッピング

キングスでは地元のおじいちゃんもパンケーキをおいしそうにほおばっています♪ 愛されてます！

ライトミールからガッツリ系まで！
グアムのおいしい朝ごはん♥

街歩きするならライトミール。海遊びをする日は、ガッツリ系。
おいしい朝ごはんで南の島の朝を元気にスタート！

グアムも"朝食"ブームです

CHECK!
サーモンとまったりソースがからみあう濃厚な味わい♪

EGGS BENEDICT

CHECK!
サーモンを載せたエッグベネディクトはちょっぴりスパイシーなチャモロ風

CHECK!
自家製オランデーズソースとポーチドエッグが口の中でとろける〜

カリカリのイングリッシュマフィンに載ったスパムがグアム流★ チャモロ・ベネディクト$11.50 D

グアム産のトマトと相性抜群♥ サーモンベネディクト$15 F

フランスパンの上にスモークサーモンと卵をオン。スモーキーな香りが利いたスモークサーモン・エッグベネディクト$15.99 B

CHECK!
軟らかいイングリッシュマフィンにベーコン、とろ〜リポーチドエッグとオランデーズソースが絶妙にマッチ

ハーブを利かせたポテトフライ付き。エッグベネディクト$11.95 I

OATMEAL

CHECK!
温かくて栄養価もばっちり

アメリカの朝食の定番オートミールに角切りリンゴとレーズンをトッピング。$2.85 G

OMLET

CHECK!
ライスかトーストをチョイスできます

卵をたっぷり3個使ったオムレツの中にはハム、オニオン、ピーマンなどがぎっしり。ザ・デンバー・オムレット$11.95 D

A

グアム生まれのファミレス
シャーリーズ・コーヒー・ショップ
Shirley's COFFEE SHOP

アメリカンメニューをはじめ、チャモロやアジアンなど種類が豊富。朝食はオムレツやソーセージなど好みでセットアップできるコンビネーションがメイン。

Map 別冊P.10-A2　タムニング

🏠オンワード・ビーチ・リゾート並び　☎649-6622　🕐6:30〜22:30、金・土曜〜24:00　🈳年中無休　🅿L$10〜、DS20〜、DS20〜　Card J.M.V.
🈵不要　🚐送迎なし
URL www.shirleysguam.com

B

タモン地区の人気カジュアルダイニング
イート・ストリート・グリル
Eat Street Grill

朝食メニューはロコモコやアサイーボウル、エッグベネディクトが人気。ホテル・ロード沿いには南国の風を感じながら食事を楽しめるテラス席があります。

Map 別冊P.21　タモン

🏠ザ・プラザ、プラザ・サウス、ストリートレベル　☎989-7327　🕐7:30〜22:00、金・土曜〜23:00　🈳年中無休　🅿L$10〜、DS $11.99〜　Card A.D.J.M.V.　🚐送迎なし
URL www.facebook.com/EatStreetGrill

C

アメリカンな朝食がずらり
アイホップ
IHOP

朝食メニューが自慢のレストランだから、アメリカの定番朝ご飯をはじめ、バリエーションが豊富。朝ごはんに迷ったら、ここへ直行！

Map 別冊P.10-B3　タムニング

🏠グアム・プレミア・アウトレット敷地内　☎969-4467　🕐6:00〜22:00　🈳12/25　🅿LDS $3.99〜　Card A.D.J.M.V.　🈵不要　🚐送迎なし
URL www.ihop.com

D

DATA →P.133

オシャレな朝食メニューがいろいろ♪
ザ・クラックド・エッグ
the kracked egg

早起きしてお散歩がてらに立ち寄りたいカフェ。がっつり食べたい人にはアイランドスタイルも。

E

DATA →P.149

バリュー価格でお得！
デニーズ
Denny's

パンケーキ、サンドイッチ、フライドライスなど$2〜8でカテゴライズされたバリューメニューが豊富。軽めに食べたい朝食にぴったり！

🔻ピカズ・カフェのエッグベネディクトがおいしかった〜。フレンチトーストはキングスもおすすめ。（静岡県　わかな）

LOCAL STYLE ローカルスタイル

CHECK!
ローカルスタイルの不動の位

さっぱり味のフライドライスに、パンチの利いたチャモロ・ソーセージと目玉焼きをオン。黄身を崩しながら食べて。フライド・ライス・アラ $11.30 **H**

グレイビーソースがたっぷりのロコモコ $14.99 **B**

CHECK!
ピリッと辛いグアムならではの味が◎

シロップをかけた甘いパンケーキのアクセントに卵、ベーコン、ソーセージの塩味がグッド。バリュースラム $4 **E**

CHECK!
卵はスクランブルエッグにもチェンジできます

CHECK!
+$2でトーストをフライドライスに変更可 **A**

スパイシーコンボソーセージとローカル食材のコンビーフハッシュの組み合わせ。チャモロソーセージ&コーンビーフハッシュと卵料理2種 $10.95

グアムのおいしい朝ごはん♥

FRENCH TOAST フレンチトースト

CHECK!
フルーツコンポートのトッピング、スパムやベーコンなどが付くメニューも

CHECK!
時間を節約したいときに、すぐ食べられてグッド♥

100%ビーフのソーセージに、オニオンリングを載せたホットドッグ・ロード・オブ・ザ・リング $10.99。名づけの妙！ **J**

CHECK!
自家製チリとチーズがたっぷり♪

チェダーチーズ、オニオンを挟んだちょっぴりスパイシーなチリ・チーズ・ドッグ $12.99 **D**

HOT DOG ホットドッグ

CHECK!
スパイシーな特製サルサがほどよいアクセントに

ベーコンとチェダーチーズ、シュレッドハム、玉ネギ、ソーセージがギッシリ詰まったコロラド・オムレツ $17 **J**

ピリ辛マスタードソースとアボカドディップが絶妙♥カリフォルニアドッグ $11.99 **J**

甘いシロップを思いきり浸して食べたいクラシック・フレンチトースト $7.95

CHECK!
バナナのトッピングは+$4。絶対おすすめ

ふわふわのカルーア・フレンチトースト $9。メイプルとココナッツのシロップをたっぷりかけて

CHECK!
アボカドディップがたっぷり入ってクリーミー **J**

卵がたっぷりでふわふわ。ブルーベリー・クリームチーズ・フレンチトースト $14.99

CHECK!
バナナとイチゴのコンポートにうっとり **B**

F　DATA→P.138

カリフォルニアの風を感じるチャモロ料理
ピカズ・カフェ
Pika's Cafe
カリフォルニアで料理を学んだオーナーの味はグアムで大評判。カルーア風味のフレンチトーストも絶品★

G　DATA→P.148

朝マックもご当地メニューがいろいろ
マクドナルド　McDonald's
スパム&卵にご飯が付くローカルメニューはボリュームがあって大満足だけれど、美容と健康に気を使う女子はオートミールもオススメ。

H　DATA→P.149

甘辛いローカル料理が人気
キングス・レストラン
Kings Restaurant
皿からこぼれそうな量だから友達とシェアが正解。パンケーキとフライドライスが人気トップ2！

I　DATA→P.56

リゾート気分で優雅に朝食
ザ・グリル・アット・サンタフェ
THE GRILLE AT SANTA FE
海沿いに立つオープンデッキのテラス席で気持ちいい開放感。朝食メニューはパンケーキやオムレツ、ブリトーなど数種類を用意。

J

パンもパテも香ばしい
ホット・ディゲッティ・ドッグ＆バーガー
HOT DIGGETY DOG &BURGER
シンプルなホットドッグからボリューム満点のバーガーまで、おなかのすき具合に合わせて選んで。

Map 別冊P.21　タモン

🏠 ホテル・ロード北部、ザ・プラザ、プラザ・サウス、ストリートレベル
☎ 989-7327　⏰ 11:00～21:00、金・土曜～22:00
🗓 年中無休　💲 $9～
💳 A.D.J.M.V.　👔 不要　🚐 送迎なし

グアム2大フードコート 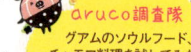 MM & GPO

買い物の合間はもちろん、ビーチや公園で食べてもおいしいプレートランチ。
人気モールのグアム2大フードコートには世界の味がスタンバイ♥

WIN

aruco調査隊
グアムのソウルフード、チャモロ料理を試してみたいならこのプレートがおすすめ。手軽に食べられて、コスパも最高!

山盛りのレッドライスに、パンシット、ルンピア、チキンBBQなど人気のおかずがたっぷり。チャモロの味を気軽に楽しめるプレート

グアム料理 VS ハワイ料理

こんがり焼かれた噛み応えのあるハンバーグに目玉焼きを2個も2個も。たっぷりかかった特製ソースはしつこくなく優しい味

MM ランビーズ **Rambie's**
フィエスタ・プレート $9.95

MM スー・アンド・ハワイ **SU N HAWAII**
ロコモコ $8.50

スイートチリやスパイシーマヨなど辛さの違うマグロ、サーモン、シュリンプと、好きな野菜をチョイス。ライスをサラダに替えてもOK

MM ヒバチサン **HIBACHI-SAN**
ポキ $10.50

鉄板焼 対決

GPO モンゴ・モンゴ **Mongo Mongo**
モンゴリアンBBQ(ポーク) $8.50

aruco調査隊
調味料を自分の好みで選んで味つけをオーダーできるので、モンゴ・モンゴがWIN!目の前で焼いてくれるパフォーマンスも楽しい

WIN

MM ヒバチサン **HIBACHI-SAN**
アンガスステーキの鉄板焼き $9.90

チキン、ビーフ、ポーク、シュリンプのなかからひとつと5種類の野菜&調味料をチョイス。焼きたて香ばしさがたまらない♥ ライス付き

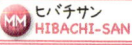

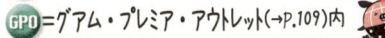

でお手軽プレートランチ対決!!

MM＝マイクロネシア・モール(→P.106)内
GPO＝グアム・プレミア・アウトレット(→P.109)内

フードコート→別冊P.26
全店を紹介!

グアム・プレミア・アウトレットのフードコートには13店、マイクロネシア・モールには20店のお店があります♪

うま辛

対決

aruco調査隊
唐辛子の辛味よりスパイスの辛味のほうが好きならこちら。最初に芳醇なコクが広がって、その後ほどよい辛さがやってきます

WIN

お手軽プレートランチ対決!!

GPO インペリアル・ガーデン
IMPERIAL GARDEN
牛肉の辛味スープ $12

めちゃ辛の中に奥深いうま味を感じるスープでスプーンが止まらない! 最後はライスを入れて一緒に食べるのがおすすめ。キムチ付き

MM シンズ・カフェ
SINGH'S CAFE
インディアン・チキンカレー
$6.99

じっくり煮込まれたチキンがほろほろ軟らかく、インディアンスパイスのバランスが絶妙なカレー。パクチーがさわやかなアクセント

ずらりと並んだ中華総菜からスイートポーク、エビブロッコリーをチョイス。スープまたはサラダ付き。おかずは1品からオーダー可

MM ベジ・＆・シーフード
VEGGIE & SEAFOOD
おかず2品チョイス $9

aruco調査隊
中華プレートランチの人気チェーン店で安定の味。種類豊富な総菜は味つけがしっかり濃いめでごはんがもりもり進みます

WIN

ソースはスパイシー・オオサカ、ジンジャー・ガーリック、照り焼きの3種類で、どれもご飯が進む味。肉のうま味を損なわない焼き加減も◎

中華

対決

GPO パンダ・エクスプレス
PANDA EXPRESS
おかず2品チョイス $9.40

ショウガが利いたチキンブレストにチャーハン、箸休めのミックスベジタブルで無限ループ。チャーハンは白米にもチェンジできる

一度試してね！

自慢のバーガーだよ

aruco調査隊

Close up! MVグアム・バーガーフェストのクラシック・バーガー部門で優勝！（エディターK）

ビーフのうま味がぎゅっ♪ 盛りだくさんの具も楽しい。$13

2位

A クラシック・バーガー

高さ9cm

幅10cm

トマト、アボカド、オニオン

パテ

レタス

チーズ

ピクルス

1位

G ウルティメイト・ジャック ダニエル・バーガー

幅11cm

オニオンリング

高さ14.5cm

ベーコン

チーズ

パテ

レッドオニオン トマト、レタス

Close up! 奥深いピリ辛ソースで最後のひと口まで飽きずに食べられます（ライターH）

aruco調査隊が行く!! ⑤

肉食系女子 グアムの ハンバーガー

アメリカの国民食のグアムでもいろいろなおいしいハンバーガーハズレなしの自慢の

452gのビッグなパテに、チーズスライスをオン！$16。プラス$1で目玉焼きやベーコンを追加OK

高さ8cm

3位

幅16cm

Close up! 今回調べたなかで大きさナンバーワン！ぶ厚いパテがジューシー（エディターT）

コクのあるソースがマッチして、深みのある味に。どこからかじっても美味。$17.95

これを食べなきゃモグリだぜ★

B マガ・ラヒ・バーガー

A 絶妙な南国アレンジ
ピカズ・カフェ Pika's Cafe

カリフォルニア料理にチャモロ料理のエッセンスをプラス。朝とランチタイムのみの営業で、お店は地元の人で大にぎわい。

Map 別冊P.13-D3 アッパータモン

⌂ マリン・コー・ドライブ沿い
☎647-7452 ⏰7：30〜15：00（L.O.）
⏰日曜、1/1、感謝祭、12/25
Card A.J.M.V. ⊘送迎なし

B 行列のできるバーガーショップ
メスクラ・ドス Meskla Dos

グアムのベストバーガーに何度も選ばれている人気バーガーショップ。香ばしく焼き上げられたパテには、ピリ辛ソースが似合います。

Map 別冊P.12-B3 アッパータモン

⌂ Kマート向かい ☎646-6295
⏰11：00〜21：00、金・土曜〜22：00
⏰12/25 ⏰$15〜、12歳以下$5.50
Card J.M.V. ⊘送迎なし

C ローカルが認めた絶品バーガー
モサズ・ジョイント mosa's Joint

地元で知る人ぞ知る穴場カフェ。ビーフ＆ラムの粗挽きパテがジューシーなバーガーは感動の味！ 店内はローカルアートな雰囲気。

Map 別冊P.14-A2 ハガニア

⌂ マリン・コー・ドライブ沿い ☎969-2469
⏰11：00〜21：00、金・土曜〜22：00 ⏰日曜、感謝祭、12/25 ⏰L$10〜、D$20〜
Card J.M.V. ⊘送迎なし

Let's try!

4位

チェダーチーズとスイスチーズがパテの上でとろけて濃厚な味に♪（エディターK）

Close up!

高さ11.5cm×幅10.8cmでボリューム満点。ビーフパテの焼き加減も絶妙。$19.50

I チャモロバーガー

5位

ayuco 編集

C ラム・バーガー

高さ13cm×幅11cmで幾重にも味の層が重なり、噛むたびにうま味が口の中いっぱいに広がる。$14.50

ローカルの雰囲気を楽しんで！

地元のバーガーフェスでチャンピオンに輝いたバーガー！（ライターF）

ayuco 編集

Close up!

グアムのおいしいハンバーガーBEST 10

も太鼓判♪

おいしい BEST 10

ひとつ、ハンバーガー。お店が競うようにしてを提供中♪味を召し上がれ。

ぜひ来てね

Hard Rock CAFE

J レジェンダリーチャモロ・チーズバーガー

6位

高さは約10cm！

E ジャークバーガー

ビーフパテとチーズを交互に挟んで、うま味を閉じ込めたバーガー $11.95

D トニー・ローマ特製ハンバーガー

アンガスビーフのパテはジューシーで軟らか。チェダーチーズもアクセント。$12

7位

おいしい♪

F アボカドバーガー・ウイズ わさびマヨ

パテは毎日作りたて。フレッシュなアボカドを惜しみなく使い、わさびを加えたマヨソースが隠し味。$11.50

8位

バンズからはみ出しそうなパテとベーコンが圧巻。オニオンリングともマッチ。$18.95

9位

10位

オージービーフ100%のパテがとってもジューシーで食べやすい大きさ。$14.95

H ベーコンチーズバーガー

D 手づかみで食べたい豪快リブ
トニー・ローマ Tony Roma's

オリジナルのソースで焼き上げたリブ料理が大人気。手でほぐれるほど軟らかく、香ばしいベビーバックリブはやみつき必至。

Map 別冊 P.12-B3 タモン

🏠ホテル・ロード南部、ロイヤル・オーキッド・グアム1F ☎646-0017 🕐11:00〜22:00、金・土曜〜22:30 🈺年中無休 Card A.D.J.M.V. 💰送迎ディナーのみ URL www.tonyromas.com

E グアムで楽しむカリブ海の味
ジャマイカン・グリル Jamaican Grill

ジャマイカの代表的料理、ジャークチキンが絶品！ グアム近海の海の幸を使った料理もぜひ試してみて♪

Map 別冊 P.12-B3 タモン

🏠ホテル・ロード南部、パシフィック アイランド クラブ グアム正面 ☎647-3000／647-4000 🕐10:00〜22:00 🈺12/25 💰B$12〜 D$12〜 Card A.J.M.V. 💰不要 💰送迎あり URL www.jamaicangrill.com

F ## ハンブロス
HAMBROS →P.14

G ## T.G.I.フライデーズ
T.G.I.FRiDAY'S →P.141

H ## アウトバック・ステーキハウス →P.140
OUTBACK STEAKHOUSE

I ## ザ・グリル・アット・サンタフェ →P.56
THE GRILLE AT SANTA FE

J ## ハード・ロック・カフェ・グアム →P.149
Hard Rock CAFE GUAM

ハンバーガーにフライドポテトが付いてくるお店も。ボリュームを覚悟して♪

軟らかくうま味が濃い
熟成ビーフ

眺望も
満喫するなら
日没前の
ディナーが
おすすめ

最高級プライムビーフを堪能
アルフレードズ・ステーキハウス
ALFREDO'S STEAKHOUSE

5つ星ホテル内にあるラグジュアリーなステーキハウス。オーシャンビューの贅沢な空間で、素材にこだわったステーキやワインを味わいながら至福の時間を過ごして。

Map 別冊 P.13-C2
タモン

🏠 ホテル・ロード中央部、デュシタニ グアム リゾート3F
☎ 648-8000(代表) 🕐 17:00～21:00 🈲 年中無休
💰 $125～(＋10%サービス料)
Card A.J.M.V 🈂 ベター 🚌 送迎あり URL www.dusit.com/dusitthani/guamresort/ja/dining/alfredos-steakhouse

1. アメリカ最高級ランクのリブアイ・プライム $86 2. A5ランクの鹿児島牛を使用。テンダーロインフィレ180g、$168 3. 濃厚でリッチな味わいのチョコレートギャラクシー $14

アンガスビーフのうま味をギュッ
マンハッタン・ステーキハウス
Manhattan Steakhouse

アンガスビーフのなかでも最高級の格付けをされたUSプライムをチルドで空輸。肉のうま味を閉じ込めた絶妙な焼き加減にトロりそう。少し奮発してでも、特別な日におすすめ。

Map 別冊 P.12-B2
タモン

最高級
の肉のうま味
を味わって
みてね

🏠 ホテル・ロード南部、パシフィックスターリゾート＆スパ内 ☎ 648-1611
🕐 18:00～22:00 🈲 年中無休 💰 D$65～ Card A.D.J.M.V.
🈂 ベター 🚌 送迎あり(条件あり)

1. シュリンプカクテル $19 2. ガーリックバターでいただくアンガスビーフのリブアイステーキ12オンス $45は日替わりのベジタブルボード付き

最高ランクのビーフを
味わって

女子だ
お肉が
豪快ステ

ビーチでたくさん
アメリカンサイズの
ガブリ💛 グアムは
女子だっておなか

肉厚で食べ応え
たっぷり♪

1. 驚くほど甘いチョコとブラウニーだからこそオイシイのです♪ $8.95 2. 軟らかく焼き上げたフィレとマッシュルーム＆シュリンプクリームソースのコラボが最高。$35.95(ソースは＋$5.95)

カジュアルに
ステーキを
楽しんで！

古きよきオーストラリアンテイスト
アウトバック・ステーキハウス
OUTBACK STEAKHOUSE

ウッド調のインテリアに囲まれオールドオーストラリアの雰囲気。自慢のステーキはそれぞれのお肉に合わせたソースも絶品！ ボリュームたっぷりだから、おなかをすかせて行こう。

Map 別冊 P.23 タモン

🏠 ホテル・ロード北部、パシフィック・プレイス2F
☎ 646-1543 🕐 11:00～22:00、金・土曜～23:00
🈲 感謝祭、12/25
💰 L$11～、D$20～
Card A.D.J.M.V. 🈂 ベター 🚌 送迎なし
URL www.outback.com

1. 12オンスのリブアイ・ステーキ、$35。絶妙な焼き加減で軟らか～い　2. ピリッとスパイシーなスパイシー・オイスター・ロックフェラー$18

ビッグだけど繊細な味つけ

ローカルも集うダイナー
デルモニコ・キッチン＆バー
DELMONICO KITCHEN & BAR

13種類のソースから選んで。私はスパイシー醤油味の2番が好き♥

独創的かつ繊細な味つけで、舌の肥えたローカルが絶賛するアメリカン・ダイナー。いちばん人気はソースを選べるリブアイ・ステーキ♥

Map 別冊P.13-D2 タモン

🏠ホテル・ロード北部、ベイビュー・ホテル・グアム1F
📞647-4411　🕐11:00～14:00、17:30～22:00
🗓年中無休　🍴L$8～、D$15～、12歳以下$8～
💳D.J.M.V.　👗ベター　🚗送迎なし
🔗www.dkbguam.com

eak!

って
好き♥
ーキ対決

はしゃいだ日の夜は、特大ステーキを肉料理の名店揃い。いっぱい食べたい！

女子だってお肉が好き♥豪快ステーキ対決

友達とシェアして食べたい♪

1. フライデーズ・スリー・フォー・オール $17.50
2. ジャック・ダニエルズ・リブ＆シュリンプ$29.95

スタッフのパフォーマンスもお楽しみに！

腹ぺこさんはがっつり食べて！
T.G.I.フライデーズ　T.G.I.FRiDAY'S

アーリーアメリカンの雰囲気が漂う陽気なレストラン。人気のジャック・ダニエルズ・グリルをはじめタコスやパスタ、バーガーなどボリューミーなメニューをシェアして楽しんで！

Map 別冊P.13-D2 タモン

🏠ホテル・ロード北部、JPスーパーストアの隣
📞647-8443　🕐10:00～22:00、バーは23:00まで　🗓年中無休　🍴L$16～、D$27～　💳A.J.M.V.　👗ベター　🚗送迎あり（ディナーのみ）

ハンバーガーも→P.138 チック！

1. ほどよく脂身がありジューシーで軟らかいリブアイ$46.99。メインディッシュのオーダーでサーブされるパンも美味
2. テンダーサーロインにシュリンプとサーモンのコンボ$34.99

骨周り部分の肉はうま味が凝縮！

しっかりとおなかをすかせて来てね！

ボリューミーなお肉に大満足
ローン・スター・ステーキハウス
LONE STAR STEAKHOUSE

テキサスをテーマにしたカジュアルなステーキレストラン。プライムリブやリブアイ、フィレミニヨンなど好きな部位をがっつり食べられる。付け合わせはベイクドポテトなど選択肢いろいろ。

Map 別冊P.10-A3
タムニング

🏠マリン・コー・ドライブ沿い、消防署の隣
📞646-6061　🕐11:00～22:00　🗓12/25　🍴L$13～、D$20～　💳A.D.J.M.V.　👗ベター　🚗送迎あり（ディナーのみ）　🔗www.lonestarguam.com

夜のバーも
おすすめだよ

昼はのんびり 夜はロコが集うバー

ザ・ビーチ
the beach

オン・ザ・ビーチの開放的なロケーションで、浜辺のカウチは水着のまま利用可。カクテルにぴったりなおつまみからメインまで揃っていて、木曜日21:00〜女性は限定ドリンクが無料に。

Map 別冊 P.13-D1 タモン

🏠ホテル・ロード北部、ガン・ビーチ ☎649-7263 ⏰11:00〜翌2:00（フード12:00〜21:00）休日・水曜のBBQビュッフェディナー＆ショー 料L$15〜、D$25〜 Card A.D.J.M.V. ベター 送迎あり URL guam-bgtours.com/beach

1. 波音を聞きながら過ごせます♪ 2. 目の前の海にはイルカも遊びにくるとか 3. 酢飯に衣をつけて揚げた新鮮メニュー。スパイシーポキやクラブサラダをはさんだスシバーガー $16ほか（※すべて＋15%サービス料）

ビーチフロントで セルフBBQ！

アウトリガー・ビーチサイド・バーベキュー
Outrigger Beachside BBQ

新鮮なシーフードやビーフ、チキン、野菜などの食材をワイワイ楽しく焼きながら、味わって。BBQは $55、$60、$85 の3種類からチョイスOK。ロケーションはサンセットウオッチにも最適！

Map 別冊 P.13-D2 タモン

🏠ホテル・ロード北部、アウトリガー・グアム・ビーチ・リゾート内 ☎649-9000（ホテル代表）⏰入れ替え制で1回目17:45〜19:15、2回目19:45〜21:15 休年中無休 料ビーチサイド・バーベキュー・ディナー $55〜 Card A.D.J.M.V. 予必要 送迎あり URL jp.outriggerguamresort.com

1. ロブスターやテンダーロインビーフが付くディナーは $85
2. 目の前にタモンの海が広がる

冷たい飲み物
あります！

グアムならではのロケ
海のすぐそばにある

ため息が出ちゃうほどきれいな海を眺めたり、ロマンティックなお食事タイムも

1. 海が目の前 2. アウトリガービーチバーガー $12 3. カクテル、ハファディクーラー $8（左）と、ココナッツ味のラバフロート $8（右）

タモンのビーチで最もにぎわうアウトリガー前にあり、水着のまま利用できるのがうれしい♥ 軽食やスムージー、トロピカルドリンクなど多彩。日曜は17:00〜20:00にライブ演奏あり。

オープンエアの ビーチハウス

オハナ・ビーチ・クラブ
Ohana Beach Club

Map 別冊 P.13-D2 タモン

🏠ホテル・ロード北部、アウトリガー・グアム・ビーチ・リゾート内 ☎649-9000（ホテル代表）⏰10:00〜20:00 休年中無休 料$7〜 Card A.D.J.M.V. 予不要 送迎なし URL jp.outriggerguamresort.com

宿泊ホテルから近かったザ・グリル・アット・サンタフェをリピート。昼間の青い海も、夕方のサンセットも最高！（茨城県 亮子）

1 海をモチーフにした店内はSNS映えするスポットがいっぱい★　**2** ウェットエイジド・フィレミニョン＆ロブスターテール $55　**3** ディナーで楽しめるクラッキン・クラブ $44〜

リゾート朝ごはんでは、パンケーキやエッグベネディクト。ランチではシーフード＆ステーキ。ディナーでは手づかみで食べるクラッキン・クラブなど、メニューが豊富。

タモンの海沿いで本格シーフード
ナナズ・カフェ
Nana's Cafe

Map 別冊P.13-D2　タモン

🏠 ホテル・ロード北側のオン・ザ・ビーチ　☎649-7760／649-6262
🕐6:30〜10:30、11:00〜14:00、18:00〜22:00　🈂年中無休
🍴BS16〜、L$16〜、D$28〜　Card A.D.J.M.V.　👔ベター
🚐送迎あり（ディナーのみグアムプラザ、アウトリガー、リーフホテルは除く）　URL www.guamplaza.com/nanas-cafe

ーションもごちそう♥
ダイニング＆カフェ

**海風を感じながらお食事できたらサイコー！
グアムなら毎日叶います♪**

1. ハガニア湾のオン・ザ・ビーチ　**2.** ズワイガニのパテとちょっぴりスパイシーなランチソースが合うスパイシークラブパティ $12.50、ホームメイドの肉厚パテにグレイビーソースたっぷりのロコモコ $11.99

ドライブがてら立ち寄りたい
トゥリ・カフェ
tuRé cafe

潮風が心地よいオープンデッキから穏やかなハガニア湾を一望。地元の人の朝食スポットでもあり、朝はベーグルサンドやパンケーキ、昼はバーガーやパスタ、ロコモコなどを楽しめる。

Map 別冊P.6-A3　ハガニア

🏠 マリン・コー・ドライブ沿い
☎479-8873
🕐6:30〜20:00、土・日曜〜15:00
🈂イースター、感謝祭、12/25ほか
🍴L$10〜、D$20〜
Card D.J.M.V.　👔不要　🚐送迎なし

波打ち際がすぐそこ
潮風が心地よいレストラン
ザ・グリル・アット・サンタフェ
THE GRILLE AT SANTA FE

オン・ザ・ビーチのロケーション！

夕日観賞にイチオシ！ → P.56

ハガニア湾に浮かぶアルパット島を眺めながら絶品グリル料理が楽しめる。ジューシーなステーキや新鮮なロブスターなど、どれもボリューミー。ディナータイムはノンアルコールのウエルカムドリンクのサービスも。

Map 別冊P.10-A2　タムニング

DATA → P.56

1. 波打ち際がすぐそこ。サンセットタイムもおすすめ

海のすぐそばにあるダイニング＆カフェ

2. 9オンスのニューヨークステーキとシュリンプが付いたサーフ＆ターフ $37.95

ニューヨークステーキ9オンス＆丸ごとロブスターのセット $46.95など、本格料理も

ローカルにも人気！

スパイシーソースが合うマグロのたたきサラダ$18

ケラグエンサンプラー$16.95

ガーリック＆ハーブバターソースが絶妙に絡むアラスカキングクラブレッグ$42.95

グアムならではの
絶品シーフー

グアムに来たら、やっぱり大きなロブスターにエビ、シーフードをたっぷり食べられる

テラスで開催される生演奏も楽しみ
タモン・ベイ・ロブスター＆グリル
Tumon Bay LOBSTER & GRILL

風を感じる気持ちいいオープンテラスで、活きロブスターやアメリカンキングクラブなどボリュームたっぷりのシーフードを堪能できる。毎日18:30〜20:30は地元ミュージシャンによるライブを開催。

店内の水槽からすくい上げ、そのまま調理。フレッシュな素材の味が醍醐味のライブ・メイン・ロブスター 2ポンド$99.95

Map 別冊P.13-C3　タモン

- ホテル・ロード中央部、グランド・プラザ・ホテルの隣
- ☎647-5858／646-9898
- ⏰17:00〜22:00
- 年中無休　$14〜　**Card**A.J.M.V.
- ベター　送迎あり
- **URL**www.tumonbaygrill.com

開放的なテラス席

絶品！

取れたてだから新鮮さが違います！（ライターF）

手づかみだからおいしい豪快シーフード
ナナズ・カフェ
Nana's Cafe

タモンビーチに面したシーフード&ステーキ専門店。ディナー限定ですが、テーブルに広げたシーフードを手づかみでワシワシ食べるクラッキン・クラブを用意。グアムではココだけです。

Map 別冊P.13-D2　タモン

DATA → P.143

海モチーフのかわいい店内♥

クラッキン・クラブは、ダンジネス＆スパナークラブが$44、キングクラブレッグが$48

ビーチンシュリンプ　フレンチブレッド付きロブスターテール$39.99

ニンニクの香りで食欲120%！ガンバス・ガーリック・シュリンプ$16.99

気軽に食べて！世界のエビ料理
ビーチン・シュリンプ
BEACHIN' SHRIMP

エビLOVERのためのレストラン♡店名にもなっているメニューはスパイシーなスープで、ボリュームたっぷり。ほかにもいろいろな国の味つけがありエビ尽くしなのに飽きない♡

濃厚なチーズとアボカドでビールがすすむ！カリフォルニア・シュリンプ・アボカド・ロール$11.99

Map 別冊P.21　タモン

- ホテル・ロード北部、ザ・プラザ内
- ☎642-3224　⏰10:00〜22:00、金・土曜〜23:00　年中無休
- L$15〜、D$15〜　**Card**D.J.M.V
- 不要　送迎なし　**URL**www.facebook.com/BeachinShrimp

いろんな味のエビを召し上がれ★

ナナズ・カフェで食事するなら窓際の席がおすすめ。海が見えます♥（千葉県　葵）

味もお待ちかね♪
ドを探せ★

シーフードは外せない！
グアム名物のヤシガニまで、
おすすめのお店をご紹介します。

絶品シーフードを探せ★

絶品！
甲羅の裏にある
カニミソの濃厚なコクが
たまらない！
（エディターK）

ココナッツクラブと60オンスステーキ $55。1日6～7尾しか取れない貴重な味

村で取れた
ヤシガニ料理、あります
フィッシュアンドブル
Fish & Bull

島の南部に誕生したグリル料理が得意なレストラン。シーフードのグリルは香ばしくてとってもジューシー♡濃厚なミソが自慢の地元産ヤシガニは数量限定なのでお早めに。

ハニー・ウォールナット・シュリンプ $20。チーズバーガー $14.50やモッツァレラチーズフライ $4.50・大 $8.50もおいしくてペロリ♪

Map 別冊 P.7-D1 メリッツォ

🏠ココス島行き船乗り場の隣　☎828-8890
🕐11:00～17:00　🈺悪天候時　💰L$17～
Card D.J.M.V.　🈁ベター　🚐送迎なし

カクテルは各 $9.50、ビール $6.95

シェフ渾身のシーフード、あります！
シーグリル・レストラン
Sea Grill Restaurant

クジラのオブジェや熱帯魚が泳ぐ水槽など、まるで海の中みたい。ディナー限定のサラダバー付きシェフズマーケットは、海の幸をとっておきの手法で調理してくれるのが楽しみ。

デザート（時価）までゆったり水中世界を楽しんで

Map 別冊 P.20 タモン

🏠ホテル・ロード北部、ザ・プラザ、プラザ・サウス3階
☎649-6637
🕐11:00～23:00
🈺年中無休
💰L$15～、D$25～
Card A.D.J.M.V.
🈁ベター　🚐送迎なし
URL www.uwwguam.com

シェフズマーケット（時価）の一番人気は、スチームロブスター 2ポンド（参考 $125）。シーフード海老ルンビア $12.95、ジャイアントエビのテルミドール $39 などシーフードたっぷり

絶品！
プリプリの身がぎっしり詰まっていて、ヤミツキ！（ライター O）

シーフードもステーキも、どっちもおいしいよ

ヤシガニのミソは白米にかけて食べても美味！　ぜひトライして。💡

やっぱり一度は地元チャ召し

グアムの地元料理ってなあに？伝統料理を楽しめるお店、立ち上げたチャモロ・せっかくだから一度は

脚色なしの家庭の味
Terry's Local Comfort Food
テリーズ・ローカル・コンフォートフード

ローカル絶賛の家庭料理の店。ココナッツやアチョーテ、唐辛子などグアムではおなじみの香辛料を組み合わせた味つけは、素材の味が生きていて毎日食べても飽きない料理ばかり。

金曜のスペシャルメニューのオックステールのスープ$14.75。お父さんが毎日作ってくれるソウルフードなんだって

Map 別冊P.13-C3　タモン

🏠ホテル・ロード中央部、グアム銀行向かい　☎646-3663
🕐11:00〜22:00、日曜10:00〜15:00　休12/25　料$20〜　Card J.M.V.　予不要　送送迎なし
URL www.facebook.com/terryslocal

チャモロ伝統のパン、ティティジャスとチキン、ビーフ、シュリンプのケラグエン$12

酸味が利いた焼き茄子のディップ、レッチェン プリネゲナス$7.95。ティティジャスに載せて

絶品ローカルフード
Ron's Diner
ロンズ・ダイナー

唐辛子を使った地元料理のコンテストで優勝した名物料理や、チャモロの家庭の味がずらり。近隣のローカルやグアム大学に通う学生さんの姿でいつも大にぎわい。

Map 別冊P.6-B3　マンギラオ

🏠グアム大学近く　☎734-7667
🕐10:00〜20:30、金曜10:30〜14:00、日曜8:30〜14:00　休土曜
料L$12〜、D$20〜　Card M.V.
送送迎なし　URL www.facebook.com/Rons-Diner-139898786204552

1. コンテストで優勝したチキン・カドゥンピカ$12。醤油ベースの味つけだからご飯が進む。
2. 挽肉のかたまりがごろごろ。ティナタック$13

ビーフシチューみたいなチャモロ風ステーキ、チャモロ・ビフステーキ$12.99。トマトの酸味が口いっぱいに広がります

スタンダードな家庭の味です

 チャモロ料理のキホンは
チャモロ料理専典

チャモロ料理の味つけに使われるスパイスや食材は美容成分たっぷりのココナッツ、赤唐辛子、カラマンシー、醤油、酢、タマネギが主。辛味と酸味が利いているから暑い日でも食が進み、モリモリいちゃう！　醤油ベースのピリ辛ソース、フィナデニソースは肉料理にも魚料理にも合う万能ソースで、チャモロの食卓に欠かせないおふくろの味です。

トウガラシ
小ぶりだけれど、激辛です！

カラマンシー
フィナデニソースにも使われます

フィナデニソース
チャモロ料理にマストのおとも

シュリンプ・ケラグエン

エビとタマネギ、唐辛子、レモン、塩、刻んだココナッツであえたスパイシーなマリネ。エビのほかにチキンやタコもあります。$9.50

細かく刻んだ牛肉と野菜が入ったスティック状揚げ春巻き。甘酸っぱさと辛味が融合したタレにつけるので、おつまみにぴったり。$7

フライド・ルンピア

魚のエスカベッチ

近海魚を揚げて、ターメリックやレモン汁を利かせたあんかけソースをかけます。インゲンやニンジンなどの地元野菜たっぷり。$22.50

📧 お祝いの席に欠かせないというレッドライスにハマってしまった！　ほんのり塩味が利いて、やみつきです。（千葉県　鈴音）

試してみなきゃ！
モロ料理を上がれ

グアムご当地グルメだ！

答えはズバリ、チャモロ料理！若きローカルたちがフュージョンのお店。足を延ばしてみて！

地元で人気の創作料理のお店です♪

グルメなローカルで大にぎわい
PROA
プロア

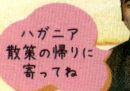

1. その名もココナッツキャンディ $7.50　2. おつまみのチャモロ・チェイサー・プラッター$24.95

開店してまたたく間に行列ができるほどの人気店に成長。パシフィックリム×チャモロ料理の新鮮な出合いを心ゆくまで堪能して。ディナータイムは予約がマスト。

Map 別冊P.12-A2　タモン

🏠 ホテル・ロード南部、イパオ公園近く　☎646-7762　🕐11:00～22:00（15:00～18:00はBBQのみ）　📅1/1、イースター、感謝祭、12/25　🕐LS15～、D$15～　💳D.J.M.V.　🅿️ベター　🚗送迎なし

1. ポキと寿司のクレープ $14.95　2. ココナッツキャンディ1個 $1.50　3. 名物料理のビッグフェラートリオ$22.95は3種のBBQがひと皿に

ローカル自慢の名店
Meskla Chamoru Fusion Bistro
メスクラ・チャモロ・フュージョン・ビストロ

店名のメスクラは、チャモロ語で「ミックス」を意味し、その名のとおりチャモロの家庭料理をベースにアイデアをミックス。目にも楽しい創作料理は、ローカルも絶賛！

Map 別冊P.14-B2　ハガニア

ハガニア散策の帰りに寄ってね

🏠 マリン・コー・ドライブ沿い　☎479-2652／2653　🕐11:00～14:00、17:30～21:30、土曜17:30～21:30、日曜10:00～14:00　📅1/1、感謝祭、7/21、労働祭、12/25　🕐LS14～、D$20～　💳A.D.J.M.V.　🅿️ベター　🚗送迎なし

カドゥン・ティナタック
辛
地元産の野菜と牛肉を唐辛子で炒め、ココナッツミルクで煮込んだチャモロ風シチュー。甘い香りの南国の味です。$20

パンシット
ビーフンに似たライスヌードルを野菜と肉とともに炒め、アチョーテ粉でほんのり色づけ。醤油ベースの味で、レモンをかけて食べましょう。$16.50

レッドライス
アチョーテという実から搾った赤い汁で色づけたご飯。ケチャップ味ではなく、お米そのままの味か、ほんのり塩味がついています。$2

エスタファオ・マノック
酸
ニンニクとタマネギとともにチキンを炒めたあと、醤油、酢、塩、コショウで煮込んでいます。シンプルですがクセになる味。$17.50

日本語メニューが頼もしい★
CHAMORU TEI Restaurant
チャモロ亭

タモンエリアで気軽に利用できるチャモロ料理専門店。専門というだけあって、メニューは20種類以上。しかも、日本語の解説付きなので、迷いなく料理を選べるんです。

Map 別冊P.13-D2　タモン

🏠 ホテル・ロード北部、オーシャンビュー・ホテル&レジデンス1F　☎649-8138　🕐7:00～14:00、18:00～22:00　📅年中無休　🕐$15～　💳A.D.J.M.V.　🅿️ベター　🚗送迎あり　🌐guam-restaurant.com

チャモロ料理にはポン酢のようにして使うフィナデニソースを上手に利用して。食欲増進にも◎！

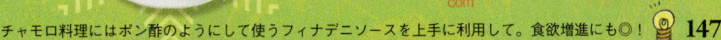

147

グアム限定はこの島旗が目印！

ここでしか食べれない！

ファストフード＆ファミレスの
グアム限定メニューが楽しい♪

KFC

日本にないメニューを制覇しちゃう？

ケンタッキー・フライド・チキン
KFC

チキンサンドはオリジナルレシピのほかにプルドBBQサンドやスパイシージンガーが。サイドメニューはマッシュポテトボウル、ケラグエンツイスターなど日本にはないものがいろいろ！

Map 別冊P.25
デデド

🏠 マイクロネシア・モール2F
☎ 633-4565　⏰ 10:00〜21:00
📅 12/25　💲 $1.75〜
💳 J.M.V.　🅿 不要　🚐 送迎なし

$2.40

$1.75〜

レッドライスとチキン・ケラグエン・ラップ
チャモロ料理がKFCに！グアム版お赤飯・レッドライス$1.75〜と、チキン・ケラグエンをトルティーヤで包んだラップ$2.40

McDonald's

ローカル・デラックス・プラッター
ご飯が進むピリ辛チャモロソーセージとスパム、優しい味のスクランブルエッグで朝からしっかりエナジーチャージ！

$5.59

$1.89

ブリトー
たっぷりのスクランブルエッグにソーセージと野菜を混ぜてトルティーヤで巻いたお手軽メニュー

マックの朝食は白いご飯が食べられる！

マクドナルド
McDonald's

おなじみマックは注文の仕方も日本と変わらないので安心して入れるお店。ハンバーガーのほかにもチャモロソーセージとご飯のセットなど朝にうれしいメニューがいろいろ。

Map 別冊P.13-D2
タモン

🏠 ホテル・ロード北部、JPスーパーストア1F
☎ 646-9694
⏰ 24時間
📅 12/25
💲 L$1.89
💳 A.D.J.M.V.
🚐 送迎なし
🔗 www.mcguam.com

California PIZZA KITCHEN

大陸級のボリュームで欧米人にも大人気

カリフォルニア・ピザ・キッチン
California PIZZA KITCHEN

オープンキッチンに備えた窯で香ばしく焼かれるピザはスモークサーモンや北京ダック、グアムテイストのピリ辛バージョンなどさまざま。ボリューム満点のパスタやデザートも種類充実♪

Map 別冊P.12-B2
タモン

🏠 ホテル・ロード中央、ホリデイ・リゾート＆スパ・グアム1F　☎ 647-4777
⏰ 11:00〜22:00、金・土曜〜23:00　📅 年中無休
💲 LS15〜　DS20〜
💳 A.D.J.M.V.
🅿 不要　🚐 送迎あり（ディナーのみ）18:30〜
🔗 www.guamopk.com

チャモロソーセージピザ
ふっくら生地にチャモロソーセージ、グリーンペッパー、スパイシースイートカリビアンソースなどが。辛さのリクエストもOK

$14.99

シーフードスパゲティ
マッスル、シュリンプ、カラマリなどシーフードが盛りだくさんのトマトソースベースのスパゲティ。ちょっぴりピリ辛テイスト

$18.99

🚩 チャモロ料理に欠かせないフィナデニソースは、頼めばたいていのレストランで出してくれます。頼んでみて。（栃木県　くま）

地元生まれのファミレスはもちろん、世界に展開するおなじみのファストフード＆ファミレスにもグアム限定メニューがいろいろ！

グアム流朝マック！

Hard Rock CAFE GUAM

グアム店限定の甘辛いバーガーを発見！

ハード・ロック・カフェ・グアム
Hard Rock CAFE GUAM

ハンバーガーが代表料理でおなじみ。グアム店にはチャモロ風味の限定バーガーを用意。ココでしか食べられないステーキ＆ロブスターのセットも魅力的。

$18.95

レジェンダリー・チャモロ・チーズバーガー
見た目は正統派のハンバーガーだけど、甘辛いチャモロ風の味つけ。好みでタバスコを振りかけてもおいしい♥

Map 別冊P.12-B1　タモン
🏨ホテル・ロード北部、ザ・プラザ2F
☎648-7625　⏰10:00～23:00、金・土曜～24:00　休年中無休　料L$20～　D$30～　CardA.J.M.V.　送不要　送迎あり
URLwww.hardrockguam.com/index2.php

Kings Restaurant

パンケーキも→P.132 チェック！

モリモリのチャモロ料理をペロリ
キングス・レストラン
Kings Restaurant

地元密着型のファミレスで、チャモロ料理をたっぷり用意。ほんのり甘くてスパイシーなチキン・ステアフライは、野菜をたっぷり食べたいときにオススメ。

チキン・ステアフライ
ご飯の上に野菜炒めがたっぷり。グアムらしいスパイシーな醤油で味つけされていて、白いご飯との相性抜群

$10

Map 別冊P.10-B3　タムニング
🏨グアム・プレミア・アウトレット敷地内　☎647-5464　⏰24時間　休年中無休　料L$10～、D$10～　CardJ.M.V.　送迎なし

Denny's

試してみたいローカルメニューがいろいろ
デニーズ Denny's

チャモロソーセージやフライドライスなどローカルの定番から、ボリューミーなポークチョップとチキンウイングのアイランドプレートなども。メニューは朝と夜があり24時間どちらもオーダー可。

グアムスラム
卵の調理法とチャモロソーセージまたはスパムのどちらかを選べる。あっさり味のフライドライスとミートは絶妙の組み合わせ♪

$10.59

Map 別冊P.24　デデド
🏨マイクロネシア・モール1F
☎637-1802　⏰24時間　休年中無休　料L$10～、D$20～　CardA.M.V.　送不要　送迎なし
URLwww.dennys.com

ローカルの人は、タバスコ大好き。チャモロ料理は唐辛子を利かせた辛口テイストが主流なのに、さらにタバスコをかける人も！

ダイエット中でも大丈夫☆
南の島のヘルシーメニュー図鑑

食材にこだわる女子は、こちらのお店へGO！
ヘルシーだけれどおいしいメニューが続々登場！
オーガニックカフェがグアムでも続々登場！
arucoスタッフが実食調査しました。

aruco調査隊／ ポケットパンにたっぷりの野菜とチーズ、オリーブを挟んだサンドイッチ。ビネガーの利いたドレッシングでサッパリ食べられます。

レタスとトマト、フェタチーズ、キュウリ、イエロー・ペッパー、オリーブがたっぷり★ **C**

ギリシャ風ピタ $8.95

豆腐とホウレン草のラザニア $8.49

ほんのり酸味を感じるラザニア。ガーリック・ブレッド付きでボリューミー♥ **A**

全粒粉のバンズに、シャキシャキのスプラウトがたっぷり入っています **C**

aruco調査隊 挽肉は使っていないけれど、濃厚ソースで満足感があります。ガーリックの香りが豊かなパンとの相性も抜群の人気メニュー。

ナッツ＆グレインズ・バーガー $9.95

豆腐×フルーツ×ジュースをミックスした豆腐シェイク。写真は王道のイチゴ×マンゴー！ **A**

旅行中もオーガニック料理で元気に！

豆腐シェイク $4.99(L)、アサイー・ブラスト $4.49(S)

オーガニック野菜がズラリと並ぶサラダバー。野菜らしい味わいが魅力♪ **A**

サラダバー $5.29〜

抗酸化成分たっぷりのアサイーのピューレに、バナナと大豆クリームをブレンド **A**

aruco調査隊 フルーツ由来の自然な甘味がクセになります。どちらもヨーグルトよりもサッパリした味ですが、とろりとしておなかにたまります。

ピタサンドの
デザートに
スムージーを
どうぞ

日替わり
スープ
$3.49〜
（スモール）

オーガニック野菜のスープ。写真はほんのり甘いコーンとパセリの苦味が絶妙♪ Ⓐ

\aruco調査隊/
日本語の「カボチャ」をメニュー名にしたカボチャ料理。複雑に絡み合うソースがとてもおいしくて、パンにつけて最後の一滴まで堪能。

カボチャ
$13

ターメリックをきかせたココナッツミルクソースが絶品 Ⓑ

マンゴーやバナナ、アボカドを使ったスムージーはボリューム満点。写真はイチゴ×バナナ Ⓒ

\aruco調査隊/
具だけでなく、マヨネーズなし、加熱なし、ベジネーズ使用など細かく指定できるので、アレルギーのある人も安心して食べられます♪

スムージー
$4.95〜

マッシュルームのうま味が口いっぱいに広がります。全粒粉パンとの組み合わせも◎！ Ⓐ

南の島のヘルシーメニュー図鑑

マッシュルーム・ローフ
$8.49

4種の具を選べるサンドイッチ。写真は、スプラウトや大豆由来のツナを挟んでいます Ⓐ

サンドイッチ
$5.99〜

Ⓐ
オーガニックで健康なランチ
シンプリー・フード
SIMPLY FOOD

オーガニックにこだわったベジタリアン・レストランで、サンドイッチや豆腐のラザニアなど、野菜やフルーツのおいしさを再認識できます。食べ応えのあるターキーやサラミのサンドイッチもあるけれど、大豆タンパクで作られた肉なのでヘルシー♪ 注文は、オーダーシートに記入して渡すだけ！

Map 別冊P.14-A3 | ハガニア

🏠セブンスデイ・アドベンチスト教会隣
☎472-2382 🕐8:00〜17:30、金曜は15:00
🚫土・日曜、1/1、7/4、7/21、感謝祭、12/25
💰$10〜
💳D.J.M.V. 🚫不要 🚗送迎なし

Ⓑ
地元野菜をふんだんに使用
キッチン・リンゴ
KITCHEN LINGO

独創性のある料理が食通のあいだでも大評判！グアム産食材をメインにひと皿づつていねいに仕上げた料理は、カリフォルニアでの修行経験をもつシェフのイマジネーションが随所に散りばめられています。ベジタリアンのほか肉や魚料理もあり、半年に一度のメニューチェンジで新しい味に出会えるのもうれしい♪

Map 別冊P.14-B2 | ハガニア

🏠マルティル・ストリート沿い ☎472-5550
🕐17:00〜21:00、土曜17:30〜
🚫日曜、1/1、イースター、感謝祭、12/25ほか
💰$12〜 💳A.M.V.
🚫バター 🚗送迎なし
🌐www.kitchenlingoguam.com

Ⓒ
ベジタリアンでなくても満足
ナッツ＆グレインズ
Nuts & Grains

ナッツやシリアル、穀物を扱っている自然食品店の一角で、体に優しいサンドイッチやサラダといった軽食を食べられます。具にはツナやターキー、グリルドチキンもありますが、野菜だけのサンドイッチや豆で作られた"コロッケファラフェル"のピタパン・サンドがヘルシーでおいしいと人気なんです。

Map 別冊P.10-A2 | タムニング

🏠オカ地区、ペイレス・スーパーマーケットの裏
☎646-9358 🕐10:00〜18:00 🚫1/1、感謝祭、12/25、日曜
💰$6.95〜 💳M.V.
🚫不要 🚗送迎なし
🌐nutsandgrains.

日替わりでホッピングしちゃう？
ホテルのビュッフェでグルメ三昧☆

料理の鉄人たちが腕を振るうお得でおいしいホテルのビュッフェが、グアムにもた〜くさん！さあ、今日はどこにする？食べたいものに迷ったら何でも揃うビュッフェにGO！

H ハイアット リージェンシー グアム

窓から注ぐ自然光が心地よい
カフェ キッチン　café kitchen

腕利きシェフによるアラカルトから1品選び、前菜やデザートはすべてバイキング形式のセミビュッフェスタイル。月替わりで日本や韓国、ハワイなど各国料理が楽しめます。

Map 別冊P.13-C2 タモン

🏠ホテル・ロード北部、ハイアット リージェンシー グアム内　☎647-1234（ホテル代表）　🕐6:30〜10:00、月〜土曜11:30〜14:00、18:00〜22:00、サンデイブランチ11:30〜14:30　🈺年中無休　💴$32、6〜12歳$12、サンデイブランチ$52（すべて+10%サービス料）　Card A.D.J.M.V.　🈂ベター　🈂送迎なし　URL www.guam.regency.hyatt.com

1. 各種BBQを盛り込んだフィエスタプレート（アラカルト）　2. 受賞歴のある各種デザートも楽しみ　3. オードブルは好きなものを選んで

おすすめポイント
★オールラウンドメニュー
★シーズンメニュー
★ラグジュアリー

できたてを楽しんでください

おすすめポイント
★オールラウンドメニュー
★オープンキッチン
★ラグジュアリー

1. ディナービュッフェは日替わり　2. 目の前で焼いてくれるのは、高級リゾートのビュッフェならでは♪

H ウェスティン リゾート グアム

オープンキッチンが楽しい
テイスト　Taste

インターアクティブダイニングをコンセプトに、オープンキッチンでシェフが腕を振る姿を楽しめ、パフォーマンス度満点。ステーキや飲茶など、世界の味がいろいろ。

Map 別冊P.13-D2 タモン

🏠ホテル・ロード北部、ウェスティン リゾート グアム内　☎647-1021（ホテル代表）　🕐6:30〜10:30、11:30〜14:30、18:00〜21:00、日曜6:30〜10:00、18:00〜21:00、サンデイブランチ11:00〜14:30　🈺年中無休　💴サンデイブランチ$45、6〜11歳$22.50、BS$27.50、6〜11歳$13.75、L$33、6〜11歳$16、D日〜火曜$40、6〜11歳$20、水〜金曜$45、6〜11歳$22.50、土曜$52、6〜11歳$26、日曜$38、6〜11歳$19（すべて+10%サービス料）　Card A.D.J.M.V.　🈂ベター　🈂送迎なし　URL www.westin-guam.com/dining

---

おすすめポイント
★オールラウンドメニュー
★シーズンメニュー
★コスパ

H グアムリーフ＆オリーブスパリゾート

日本食があるのがうれしい

月替わりのメニューを心ゆくまで
リカ＆リコ　Rica & Rico

多国籍の味が楽しめるパシフィックリムレストラン。メインディッシュをひとつオーダーしたら、サイドやデザートはビュッフェラインからチョイス。ビールかワイン1杯付き（ディナーのみ）。

ワールド・カフェは地元の人にも大人気！ 料理もおいしくて、食べ過ぎちゃった（笑）。（福岡県　リコ）

1, 2. 目にも楽しい料理がずらりと並んでいるから、食べたいものを少しずつ 3. 小さなスイーツたちがたくさん！ ほかにフィリピンかき氷なども

H フィエスタリゾート グアム

グルメなローカルでにぎわう

ワールド・カフェ World Cafe

肉料理をはじめ、イタリアンに韓国、フィリピン料理、和食など、その名のとおり各国料理がずらり。目の前で調理してくれるホットステーションでは日替わりメニューを提供。

おすすめポイント
★オールラウンドメニュー
★オン・ザ・ビーチ
★コスパ

Map 別冊P.12-B2 タモン

ホテル・ロード中央部、フィエスタリゾート グアム1F ☎646-5880 ◷7:00～10:30、11:30～14:00、14:00～18:00（カフェ）、18:00～22:00 休年中無休 料サンデイランチ$30.95、5～11歳$15、B$22、5～11歳$12、L（月～土曜）$28.95、5～11歳$14、D$30.95、5～11歳$14.50（すべて＋10％サービス料） Card A.D.J.M.V. 予ベター（朝食の予約は不可） 交送迎なし URL www.fiestaguam.jp

日替わりで各国料理が味わえる

ラ・セーヌ La Seine

天井まで届く大きな窓から光が注ぐエレガントな雰囲気のビュッフェ。本拠地韓国から来た一流シェフによる料理はどれもはずさない逸品揃い。ドラフトビールがフリーなのもうれしい♪

熱々のヌードルをどうぞ

おすすめポイント
★オールラウンドメニュー
★オーシャンフロント
★オープンキッチン

ディナーは鉄板焼き、パスタ、コリアンなど日替わり

Map 別冊P.13-D1 タモン

ホテル・ロード北部、ロッテホテルグアム内 ☎646-6811（ホテル代表） ◷6:30～10:00、11:30～14:30、18:00～21:30、サンデイブランチ11:00～14:30 休年中無休 料サンデイブランチ$40、5～11歳$20、B$25、5～11歳$13、L$25、5～11歳$12.50、D$40、金・土曜$50、5～11歳$25（すべて+10%サービス料） Card A.D.J.M.V. 予ベター 交送迎なし URL www.lottehotel.com/guam/ja/dining.asp

H ロッテホテルグアム

H ヒルトン グアム リゾート&スパ

1. 窓の外にトロピカルなお花やグリーンが広がります 2. 色鮮やかな野菜やフルーツがたっぷり

おすすめポイント
★オールラウンドメニュー
★エンターテインメント
★ラグジュアリー

エンタメ性のあるメニューも楽しんで

トロピカルな雰囲気に包まれます

アイランダー・テラス Islander Terrace

目の前で作ってくれるエンターテインメント性たっぷりのメニューや、曜日ごとにテーマが変わるディナーがローカルに大人気。窓際の席で風にそよぐヤシの木を見ながら楽しんで♥

Map 別冊P.12-A2 タモン

ホテル・ロード南部、ヒルトン グアム リゾート&スパ メインタワー ガーデンレベル ☎646-1835／646-3463 ◷6:30～10:30、11:30～13:30、18:00～21:00、日曜6:30～10:00、11:00～14:30（サンデイブランチ）、18:00～21:00 休年中無休 料L$23、5～11歳$14、D$30～、5～11歳$15、サンデイブランチ$40、5～11歳$20（すべて＋10%サービス料） Card A.D.J.M.V. 予ベター 交送迎あり（ディナーのみ） URL www.hilton-guam.com

日曜だけのお楽しみ♪

サンデイブランチをのぞいちゃおう

スパークリングワイン付きのサンデイブランチは、ポキのサラダや新鮮なシーフード＆寿司、炒飯など各国を代表する料理が並ぶ至福のビュッフェ。女子にうれしい新鮮シーフードもたっぷり♪

大好きスイーツ

新鮮シーフード

1. 新鮮なフルーツをふんだんに使ったスイーツは、見た目もキュート♥ 2. 焼きたてパンとともにモリモリ食べられます 3. シャンパン×シーフードですてきな日曜がスタートです

1. メイン料理は月替わりでおすすめメニューを提供 2. 別腹のデザートもいろいろ 3. ビュッフェはひと口サイズの海苔巻きやチキンケラグエンなどワールドワイド

Map 別冊P.13-D2 タモン

ホテル・ロード北部、グアムリーフ&オリーブスパリゾート内 ☎646-6246（ホテル代表） ◷11:00～14:00、17:00～22:00 休年中無休 料L$18、D$35（ビール飲み放題付き）、4歳～11歳$12（すべて＋10%サービス料） Card A.D.J.M.V. 予ベター 交送迎なし URL www.guamreef.com

オープンキッチンスタイルのビュッフェではフレンドリーなシェフの姿も楽しみ♥

ひと口サイズの
おいしさです

ホノルル・コーヒー・カンパニー

HONOLULU COFFEE COMPANY

ハワイ生まれの本格コナ・コーヒーが楽しめるカフェ。タモン・サンズ・プラザ店ではコーヒーのほかにヘルシーなアサイーボウルや焼きたてパンケーキでブレイクできます♥

check!
名物スイーツ
アサイーボウル
$13.95

シリアルと果物
の優しい甘さ

1. ブランドショップに囲まれ、優雅に休憩 2. ほろ苦いモカフラッペ$7.50。豆の香りが疲れを癒やします。3. 朝ごはんにもぴったり。フルーツたっぷりでヘルシー

Map 別冊P.22 タモン

🏠ホテル・ロード中央部、タモン・サンズ・プラザ1F
📞647-7888 ⏰9:30
〜22:00 🈳年中無休
💵$9〜 Card J.M.V.
🈲不要 🈺送迎なし
🚏ザ・プラザ

ザ・グラインド2

THE GRIND2

check!
名物フード
ハム&チーズキッシュ
$6.75

おいしい名物
スタン
南国カフェ
ティー

カフェの充実度が買い物途中にほっと風にそよぐヤシの過ごすのも

1. ミニサイズだからあれこれ選べるのがうれしいブラウニー各35¢。3個で$1。タモン・タートル$4.25〜など冷たいドリンクや人気 2. ランチや朝食にGood! 3. 24時間営業で気軽に軽食をつまめます

アウトリガーのエントランスにあるコーヒースタンドの2号店が誕生。キッシュやスムージーなど人気メニューをセレクトしていて、買い物途中の小休憩にピッタリです。

Map 別冊P.13-D2 タモン

🏠ホテル・ロード北部、アウトリガー・グアム・ビーチ・リゾート内 📞649-9000（ホテル代表）
⏰24時間 🈳無休 💵$2.75〜（＋10%Tax）Card A.D.J.M.V.
🈲不要 🈺送迎なし
🔗jp.outrigger.com
📶あり（要パスワード）

壁には
地元アーティスト
の絵も

コーヒー・スラット

coffee slut

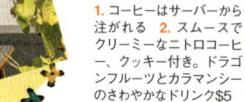

ローカルの若者が集うおしゃれカフェ。窒素を入れたニトロコーヒーは豆の香りが豊かなグアム産「スパイク」を使用し、アイスコーヒーのみを提供。店内はラウンジもありアバンギャルドな雰囲気♪

Map 別冊P.6-A3 ハガニア

1. コーヒーはサーバーから注がれる 2. スムースでクリーミーなニトロコーヒー、クッキー付き。ドラゴンフルーツとカラマンシーのさわやかなドリンク$5

🏠マリン・コー・ドライブ沿い 📞777-7210
⏰6:00〜20:00、日曜8:00〜 🈳12/25
💵$2〜 Card J.M.V. 🈲不要 🈺送迎なし
🔗www.coffeeslut.com

check!
名物ドリンク
ニトロ
コーヒー
$7

お食事クレープもあるよ!

インフュージョン・コーヒー&ティー
INFUSION COFFEE & TEA

ドライブがてらに立ち寄りたいカフェ

マリン・コー・ドライブ沿いにあるクレープとカップケーキが人気のスタイリッシュなカフェ。ドリンクはグルメコーヒー、オーガニックティー、フラッペなど。フードに窯焼きピザも。

Map 別冊P.10-A3
タムニング

🏠 マリン・コー・ドライブ沿い
☎646-0263　🕕6:00〜22:00
🗓12/25　💰L$8〜 D$8〜
Card J.M.V.　👔不要　🚐送迎なし

check!
名物スイーツ
スイーツクレープ
$6.75

1. ヘーゼルナッツペーストとバナナのクレープ$6.75、カプチーノ$3.25
2. キュートなカップケーキ各$2.50

グルメもバイ♥でのんびりタイム

急上昇中のグアム。ひと息つくのもいいし、葉を眺めながらステキです♪

チャモロ・チップ・カフェ
Chamorro Chip Café

ホームメイドのマフィン&ピザでひと休み

おみやげで人気のチャモロチップ・クッキーのカフェが誕生。店内ではハンドメイドのマフィンやサンドイッチ、そしてビッグサイズのボストンピザを用意しています。

南国カフェでのんびりティータイム

check!
名物ドリンク
ホワイトモカラテ16オンス
$4.50

甘味とほろ苦さのバランスがたまりません

Map 別冊10-B3
タムニング

🏠 グアム・プレミア・アウトレット敷地内
☎922-2447　🕕日〜水曜9:00〜20:00、木〜土曜21:00　🗓感謝祭、12/25（予定）　💰$1〜　Card M.V.　👔不要　🚐送迎なし
URL www.chamorrochipcookies.com
Wi-Fi あり（無料）

気軽に寄ってね

1. ブルーベリー、ストロベリー、バナナ、マカデミアナッツの4種類を用意。ホームメイドのマフィン各$3　2. アメリカの人気ピザチェーン、ボストンピザのピザも楽しめます。グアムでいちばん大きい19インチのホールは$20〜

コーヒーと相性抜群だよ

check!
名物フード
ボストンスタイルピザ
各 **$3.25〜**

コーヒー・ビーナリー
the Coffee beanery

まったり過ごせるローカルお気に入りカフェ

アメリカ中西部ミシガン発のコーヒー専門店。店内にもテーブル席があるけれど、おすすめは店の前にあるテラス席。心地いい風が吹き抜け、南国気分が盛り上がります♪

Map 別冊P.23
タモン

🏠 ホテル・ロード北部、パシフィック・プレイス1F
☎647-0104　🕕8:00〜22:00、金・土曜〜23:00
🗓年中無休
💰$3〜　Card M.V.
👔不要　🚐送迎なし

1. スペシャリティ・フラック・ラテのブラック&ホワイト、グランデサイズ$5.49
2. 野菜がたっぷりでヘルシー!　3. ストロベリーバナナのフルーツスムージー、スモールサイズ$3.99

小さいサイズでもボリューミー

check!
名物フード
シーザーターキーラップ
$6.49

地元の人だけが知ってる
おいしいパン教えます！

おすすめ
SWEETSも♥

グアムの名物パンや南国ならではの食材を使ったパンなど、
一度は食べてみたいパンをセレクト。ベーカリーだけど、
おいしいと評判のスイーツもあわせて紹介♪

エンサイマダ・ブルーベリー
Ensaimada Blueberry
ブルーベリーの
ペーストを練り
込んだふわふわ
パン。$1.50 D

チャモロドーナツ
Chamorro Donuts
素朴な揚げパンは
安定のおいしさ。
$1 E

ローン・スター・
パンは
持ち帰りに
人気です

エンサイマダ Ensaimaida
クリームチーズ入りの
パンにたっぷりシュ
ガー。75¢ D

ハマる味！

**ローン・スター・
ステーキハウス・ブレッド**
LONE STAR STEAKHOUSE Bread
ハニーバターを付けるとさらに美味♪　12個入り$7、バター$1 F

スペイン語で
塩のパン

グアムの名物パン Pan de Sal 食べ比べ！

塩のパンという意味だけれど、ほんのり甘いのが特徴。ふかふかでモチモチ♪

モチモチ
NO.1

少量のミルクが加わりしっとり。
パンデサル6個入り$2 B

ちょっぴり甘くちょっぴり
大きめ。10個入り$3.45 A

刻んだホウレ
ン草がほのか
に香る変わり
種。$2.99 G

香ばしさ
NO.1

焦がしたチー
ズが香ばしい。
3個$1.50 G

ホピア・ポーク
Hopia Pork
白あんにチョップベー
コンを入れた甘塩っぱ
いパン。$1 D

朝食にも
グッド

クリームチーズロール
Cream Cheese Roll
チーズの香りが食
欲をそそります。
$1.75 E

スパム＆エッグ Spam & Egg
スパムの塩気が甘めのパンと好相
性。$5 E

おすすめSWEETS♥

チョコスポンジに
キュートなカラフ
ルデコ。各$1.85

A グアムの老舗ベーカリー
アメリカン・ベーカリー
American Bakery
島内のスーパーに
も卸している人気
店。マイクロネシ
ア・モール店は
ツーリストが利用
しやすくて便利。

Map 別冊P.25　デデド
⌂マイクロネシア・モール2F ☎633-8882 ⏰10:00～21:00 休12/25
Card J.M.V.

おすすめSWEETS♥

華やかなバース
デイケーキも人
気です。$20～

B 名物はドーナツと素朴パン
クラウン・ベーカリー
CROWN BAKERY
約50年前に開業し
た老舗ベーカリー。
昔ながらの製法で
作られたパンと揚
げたてドーナツが
評判です。

Map 別冊P.6-A3　バリガダ
⌂R18からR10に曲がってすぐ ☎734-4321 ⏰5:00～21:00 休年中無休
Card D.J.M.V.
URL www.crownbakeryguam.com

おすすめSWEETS♥

バタークリームが載っ
たカップケーキ$1.75、
クッキーは各60¢

C 酵母が香るふわふわパン
エリート・ベーカリー
elite bakery
酵母の香りが心地
いいバナナ・クリー
ム・ブレッドは売り
切れ必至。このパン
で作られたサンド
イッチも美味。

Map 別冊P.10-B3　タムニング
⌂グアム・プレミア・アウトレット向かい ☎646-4127 ⏰6:00～20:30
休年中無休 Card A.D.J.M.V.
URL www.elite-bakery.com

おすすめSWEETS♥

薄いパイ生地の中
にタロイモあん
たっぷり。75¢

D 広くてキレイなカフェを併設
ニュー・フレッシュ・
ブレッド・ベイクショップ
NEW FRESH BREAD BAKESHOP
ノースのドライブ
がてらに立ち寄り
たい店。ランチに
ぴったりな惣菜な
どもあり店内で
イートインもOK。

Map 別冊P.5-C2　ジーゴ
⌂マリン・コー・ドライブ沿い、KFC隣 ☎653-2112 ⏰5:00～21:00
休年中無休 💴$5.75～ Card M.V.

パンデサルとエンサイマダを買って、滞在中の朝ごはんにしました。おいしくて安上がり♪（千葉県　サキ）

パンデサル・バーガー
Pan de Sal Burger
コンビーフ＆エッグパンデサル$6.50〜（サイドディッシュ付き）**D**

3種のパンデサルと具材を選べるバーガー。サイドディッシュはオニオンリングやチリフライなどからチョイス **D**

コーヒー・パン Coffee Bun
コーヒー生地でカバーリングしたふかふかパン。$1.75 **G**

ソーセージ・ブレッド Sausage Bread
ひと口サイズにちぎって食べられるソーセージ入りパン $1.50 **D**

ウベ（ゼブラ）ロール Ube (Zebra) Roll
ねっとりしてまろやかなウベあん入り。$2 **A**

手前から時計回りにポークロール$2.10、ツナエンパナーダ$1.60、モッツァレラブレッド$1.50、クロワッサンハム＆チーズ$2.10 **A**

ウベ・エンサイマダ Ube Ensaimada
トラディショナルなエンサイマダにウベ（紫芋）のあんを加えたおやつパン。コーヒーと好相性。$2.20 **C**

カドゥン・ピカ Kadon Pika
甘辛く煮た具材が包まれ、ちょっぴりスパイシー。$2 **G**

窯焼きパンが人気

ホッヌ・ベーカリーの工房に潜入!!

歴史保護区に指定されているイナラハンにあるこちらの店では、スパニッシュオーブンで焼く昔ながらのパンが評判。竹を燃やして窯内の温度を上げ、しっかり熱を回して焼き上げます。

1. ココナッツの甘みがほんのり。ココナッツブレッド$8　2. 甘さ控えめのシナモンロール12個$8　3. 店の横にある大きな石窯で1日数回に分けて焼かれる
4. 窯内の温度を保って焼くからモチモチの食感　5. 代々受け継がれてきた伝統レシピ

スペイン窯で作る焼きたてパン
ホッヌ・ベーカリー
HOTNU BAKERY

Map 別冊P.7-D3　イナラハン

午前中に売り切れてしまうこともあり予約がベター。オーダーを受けてから焼く熱々ピザ$13〜も人気。

🏠 ケフ・パゴ文化村
☎683-1392
⏰10:00〜14:00
休月・火・木
金曜 料$8〜 Card A.D.J.V.
水・土・日曜

ちょっぴり温めて★

ホピア Hopia
ココナッツクリームのグレービーソースがたっぷりかかった人気のおやつ。しっとりとした食感です。$7 **E**

おいしいパン教えます！

コーヒーにディップして♡ローカルが子供の頃から食べているパントスター$4.25、小$3.50

E **グアム伝統のパンがズラリ**
メインストリート・デリカテッセン＆ベーカリー
MainStreet Delicatessen & Bakery

赤ちゃんからお年寄りまで愛するパントスターやエンパナーダなどローカルの味が勢揃い。朝から混雑の人気店です。

Map 別冊P.14-A2　ハガニア
🏠 シレナ像の南側　☎479-3354
⏰6:00〜14:00　休土・日曜　Card M.V.
URL www.facebook.com/mainstreetbakery

F **多くのファンをもつ有名パン**
ローン・スター・ステーキハウス
LONE STAR STEAKHOUSE

店内メニューに付いてくるパンだったのが、あまりの人気に持ち帰り専用ができたほど。甘くてふわふわ。

DATAは→P.141

G **地元密着型ニューフェイス**
ブレッド・ボックス
Bread Box

女性ベーカーが作る優しい味のパンが揃う。朝食に大人気のパンデサルはプレーンほか全3種類。

Map 別冊P.5-C2　デデド
🏠 マチャチェ・ロード沿い、CHIコマーシャルビル内　☎989-2087
⏰5:00〜18:00　休年中無休　Card M.V.

グアムのおいしいパンを食べにきて！

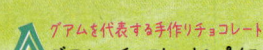

A グアムを代表する手作りチョコレート
グアム・チョコレート＆ペイストリー
GUAM CHOCOLATE & PASTRY

グアム限定店

箱入りチョコでおなじみのファクトリー併設ショップ。ピカジェリーやチアシード入り、南国フルーツのチョコがけなど目移り必至の品揃えです。

Map 別冊P.14-A2　ハガニア

🏠チャモロ・ビレッジ　☎472-1308　⏰11:00～18:00、水曜12:00～21:00　休1/1、7/4、感謝祭、12/25　料$1～　Card D.J.M.V.　送迎なし（$50以上でデリバリーあり）
URL www.guamchocolate.com

B チョコ好き必食の名物スイーツあり
ハーゲンダッツ・カフェ フィエスタリゾート グアム店
Häagen-Dazs Cafe

ソファ席のある落ち着いたカフェ＆アイスクリームショップ。フルーツたっぷりのアイスフォンデュが人気です♥

Map 別冊P.12-B2　タモン

🏠ホテル・ロード中央部、フィエスタ リゾートグアム1F　☎649-7483　⏰7:00～23:00　休年中無休　料$4.20～　Card A.D.J.M.V.　不要　送迎なし

C ピンクのかわいい看板が目印
カップ＆ソーサー
cup & saucer

グアム限定店

ローカルのあいだでもシナモンロールがおいしいと評判の店。フワフワの生地にシナモンがたっぷり染み込み、ほどよい甘さにも大満足！各種ケーキやクレープサンドも。

Map 別冊P.14-B2　ハガニア

🏠マルティデル・ストリート沿い　☎477-2585　⏰月～金曜6:30～18:00、土曜6:30～15:00、日曜7:30～13:30、感謝祭は半日営業　休1/1、12/25　料$10～　Card A.D.J.M.V.　不要　送迎なし

D 激甘ととろけるシナモンロール
シナボン　CINNABON

マカラシナモンとブラウンシュガーをもちもちとした生地にたっぷり染み込ませたシナモンロールは一度食べたら忘れられない味。店内では焼きたて30分以内のもののみ販売。

Map 別冊P.24　デデド

🏠マイクロネシア・モール1F　☎633-2667　⏰10:00～21:00　休12/25　料$3.19～　Card D.J.M.V.　送迎なし

甘いクリームにシナモンのパンチ！
グアムの伝統スイーツ、ラティーザ味かき氷$7。クリーム、パンケーキ、シナモンをトッピング

グアム限定店に注目！

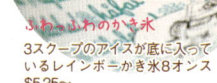

ふわ・ふわのかき氷
F
3スクープのアイスが底に入っているレインボーかき氷8オンス
$5.25～

ひと口めから幸せ♥

食後のデザートに3時のおやつ、グアムでしか出合えない

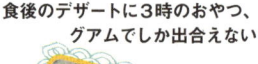

暑さが吹き飛ぶ
さっぱり味
G
甘酸っぱいラズベリーとさわやかライムですっきり。さくさくコーン入り$6.25

溺愛

ふっくら大きなシナモンロール
C
クリームチーズフロスティングとも好相性♥
$2.25　ホワイトチョコレートラテ＋ホイップクリーム$5.95

毎朝作るチョコレート
A
右上から左回りにグミ×チョコの組み合わせ$3.50、プレッツェル$2、甘酸っぱいドライパイナップルのチョコがけ5個$3、マシュマロポップ3個$2。カラースプレー付きポップ3個$2.25。チアシードをトッピングしたザクザクのクランチタイプは5個$3、蜜漬けチェリーのチョコディップ5個$3.50、うずまきのホワイトチョコ$1.50～

ナイトマーケット（→P.30）限定チョコもあります

チャモロ伝統のスイーツに挑戦！

グアム版3時のおやつはこちら！　伝統のレシピを守った素朴な味は、ついつい食べ過ぎちゃう😊

グ ズリア
ココナッツと小麦粉で作られた焼き菓子で、甘さ控えめ。$4.95～

ロ スケッティ
素朴なクッキー。硬めなので、ミルクにつけて食べてもおいしい♥
$6

ア ピギギ
ココナッツ風味のほんのり甘いタピオカのお餅。もちもちです。
5ピース$4.99

ベイカーズ・ワールドのクッキーは甘さ控えめ♥　大きさはあるけど、ぺろっと食べられます。（京都府　梨絵）

自然な甘味&酸味に
心が躍っちゃう♪

ねっとり濃厚なマンゴーヨーグルト、甘く煮た果実たっぷりのストロベリー、砕いたクッキーの組み合わせ$7.25

南国モチーフが
たまらない♪

ヒトデやサンダル、南国モチーフの王道ハイビスカスなど食べるのがもったいないかわいさ。値段はモチーフによって$3.50〜$4.99

溺愛スイーツ、見〜つけた!

スイーツはいつだって別腹!
伝統スイーツもお楽しみに♪

20種類以上の無添加
フローズンヨーグルト

チョコとコーヒー、タロとココナッツなど、ヨーグルトの組み合わせを考えるのも楽しい♪

甘さ控えめ。
ペロリと
食べちゃう

4種のアイスと季節の果物、ワッフル、パウンドケーキを濃厚チョコに漬けて♥
アイス・フォンデュ $28(金曜日は$22)

濃厚な甘さに
ハマること必至!

マカラシナモンを包んだ生地に、作りたてクリームチーズフロスティングをたっぷりかけたシナボンクラシック$3.99

サクサクのクッキーをおみやげに

ベイカーズ・ワールド
BAKER'S WORLD

グアム限定店

カラフルなアイシングで南国モチーフを描いたクッキーが大人気。手のひらサイズのビッグなクッキーだけれど、サクサクとした食感でペロリ♪

Map 別冊P.23　タモン

🏠ホテル・ロード中央部、アカンタ・モール内
☎788-5677　⏰10:30〜20:00、水曜〜14:00
📅日曜・感謝祭、1/1、12/24　💰$2.50〜
Card D.J.M.V.　🚗送迎なし

F ハファロハ Hafaloha

グアム限定店

こだわりの水を凍らせたかき氷は、きめ細かでフワフワ。自分流に味をクリエイトできるけれど、やっぱり試したいのはリティーザ風味でしょう!

溺愛スイーツ、見〜つけた!

Map 別冊P.10-B3　タムニング

🏠グアム・プレミア・アウトレット近く　☎989-3444
⏰11:00〜22:00、金・土曜11:00〜23:00
📅感謝祭、12/25　💰$5.25〜　Card J.M.V.
🚗不要　🚗送迎なし　URL www.hafaloha.com

素材にこだわる手作りジェラート

ドルチェ・フルッティ・ジェラテリア
Dolce Frutti GELATERIA

グアム限定店

本場イタリアの素材を直輸入して毎日手作りする新鮮なテイストが常時17〜20種並ぶ。さっぱりとした後味で何度も通ってしまいそう♪

Map 別冊P.21　タモン

🏠ホテル・ロード北部、ザ・プラザ、ストリートレベル
☎649-9866　⏰10:00〜22:00　📅年中無休　💰$4〜
Card J.M.V　🚗不要　🚗送迎なし

好きな量だけ食べられます♪

ヨーグルトランド Yogurtland

常時20種類以上のフレーバーが揃うフローズンヨーグルトは、どれも甘過ぎずサッパリ。自分で作る楽しさも◎。1オンス当たり64¢。

Map 別冊P.10-B2　タムニング

🏠ホスピタル・ロード沿い　☎648-9595　⏰11:00〜
22:00、金・土曜〜23:00　📅感謝祭、12/25
💰$5〜　Card J.M.V.　🚗不要　🚗送迎なし　URL www.
yogurt-land.com

抹茶味ヨーグルトにアーモンドとグラノーラの組み合わせがオススメ

目指せ!
お手製スイーツ♥

チョデ・マート
CHODE MART

ローカル御用達のコンビニで、毎日朝early早くから大にぎわい!みんなのお当ては、ズラリと並ぶチャモロ伝統のお菓子とお惣菜。気軽につまめる素朴な味たちは、正午前には売り切れてしまうことがほとんどなので、早めに訪ねて。

Map 別冊P.6-A2　アニグア

🏠マークス・ハードウエアそば
☎477-1524　📅月〜土曜
6:30〜17:30、日曜〜13:00
(営業時間の変更あり)　📅年中
無休　Card M.V.　🚗送迎なし

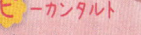

ピーカンタルト

香ばしいピーカンナッツのキャラメリゼを載せたタルト$4.95

プチプチ

カボチャのペーストを包んで揚げたパイ。焼いたものは「ターンオーバー」と呼ばれます。$1

ロゼッタ

サクサクの生地にシナモンシュガーがたっぷり。花みたいな焼き菓子。$1.45

チャモロスイーツはスーパーや個人経営の小さなストアで手に入ることも。

1年中ビール日和のグアムで大評判♪
クラフトビール「ミナゴフ」で乾杯☆

日本人が造り、2010年の発売から地元で大人気のミナゴフ。
グアムでしか味わえない貴重な味を、一度は体験！

> 私が
> 造りました！

MINAGOF
-PALE ALE-

粉砕機で
ミリング中

マイクロブルワリー
のオーナー
石井敏之さん

ワシントン州から輸
入したモルトを調合

> ミナゴフを
> 醸造している
> ブルワリーを取材！

手作業でていね
いに造られてい
ます

原料はモルト、ホップ、
イースト、水のみ

芳醇な
香りっ！

全米でも最小規模の小さな
ブルワリーで醸造されている
グアムのクラフトビール、ミナ
ゴフは、ペールエール（PA）と、
インディア・ペール エール
（IPA）のほか全5種類。フルー
ティで香り高いPAはアルコール度数
4.3％と低め。ホップの苦味がたま
らないIPAは、アルコール度数6.6％
で、ワインのように食事と一緒に楽し
むのにピッタリ♪ ブルワーは日本人
のToshiさんこと、石井敏之さんです。

※ブルワリーの見学は☎487-0868まで
要問い合わせ

タムニングに
ある醸造所

> ミナゴフは
> 2種類あり！

夜が更けるとライブで盛り上がる老舗
バー。ケサディラや、ケイジャン・ス
パイスを利かせたチキンなど、アメリ
カらしい料理
が揃いビール
との相性抜群。
テラス席あり。

**2種類のミナゴフを
楽しめる老舗のバー**
マック・アンド・マーティー
MAC & MARTI

Map 別冊P.13-C3　タモン

🏠ホテル・ロード中央部、セン
トラル・プラザ1F　☎647-
1879　⏰17:00～翌2:00
🚫感謝祭、12/25
💰$6～　💳M.V.
👔不要　🅿周辺なし

1. カウンターのほか
にテラス席あり
2. PAとIPAの2種類を
楽しめる。スモール
$7、ラージ$9.50

DATA→P.147

おすすめおつまみ
酸味と辛味が利いたエ
ビのケラグエン$9.50。
醤油ベースの炒め物、
エスタファオ・マノッ
ク$17.50もミナゴフの
苦味に合います♡

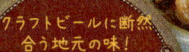

**クラフトビールに断然
合う地元の味！**
チャモロ亭
**CHAMORU TEI
Restaurant**

グアムで造られるミナ
ゴフだから、スパイシ
ーな伝統のチャモロ料
理とベストマッチ。ミ
ナゴフ$8。

 ミナゴフを飲んできました。おいしかった～★　ローカルフードに合います。（福岡県　瑠里）

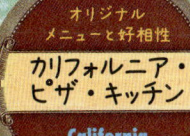

オリジナルメニューと好相性

カリフォルニア・ピザ・キッチン
California PIZZA KITCHEN

DATA →P.148

カリフォルニアスタイルのピザをはじめアペタイザーも充実。ピリッとスパイスの利いたおつまみはミナゴフが進む♪

ピザやパスタにも♥

おすすめおつまみ
軽く揚げたシュリンプにスパイシーなチリソースをかけたダイナマイトシュリンプ$10.99。ライスヌードルとワケギがいいアクセント

行列ができる人気和食レストラン

ジョイナス レストラン けやき
Joinus Restaurant Keyaki

おすすめおつまみ
日本人だったらやっぱりビールに焼き鳥が定番！つくね、ねぎま、手羽先の焼き鳥の盛り合わせ$15、ミナゴフビールスモール$7

日本人料理長による本格和食店。刺身、天ぷらなどの1品メニューや、鍋焼きうどん、うな重などいろいろ。シェフが目の前で豪快に焼き上げる鉄板焼きはランチセット($22.95〜+10%サービス料)も。

Map 別冊P.22 タモン

🏨ホテル・ロード中央部、タモン・サンズ・プラザ1F ☎646-4033 ⏰11:00 〜 14:00(L.O.13:30)、17:30〜22:00(L.O.21:30) 📅年中無休 💰L$12〜、D$30〜(ともに+10%サービス料)
💳A.D.J.M.V. 👔ベター ⊕送迎あり(ディナーのみ)

1. 店内は落ち着いた和食屋の雰囲気。左奥は鉄板焼きのセクション 2. ちらし寿司$20(ディナー単品) 3. パフォーマンスが楽しい鉄板焼き

\ Fire! /

4種類のミナゴフを楽しめるアイリッシュパブ

シャムロック・パブ&イータリー
Shamrocks Pub & Eatery

常時40種類以上の生ビールを用意していて飲み比べができるアイリッシュパブ。そのうちミナゴフは4種類。自分好みの味を探してみて。おつまみはもちろん、とろーりチーズが伸びるビアチーズディップ！

Map 別冊P.13-C2 タモン

🏨ホテル・ロード北部、ハイアット リージェンシー グアム向かい ☎969-7726 ⏰17:00〜翌2:00 📅1/1、12/25 💰L$12〜、D$18〜
💳D.J.M.V. 👔不要 ⊕送迎なし
🌐www.facebook.com/shamrocksguam

40種類以上の生ビールが揃うのは、タモンエリアでもレア

にぎやかに過ごして

1. ミナゴフはグアム産カラマンシーを使ったホワイトIPA、ホップをふんだんに使いビターな風味のIPA、豊かな柑橘の香りがするペールエール、最終発酵で煎茶の茶葉を加えたグリーンティーIPAの4種類。各$8 2. チキンやベーコン、タマネギなどのピザで、BBQソースがビールにマッチ。ルースターズ・フラットブレッド$12

おすすめおつまみ
4種類のチーズの海にポテトブレッドを泳がせて♥ ビアチーズディップ$8

クラフトビール「ミナゴフ」で乾杯☆

グアムのアッパー層に大人気のミナゴフ。ワインのようなエールタイプなので、食事のおともにぴったり♥

南の島の夜はこれから！グアムで盛り上がってるバー＆夜遊びスポットへ♪

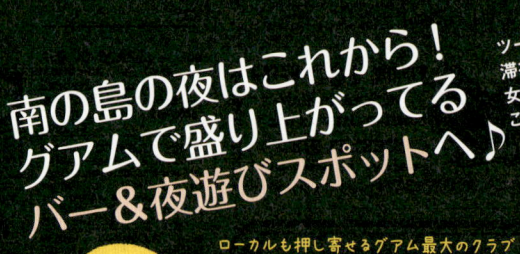

ツーリストエリアのタモンは、夜もにぎやか！滞在中、一度くらいは夜遊びしたいよね♥女子同士で楽しく飲みにいけるお店をご紹介します♪

おいしいおつまみも揃ってます

ローカルも押し寄せるグアム最大のクラブ

グローブ Globe

DJへのリクエストもOKだよ

クラブ内は3層吹き抜けの広いダンスフロアや落ち着いたVIPラウンジなどに分かれ、週末の夜になるとローカルとツーリストを合わせ、1000人以上が集まることも♪ 遅くなっても送迎があるから安心。

Map 別冊P.13-C2 タモン

🏠 ホテル・ロード北部、ホテル・ロード沿い
☎ 649-7263/646-8000
🕐 20:00～翌2:00 🈶 年中無休 💴 1ドリンクのみの入場料$30 **Card** A.D.J.M.V. 🈳 不要 🚗 送迎あり（タモンエリアのみ）
🔗 http://BestGuamTours.jp
※料金は2019年4月以降、変更の可能性あり

1. ストリートタコス$16などつまみにも食事にもなるメニューも高レベル 2 店内はオープンエア

1

開放的に過ごせるオーシャンフロントのバー

ツリー・バー Tree Bar

潮風に吹かれながら南国のステキな夜を満喫できるバー。毎晩18:00からファイアーショーを開催。間近で迫力満点のショーを楽しめます。トロピカルカクテルは種類豊富♪

Map 別冊P.12-A2 タモン

🏠 ホテル・ロード南部、ヒルトン グアム リゾート＆スパ内 ☎ 646-1835（ホテル代表）🕐 11:00～24:00
🈶 年中無休 💴 $6～（＋10％サービス料）
Card A.D.J.M.V. 🈳 不要 🚗 送迎なし
🔗 www.hilton-guam.com

南国カクテル図鑑

マイタイ Mai-Tai

トロピカルカクテルの女王とも称されるラムベースのカクテル。甘くて口あたりがよいけどアルコールは高め

強さ ★★★
甘さ ★★★

グリーンドリーム Green Dream

オリジナル

パイナップルジュースにジンジャエールを合わせたノンアルコールカクテル。ツートーンカラーがきれい

強さ
甘さ ★★★

ブルーマジック Blue Magic

オリジナル

アップル・ウオッカ、ブルーキュラソー、カラマンシージュースなどをミックス。受賞歴のある人気カクテル

強さ ★★★
甘さ ★★

ミスティーザ Mysty-za

オリジナル

ベリンジャーホワイトジンファンデルとトリプルセックに、ピーチスナップやイチゴを加えてフルーティー♡

強さ ★★
甘さ ★

マイタイ Mai-Tai

3種類のラム酒を使った、カクテルの女王。オレンジキュラソーとアーモンドシロップが好相性

強さ ★★★
甘さ ★

P.162左のマイタイとグリーンドリームはケントス・グアム、ブルーマジックとミスティーザはシーグリル・レストラン（→P.145）、P.163のトロピカル・レインボー・

ツリー・バーは南国ムード満点♥ カクテルの種類も豊富で楽しめます。（東京都 夢奈）

Bar

多彩な創作料理がカクテルと好相性♪

テールオブザホエール Tale of the Whale

シーグリル・レストランにあるバー。カウンターには魚が泳ぎ、タモンの街を一望できる。ハッピーアワーメニューは$3から！ 別階にスプラッシュバー&カフェもある。

1. ツナポキダイナマイト$6 2. ブルーマジック$9.50 3. 天井にクジラのしっぽ！

Map 別冊P.12-B1 タモン

ホテル・ロード中央部、アンダーウォーター・ワールド3F ☎649-6637 🕘17:00～23:00 休年中無休 料$15～ Card A.D.J.M.V. 予ベター 交送迎なし URL www.cometeguam.com/sea-grill-restaurant

音楽のシャワーを浴びてね♪

1. ココナッツとラムのハーモニーが南国らしいBlue Galaide（左）と、定番のマイタイ（奥）。各$7.50 2. ライブは19:00～

グアムで盛り上がってるバー&夜遊びスポットへ♪

ホテルのロビーだから気軽にOK

バンブー・バー Bambu Bar

19:00過ぎからバンドのステージがスタート。ホテルのロビーにある開放的なバーなので、女性ひとりでも入りやすさ満点♥ トロピカルカクテルは、ラムベースのオリジナル、ハファデイ クーラーなど各種＄7.50で楽しめます。

Map 別冊P.13-D2 タモン

ホテル・ロード北部、アウトリガー・グアム・ビーチ・リゾート内 ☎649-9000（ホテル代表） 🕘10:00～23:00、金・土曜～24:00 休年中無休 料$3～（+10%サービス料） Card A.D.J.M.V. 予不要 交送迎なし URL jp.outriggerguamresort.com

今も色あせないヒット曲が流れる大人のライブハウス

ケントス・グアム KENTO'S GUAM

生ライブは1970～90年代のサウンドが中心。ちょっぴり懐かしい？ もしくは新鮮に聞こえるかも。ハイアット リージェンシー グアム内にあるので女性同士でも安心。グループならレギュラーシャンパンタワー$38～43もオススメ。

トロピカルなノンアルコールもあります

Live House

Map 別冊P.13-C2 タモン

ホテル・ロード北部、ハイアット リージェンシー グアム1F ☎922-1234 🕘水・木曜19:30～24:00、金・土曜～翌2:00 休日・月・火曜、1/1 料$20（1ドリンク付き）～ Card A.D.J.M.V. 予ベター 交送迎なし URL www.kentos-guam.com

1. ローカルも多い土日はクラブのような盛り上がり！
2. おつまみにぴったりなナチョス$8

まごの手!?

マルガリータ Margarita

テキーラ、トリプルセック、ライムジュースをシェイクしたフルーティーなカクテルです。写真はひんやりフローズンタイプ

強さ★★★ 甘さ★

ブルーハワイ Blue Hawaii

甘い香りのキャプテンモルガン、スパイスド・ラムにブルーキュラソーとパイナップルジュースをプラス

強さ★★ 甘さ★★

ストロベリーダイキリ Strawberry Daiquiri

ラムをベースにストロベリーとトリプルセック、レモンジュースをイン。甘酸っぱいカクテルです♥

強さ★★ 甘さ★★

トロピカル・レインボー・スプラッシュ Tropical Rainbow Splash

オリジナル

ジンベースにブルーキュラソー、パイナップルジュース、ザクロシロップで色を重ねたエキゾチックなカクテル

強さ★★ 甘さ★★

ピナコラーダ Pina Colada

ラムをベースにココナッツのクリームとバニラアイス、クラッシュスイートパイナップルをブレンド

強さ★★ 甘さ★★★

スプラッシュはタモン・ベイ・ロブスター&グリル（→P.144）、その他はツリー・バーのものです。

ノンアルコールで楽しみたいという人は、カクテル名の前にヴァージンをつけてオーダーすればOK！

裏 aruco
独断 取材スタッフの
TALK

「私のお気に入りメニュー教えます！」

グアム中のレストランを取材するarucoスタッフが特にハマった味や
何度でも食べたいメニューを一挙にご紹介♪

「タピオカ・カフェ」のバタフライピーフラワージュース

暑いグアムでは何度もドリンクを口にしますが、どうせ飲むなら体のことも気にしたい！アントシアニンを豊富に含むバタフライピーというい花を使っていて、きれいな見た目にもテンションが上がります。（ライターF）
→ P.15

タピオカたっぷり
$5.50

「シンズ・カフェ」のインディアンチキンカレー

撮影の合間にささっと食べられるものを、とフードコートでオーダー。これが思いのほか美味しくてフードコートのレベルを超えてる！と思ったら、元インド料理店シェフが作る本格派だそう。納得です。（ライターF）
→ P.137

スパイスの深い味わい
$6.99

「ホット・ディゲッティ・ドッグ＆バーガー」のロコモコ

ToGo専門店ですが、混雑必至のお隣のカフェ、イート・ストリート・グリルと同じ味のロコモコが手に入ります。肉汁たっぷりのハンバーグにはキノコとタマネギをじっくり煮込んだソースがふんだんにかかっています。（ライターH）
→ P.135

トロトロ卵がいかにもおいしそう♡
$14.99

「ペガサス・プレミアム・チョコ」のアイスクリーム

これまで高級チョコレート店のアイスといえばゴディバのソフトクリーム一択でしたが、新しく誕生したペガサスでは、いろいろなフレーバーのアイスを選べます。試食もOK。（カメラマンO）

$6
チョコやコーヒー味から選んでみて

Map 別冊P.20 タモン

🏠 ザ・プラザ ショッピングセンター、プラザ・ノース、ファーストフロア
☎969-2483 ⏰10:00～23:00 📅年中無休
Card A.D.J.M.V.

「テリーズ・ローカル・コンフォートフード」のケラグエンセット

テリーズの料理は昔ながらの家庭の味。どれを食べてもはずれなしですが、前菜は何といってもチキン、ビーフ、シュリンプの3種類のケラグエンを食べられるお得なセット。ふんわりココナッツの香りが食欲をそそります。（エディターK）
→ P.146

ローカルも絶賛の味
$18.99

「モサズ・ジョイント」のラム・バーガー

食にはこだわりのあるほうですが、こんなにおいしいハンバーガーを食べたのは初めて！肉のうま味が口の中いっぱいに広がり、本当に美味。車を飛ばしてでも行く価値ありです。（カメラマンJ）
→ P.138

ハラペーニョがアクセント
$14.50

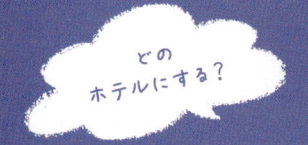

どの
ホテルにする？

ハートわしづかみ♪
グアムのとっておき
アコモデーション

せっかく南国のリゾートに来たんだもの。
海を見渡すホテルで極上のステイを楽しみたい！
コンドミニアムで暮らす気分に浸るのはどう？
こだわり方は人それぞれ。
コスパ抜群のホテルとともにご紹介します♪

欲張り女子に
シーサイド

南の島に来たんだもの、
泊まりたい！ もちろん便利
そんな欲張り
おすすめ
南国気分が盛

オススメポイント
調度品もすてきなモダンリゾートであることと、ロケーション。夜遅くまで買い物してもホテルはすぐ！

タモン湾を見渡せるよ

ホテル内施設
- アクティビティ
- レストラン
- スパ

1. オン・ザ・ビーチのリゾートはバルコニーからの眺めも絶景　2. 南国気分を盛り上げてくれる広いプールエリア　3. 客室内にはコーヒーメーカーも♥

海遊びも買い物&グルメも思いのまま楽しめる♪♪

ホテル・ロード北部
★★★

アウトリガー・グアム・ビーチ・リゾート
Outrigger Guam Beach Resort

Map 別冊P.13-D2　タモン

タモンの中心地に位置するビーチフロントのホテル。西側は海、東側はタモンで最もにぎわうエリアだから、海も買い物も両方満喫できます。海沿いのプールエリアは熱帯の草木と花々に囲まれ、南国らしさ満点。

4. タモンでも最もにぎわうプレジャーアイランドの中心地に立地　5. アメニティも充実。すべての部屋にバスローブ、スリッパを用意

🏠 ホテル・ロード北部のオン・ザ・ビーチ
☎ 649-9000　FAX 647-9068
🏢 アウトリガー・エンタープライズ予約センター 03-6741-7090　🛏 600室
創業（改装）／ 1999（2016）年
🛏 ツイン $360〜ほか　Card A.D.J.M.V.
URL jp.outriggerguamresort.com

🍴 パーム・カフェ→P.57　🍴 バンブー・バー→P.163
🍴 アウトリガー・ビーチサイド・バーベキュー→P.142
オハナ・ビーチ・クラブ→P.142

ウェスティン リゾート グアム
The Westin Resort Guam

全客室には、寝心地抜群のヘブンリーベッドが配され、インテリアもスタイリッシュ。エレガントなリゾートです。

ホテル・ロード北部
★★★

ヘブンリーベッド完備で快適ステイ

オススメポイント
ホテルのこだわりは、独自開発のヘブンリーベッド。その名のとおり、雲の上のような寝心地♪

Map 別冊P.13-D2　タモン

🏠 ホテル・ロード北部のオン・ザ・ビーチ　☎ 647-1020
FAX 647-0999　🏢 ウェスティン ホテル&リゾート　Free 0120-92-5956　🛏 432室　創業（改装）／ 1997（2006）年　🛏 ツイン $450〜ほか　Card A.D.J.M.V.
URL www.marriott.co.jp

🎬 マジックロックシアター→P.89　🍴 テイスト→P.152

1. 全室にヘブンリーベッドとヘブンリーバスを完備　2. ライトアップされたプールが人気

💟 ウェスティンのヘブンリーベッドは本当に寝心地抜群♪ぐっすり眠って、エネルギーをチャージ！（宮崎県　結生）

おすすめの
リゾート

やっぱり海が見えるホテルにな立地やサービスも重要。女子のためのリゾートをご紹介♪り上がります♡

ホテル・ロード
北部
★★★

ウオータースライダーもある
大型リゾート

オススメポイント
いちばんの魅力は、日系ホテルならではのこまやかなサービス。もちろん、対応も日本語だから安心。

海が
見えるよ〜

1. 敷地は約3万坪と広大！ プールエリアにはウオータースライダーも 2. 客室からは恋人岬やタモン湾を見渡せます 3. オーシャンフロントデラックス以上のカテゴリーにはロクシタンのバスアメニティを使用

ホテル・ニッコー・グアム
Hotel Nikko Guam

Map 別冊P.13-D1 タモン

タモン湾の北側に立ち、どの客室からもオーシャンフロントの美しい景色を望むロケーション。プールやビーチ、スパなど施設も充実。

🧘 ヨガ→P.51 🍴 サンセット・ビーチ・バーベキュー→P.47

▲ホテル・ロード北部のオン・ザ・ビーチ 📞649-8815 FAX649-8817 予約センター Free0120-58-2586 🏨JALホテルズ予約 🛏492室 創業（改装）／1992年 ツイン$345〜ほか Card A.D.J.M.V. URL www.nikkoguam.com

---

オススメポイント
バスルームと客室の間の扉を開けると、海と空を眺めながらのバスタイムを楽しめ、ロマンティック♪

ホテル・ロード
北部
★★★

タモン湾を見渡す
全室オーシャンビュー

1. オーシャンビューツインの客室 2. 開放感あるバスルーム 3. ウオータースライダー付きを含む3つのプールが

ハイアット
リージェンシー グアム
Hyatt Regency Guam

Map 別冊P.13-C2 タモン

スタンダードルームでも約42㎡の広さを誇り、全室オーシャンビューの客室からタモン湾を一望できる高級リゾート。プールエリアも充実しています。

🍴カフェ キッチン→P.152 🍴ケントス・グアム→P.163 💅アイランド セレナ→P.128

▲ホテル・ロード北部のオン・ザ・ビーチ 📞647-1234 FAX647-1235 🏨ハイアット グローバル コンタクト センター 0800-222-0608 🛏450室 創業（改装）／1993(2008)年 ウェブで確認 Card A.D.J.M.V. URL guam.regency.hyatt.co.jp

---

デュシタニ グアム リゾート
Dusit Thani Guam Resort

タイ様式のラグジュアリーなホテル。グアム最高層となる30階建ての内部はオリエンタルなムードが漂い、タイの調度品やモダンなセンスを感じるインテリアにあふれている。

Map 別冊P.13-C2 タモン

▲ホテル・ロード北部 📞648-8000 FAX648-8008 予約なし 🛏419室 創業（改装）2015年 オーシャンフロント$347〜、 オーシャンフロントデュシットクラブ$450〜 Card A.D.J.M.V. URL www.dusit.com/dusitthani/guamresort/default-en.html

🧖 テワラン スパ→P.126 🍴アルフレッズ・ステーキハウス→P.140

ホテル・ロード
北部
★★★

グアム最新の
5つ星ホテル

オススメポイント
広々とした客室はグアム屈指。快適に過ごすための最新設備が完備され、プライベートプール付きのヴィラもある。

1. タモンの中心地にあり、海が目の前 2. デラックス オーシャンフロント ツイン

aruco 厳選 欲張り女子におすすめのシーサイドリゾート

優雅で落ち着いた
ステイを楽しみたいなら

ロッテホテルグアム LOTTE HOTEL GUAM

Tギャラリアから徒歩圏内。ビーチフロントにあり、目の前には紺碧の海が見下ろせる。レストラン、スパ、プールなども日常から解き放たれたような洗練された雰囲気。

Map 別冊P.13-D1 タモン

🏠ホテル・ロード北部、ホテル・ロード沿い
☎646-6811 （FAX）646-6813
🇯🇵東京事務所03-3255-2571
🛏222室 創業（改装）／2014年
💰ツイン$430〜ほか Card A.D.J.M.V.
URL www.lottehotel.com/guam

🍴ラ・セーヌ→P.153

オススメポイント
タモンの喧騒から少し離れた所にあるので静か。リゾート気分でのんびり過ごせる。

1. オーシャンビューが気持ちいいタワー棟のデラックスルーム 2. キッズプールやラグジュアリーカバナも備えたインフィニティプール 3. タモン湾を一望できるバルコニー（タワー棟）

オススメポイント
海側客室からの眺望は、真のオーシャンフロント。朝からサンセットまで絶景を楽しめる♪

グアムで最もビーチに
近いホテル

1. 「ワールド・カフェ」のテラス席での朝食 2. 海側の全客室のテラスにはテーブル＆チェアを設置 3. リピーターにも人気の8〜12階デラックスオーシャンフロント

フィエスタリゾート グアム Fiesta Resort Guam

ロビーからビーチへは数十歩。ビーチとプールを同時に楽しめる。タモン湾を一望できるビーチの雰囲気は撮影場所としても大人気。客室、ロビーにてWi-Fi無料。

Map 別冊P.12-B2 タモン

🏠ホテル・ロード中央部のオン・ザ・ビーチ ☎646-5881
（FAX）646-6729 🇯🇵アジアパシフィックホテルズ日本事務所03-3532-6300 🛏318室 創業（改装）／1970（2006）年 💰ツイン$150〜ほか Card A.D.J.M.V.
URL www.fiestaguam.jp

🍴ワールド・カフェ→P.153
🍴ハーゲンダッツ・カフェ→P.158
🍴ビーチサイドBBQ＆カルチュラル・ショー→P.46

立地抜群！
海も街もすぐ

グアムリーフ＆オリーブ スパリゾート Guam Reef & Olive Spa Resort

白い砂浜とエメラルドグリーンの海が一望できるビーチフロントのホテル。海に続いているようなインフィニティ・プールも魅力。

Map 別冊P.13-D2 タモン

🏠ホテル・ロード北部のオン・ザ・ビーチ
☎646-6881 （FAX）646-5200 🇯🇵なし
🛏421室 創業（改装）／1974（2012）年
💰ツイン$350〜ほか Card A.D.J.M.V.
URL www.guamreef.com

🍴リカ＆リコ→P.152

オススメポイント
タモンの中心地にあり、レストランも充実しています。スパもある南国らしいリゾート。

1. 海が目の前 2. ベッドはセミダブルサイズ以上を使用

オススメポイント
欧米客の姿も多く、インターナショナル。館内のレストランやバーは名店揃いでグルメも満喫。

5ヵ所のプールや人気の
スパがスタンバイ！

1. 名門リゾートホテル 2. 南国らしさいっぱい 3. 落ち着いて過ごせるタシクラブの客室

ヒルトン グアム リゾート＆スパ
Hilton GUAM RESORT & SPA

全室オーシャンビューのタシタワーをはじめ、コンセプトの異なる3つの棟で構成。恋人岬を望むメインタワーもスタイリッシュな客室が好評。

Map 別冊P.12-A2 タモン

🏠ホテル・ロード南部のオン・ザ・ビーチ
☎646-1835 （FAX）646-6038
🇯🇵東京事務所03-5413-5697
🛏646室 創業（改装）／1972年
💰ツイン$170〜ほか Card A.D.J.M.V.
URL www.hilton.co.jp/guam

🍴アイランダー・テラス→P.153
🍴ツリー・バー→P.162 💆スパ アユアラン→P.129

パシフィック アイランド クラブ グアム Pacific Islands Club Guam

ホテル・ロード
南部
★★★

グアム最大の
クラブリゾート

タモン湾の南端に立地する一大スポーツリゾート。オセアナAとB、ロイヤルタワーの3棟で構成され、客室数はグアムでナンバーワン。

Map 別冊P.12-A3　タモン

🏠 ホテル・ロード南部のオン・ザ・ビーチ
☎646-9171　FAX648-2474　PIC
東京事務所03-5413-5934　777室
創業（改装）／1980年　ツイン$120～ほか　Card A.D.J.M.V.
URL www.picresorts.jp

🧘 ヴィンヤサヨガ→P.51
🌊 パシフィック アイランド クラブ ウォーターパーク→P.76
🍴 パシフィック アイランド クラブ ディナーショー→P.46

オススメポイント
宿泊者はプールやテニス、ミニゴルフなどのアクティビティを無料で楽しめます！

→P.76

1. キッズ用プールも広々　2. たくさんのアクティビティが集結　3. スタイリッシュな客室

オススメポイント
23階建てのタワー棟はバスルームが海に面しているので、海を眺めながらバスタイムを楽しめちゃう！

1. ウォーターパークのほか宿泊者専用プールも。2、3. スタイリッシュな造り

→P.77

ウォーターパークを備えたスタイリッシュなリゾート

オンワード・ビーチ・リゾート Onward Beach Resort

タムニング
★★★

ハガニア湾に面して立ち、2棟のホテル棟で構成されているスタイリッシュなりゾート。敷地内にはウォーターパークがあり、宿泊者は無料。

Map 別冊P.10-A2　タムニング

🏠 カルロス・カマチョ・ロード沿い
☎647-7777　FAX647-7793　なし
428室　創業（タワー棟新設）／1992（2002）年　ツイン$184～ほか
Card A.D.J.M.V.　URL www.onwardguam.com

🌊 オンワード・ビーチ・リゾート・ウォーターパーク→P.77

パシフィックスターリゾート＆スパ Pacific Star Resort & Spa

ホテル・ロード
南部
★★★

どのお部屋からも
海が見える

ビーチフロントにたたずむ、全室オーシャンビューのラグジュアリーなリゾート。どの部屋にもタモン湾を望むバルコニーあり。

Map 別冊P.12-B2　タモン

🏠 ホテル・ロード南部のオン・ザ・ビーチ
☎649-7827　FAX646-9335　なし
357室　創業（改装）／1987（2000）年
ツイン$120～ほか　Card A.D.J.M.V.
URL www.pacificstarguam.com

🍴 マンハッタン・ステーキハウス→P.140

オススメポイント
北側には恋人岬、南側にはイパオ岬を眺められるロケーション。大人女子のためのダイニングも充実。

1. 南国ならではのホスピタリティ　2. 海を眺めながら泳げるプール　3. タモン湾が見渡せます

ハガニア湾を一望するオカ岬に立地

タムニング
★★★

快適な眠りを誘ってくれるシェラトン・シグニチャーベッドが心地いい♥

1. オーシャンビュールームは3～7階　2. スイートはアクティビティがすべて無料　3. 自慢のインフィニティプールにはジェットバスも完備♪

シェラトン・ラグーナ・グアム・リゾート Sheraton Laguna Guam Resort

夕日の名所として知られるオカ岬に立つラグジュアリーなリゾート。バルコニーにジャクージを備えたスイートなど、カテゴリーも豊富。

Map 別冊P.10-A2　タムニング

🏠 オカ地区
☎646-2222　FAX649-5211
ケン不動産リース（株）ホテル事業部
03-5413-5980　318室　創業（改装）／2007年　ツイン$375～ほか　Card A.D.J.M.V.　URL www.sheraton-laguna-guam.com

🧘 ヨガ→P.51　グアム・ボールズ・ダイビング→P.71
🍴 ベイサイド・バーベキュー→P.47　アンサナ・スパ→P.129

ロコガール
憧れの**コンド**

4人以上のグループやファ
コンドミニアムという
ホテルとはひと味違うロコ

オススメポイント
タモンの中心地まで
車ですぐのロケー
ションで、別荘気分
を満喫できちゃう！
日系なのも安心。

ステキな
キッチン！

料理も
楽しく
できちゃう

コンドミニアムのポイント
1
広いリビングが
あって
別荘みたい♥

ベッドルームのほかに、広々と
したリビング＆ダイニングが。
暮らす感覚で楽しみたい♪

コンドミニアムのポイント
2
フルキッチン完備
でお料理の
腕もアガる♪

ベッドルームに
バスルームも
付いてます！

スタイリッシュなメインのベッ
ドルーム。このほかにもうひと
つベッドルームがあります

オーブンを使って
本格料理に
挑戦！

使い
やすい
キッチンだね

コンドミニアムのポイント
3
プライバシーを
守れる
ベッドルーム

食器も
完備☆

1. チキンの丸焼きやローストビー
フも作れる大型オーブン　2. グア
ムは電熱式のコンロが一般的。下
部にオーブンがあります　3. 食器
も完備しています

アッパー
タモン

タモンの中心地まで車で
3分の好ロケーション

ピアマリンコンドミニアム
Pia Marine Condominium

グアムで1ヵ月以上の長期滞在を考えているなら、こちらが
おすすめ。全ユニット2ベッドルームで、広さは83㎡と一般
のホテルの倍以上。ゆったりとしたリビング＆ダイニングに、
機能的なフルキッチンを備え、快適なステイを楽しめます。

コンドミニアムのポイント
4
ランドリーも
あるから
お洗濯OK！

毎日
お洗濯できるね

全自動洗濯機と乾燥機
を完備。毎日洗濯でき
ちゃいます

Map 別冊P.13-D3　アッパータモン

🏠マリン・コー・ドライブ沿い　☎646-7422　FAX646-3931
日本語なし　🛏50室　創業（改装）／1992年　🏨2BR1ヵ月$3600ほか
Card A.D.J.M.V.　URL www.piacondo.com

4人くらいのグループ旅行なら、コンドミニアムがイチ押し。毎日、女子会で盛り上がりました。（東京都 一 万里子）

気分でステイ♥
ミニアム滞在

ミリーで滞在するなら、
選択肢もおすすめ。
ゲール体験ができます！

憧れのコンドミニアム滞在

ホテル・ロード 北部 山側

タモンに立地する
オーシャンビューのコンドミニアム

オススメポイント
1週間以上の長期滞
在をしたいという人に
おすすめです。タ
モンの中心地に近い
ので何かと便利。

1. しっかり泳げるプール完備
2. ベッドルームもスタイリッシュ
3. 開放感のあるキッチン

ピアリゾートホテル＆
コンドミニアム Pia Resort Hotel & Condominium

Tギャラリア グアムの裏手にあり、ロケーション抜群！
買い物もビーチも徒歩圏内です。客室は寝室とリビン
グルームを備えた2、3ベッドルームのユニット。

Map 別冊P.13-D2 タモン

♠ Tギャラリア グアムの山側 ☎649-5533　FAX646-3931
回線なし　回60室　創業（改装）／1990年
回2BR1泊$200、1週間$1200、1ヵ月$3600（す
べて税別）Card A.D.J.M.V.　URL www.piaresort.com
コーラル・ダイブ→P.71

オススメポイント
タモンの高台にあ
り、ビューが抜群。
中心地にも近く、
プールやレストラン
も完備しています。

ホテル・ロード 北部 山側

コンドミニアム対応のお部屋は
全室海が見える！

1. フルキッチンが備
えられ、ダイニング
も広々 2. 居心地
のいいリビングルー
ム。3. プールでまっ
たりも♪

オーシャンビュー・
ホテル＆レジデンス
Oceanview Hotel & Residences

ホテル・ロードの北部、タモン湾を
見下ろす高台に位置し、7階建ての
本館にコンドミニアムタイプの部
屋を用意。計4台のベッドを設置し
たフルキッチンのユニットで、グ
ループ旅行やファミリーに便利！

Map 別冊P.13-D2 タモン

♠ ホテル・ロード北部のクリフサ
イド ☎646-2400
FAX649-0562　回線なし
回191室　創業（改装）／1996
(2012)年　回エグゼクティブス
イート$180〜　Card A.D.J.M.V.
URL www.hotel-guam.com
チャモロ亭→P.147、160

レオパレスリゾートグアム
フォーピークス Leopalace Resort
Guam Four Peaks

グアムの首都ハガニアの南、マネンガ
ンヒルズに広がる大規模リゾート。南
国の別荘をイメージしたアメリカンラ
イフを楽しみながら、自宅にいるよう
な居心地のよさを味わえます。

マネンガン
ヒルズ

遊びの施設が充実！
ゴルファーにも人気

オススメポイント
ゴルフコースを筆頭
に、ウォータースラ
イダー付きプールや
ボウリング場を完備。
遊びの施設が充実。

1. 敷地内にはホテル棟もあり、コン
ドミニアム宿泊者もリゾートプール
の利用がOK 2、3. リビングと本格
的なフルキッチン（C・D棟）

Map 別冊P.6-B2 マネンガンヒルズ

♠ 島の中央部、グアム国際空港から車で約25分
☎471-0001　FAX471-0025　回レオパレスリゾ
ート東京予約センター　Free 0120-729-021　回417
室　創業（改装）／1993年　回ツイン$130〜
Card A.D.J.M.V.　URL www.leopalaceresort.com
スターウォッチング→P.62

まだまだあるよ！

ホテル・ロード 北部 山側

絶好のロケーション
グアムプラザ リゾート＆スパ
Guam Plaza Resort & Spa

タモンの中心地に立地し、夜遅くまで買い物OK♪ 宿泊客はターザ・ウォーターパーク（→P.76）無料。

Map 別冊P.13-D2 タモン

⌂ホテル・ロード北部、Tギャラリア グアムの隣 ☎646-7803
FAX646-3952 ◉日替シティーヒルカンパニー（グアム）リミテッド日本支店 03-3249-0860 ◉客505室 創業（改装）／1983年
◉料ツイン$200〜ほか CardA.D.J.M.V. URLwww.guamplaza.com

ホテル・ロード 北部 山側

中心地に近くて便利
ベイビュー・ホテル・グアム
Bayview Hotel Guam

太平洋の島々のテイストを融合させたパシフィック・フュージョンがコンセプト。

Map 別冊P.13-D2 タモン

⌂ホテル・ロード北部、クリフサイド ☎646-2300
FAX646-8738 ◉日替なし ◉客148室
創業（改装）／2002（2014）年 ◉料デラックス$100〜ほか
CardA.D.J.M.V. URLwww.hotel-guam.com

ホテル・ロード 中央部 山側

トリプル仕様の客室も
グランド・プラザ・ホテル
Grand Plaza Hotel

グループにはベッドが3台設置できるトリプルルームがピッタリ。向かいはタモン交番。

Map 別冊P.13-C3 タモン

⌂ホテル・ロード中央部、タモン交番向かい ☎647-0630
FAX649-8884 ◉日替なし ◉客116室 創業（改装）／
1989（1997）年 ◉料シングルツイン$75〜
CardA.D.J.M.V. URLwww.grandplaza-guam.com

ホテル・ロード 中央部 山側

グループ旅行におすすめ
パシフィック・ベイ・ホテル
Pacific Bay Hotel

客室の9割は隣の部屋と行き来できるコネクティングルーム！ ベッドが4台入る部屋も。

Map 別冊P.13-C3 タモン

⌂ホテル・ロード中央部、ホテル・ロード沿い ☎649-8001
FAX646-3400 ◉日替なし ◉客132室 創業（改装）／
1989（2003）年 ◉料スタンダード$85ほか
CardA.D.J.M.V. URLwww.pacificbayguam.com

ホテル・ロード 南部 山側

エレガントなたたずまい
ロイヤル・オーキッド・グアム
Royal Orchid Guam

部屋を見渡せるラグジュアリーなバスルームはバスタブとトイレ、シャワーブースが完全セパレート。

Map 別冊P.12-B3 タモン

⌂ホテル・ロード南部、ホテル・ロード沿い ☎649-2000
FAX649-3053 ◉日替なし ◉客204室 創業（改装）／
2000年 ◉料シングル、ツイン$120〜ほか CardA.D.J.M.V.
URLwww.royalorchidguam.com

ホテル・ロード 中央部 海側

ヨーロピアン調のリゾート
ホリデイ・リゾート＆スパ・グアム
Holiday Resort & Spa Guam

マタパン・ビーチ・パークの隣に立ち、ビーチまで歩いてすぐ。調度品はアールデコ調。

Map 別冊P.12-B2 タモン

⌂ホテル・ロード中央部、ホテル・ロード沿い ☎647-7272
FAX647-7278 ◉日替なし ◉客252室
創業（改装）／1996（2005）年 ◉料ツイン$100〜ほか
CardA.D.J.M.V. URLwww.holidayresortguam.com

ジーゴ

27ホールのゴルフ場を併設
スターツ・グアム・リゾート・ホテル
Starts Guam Resort Hotel

タモンから車で約20分の立地。客室はスタンダードで50㎡の広さを確保。ファシリティも万全。

Map 別冊P.4-B2 ジーゴ

⌂タモンから車で約20分 ☎637-5151 FAX637-5150
◉日替スターツ・グアム・ゴルフ・リゾート・インク予約センター
00531-28-1111 ◉客61室 創業（改装）／2004（2008）年
◉料ツイン$180ほか CardA.D.J.M.V.
URLwww.starts.co.jp/guam

マネンガン ヒルズ

2018年改装のリゾート
レオパレスリゾートグアム レオパレスホテル
Leopalace Resort Guam Leopalace Hotel

マネンガンヒルズの広大な敷地にあるラグジュアリーなホテル。遊びの施設が充実。

Map 別冊P.6-B2 マネンガンヒルズ

⌂グアム国際空港から車で約25分 ☎471-0001 FAX471-0025 ◉日替レオパレスリゾート東京予約センター Free0120-729-021 ◉客201室 創業（改装）／1993（2018）年
◉料ツイン$160〜ほか CardA.D.J.M.V.
URLwww.leopalaceresort.com

グアムプラザ リゾート＆スパの宿泊者はターザ・ウォータパーク（→P.76）に特別料金で入場できました！（静岡県 みさき）

初めてでも
大丈夫！

安全・快適 旅の基本情報

のんびりとした南国のイメージが強いグアムだけれど、
やっぱりここは海外。思いがけないハプニングもあるから、
イザというときの基本はしっかりおさえておきましょ。
旅慣れたリピーターさんも、もう一度、チェックして！

INFORMATION

「何を持っていこうかな♪」……そう考えるだけで、ワクワク。すでに旅はスタートしています♪
快適で楽しい女子旅をするためのおすすめグッズを、グアム通のスタッフがご紹介！
ぜひ参考にして、上手に旅支度をしてね★

旅のお役立ちアイテム

□ 日焼け対策グッズ

グアムの紫外線はなんと日本の6〜7倍！ 想像以上に強烈だから、帽子やサングラス、日焼け止めは忘れずに持参して。現地調達するのもOK。

□ マリンシューズor 履き古した靴

海の中はサンゴや貝殻のかけらが転がっているので、裸足で泳ぐよりマリンシューズや履き古した靴があると便利。

□ 水着

着いたその日にすぐ海で遊びたい！ という人は水着をマストで用意。現地調達のつもりでも、1着は持っていこ！

□ はおり物

グアムのショップ、レストラン、スーパーなどは、エアコンが効き過ぎ！と思うくらい冷えていることが多々。薄手の長袖を1枚用意して！

□ ジッパー付き ビニール袋

少し離れたビーチに行くときは、ぬれた水着やタオルを入れられるジッパー付きのビニール袋がお役立ち。ほかの用途にも使えます。

□ 常備薬

乾燥している機内で風邪をもらっちゃった、なんていうこともあるので、鎮痛解熱剤や風邪薬、整腸剤などの常備薬を準備しておくのがベター。

機内手荷物の アドバイス

日本からグアムへは約3時間30分。あっという間の空の旅とはいっても、機内は乾燥しているので、リップクリームや保湿クリームは必需品。ビザ免除プログラムと税関申告書を記入するための黒のボールペンも、忘れずにバッグにしのばせて。

機内持ち込み制限についての詳細はP.176をチェック！

基本の持ち物 チェックリスト

貴重品
- □ パスポート
- □ 現金（ドル、円）
- □ クレジットカード
- □ eチケット控え
- □ 海外旅行保険証書
- □ 携帯電話

洗面用具
- □ シャンプー、コンディショナー
- □ 洗顔用品
- □ 基礎化粧品
- □ タオル
- □ 歯磨きセット

衣類
- □ 普段着、おしゃれ着
- □ 靴下
- □ 下着
- □ パジャマ

その他
- □ カメラ
- □ 電池、充電器
- □ 変圧器
- □ 常備薬
- □ 生理用品
- □ 筆記用具
- □ 電卓
- □ 目覚まし時計
- □ ウエットティッシュ
- □ 日焼け止め
- □ スリッパ
- □ 戸籍謄本または抄本

知って楽しい！　グアムの雑学

これから旅するグアムの歴史や文化、習慣など、出発前にちょっと雑学を仕入れておけば、
旅がぐんと楽しくなること間違いなし！
現地の人とのコミュニケーションにも、きっと役立ちます♪

グアムの基礎知識メモ

正式名称	グアム　Guam
元首	エディ・カルボ
島旗	ブルーの地にヤシの木とカヌー、恋人岬、投石器があしらわれている
島歌	グアムの讃歌　The Guam Hymn
島花	ブーゲンビリア
人口	約16万7358人（2017年）
面積	約544㎢
民族	チャモロ人37.3%、フィリピン人26.3%など
宗教	キリスト教（カトリックが主）
言語	公用語は英語とチャモロ語

知っておくと便利！

グアムの歴史年表

紀元前~1500年
東南アジアの島からチャモロ人の祖先となる人々がグアムに上陸

1521年
フェルディナンド・マゼランがグアムに寄港

1565年
スペインの探検家ミゲル・ロペス・デ・レガスピがグアム上陸。スペイン統治時代がスタート

1695年
チャモロ人の反乱によるスペイン-チャモロ戦争が終結

1899年
333年続いたスペイン統治時代が終わり、アメリカ統治時代へ

1941年
日本による統治時代がスタート

1944年
日本の統治時代が終わり、アメリカ領に復帰

1950年
アメリカの準州になり、島民にアメリカ市民権が与えられる

1960年
チャモロ人初の知事が誕生

1972年
元日本兵の横井庄一氏がタロフォフォのジャングルで発見される

1981年
ローマ教皇ヨハネ・パウロ2世が来島

現在
日本から年間60万人以上の観光客が訪れる人気のリゾート地に

グアムのおもなイベント

 春　3 ～ 5月（乾季）

バリガダ村フィエスタ（3月下旬）
ユナイテッド・グアムマラソン（4月上旬）
サンタ・リタ村フィエスタ（5月中旬）
アガット・マンゴー・フェスティバル（5月下旬）

 夏　6 ～ 8月（雨季）

タムニング村フィエスタ（6月中旬）
グアム解放記念日（7月21日）
アガット村フィエスタ（7月と8月下旬）

 秋　9 ～ 11月（雨季～乾季）

タロフォフォ村フィエスタ（9月下旬）
マンギラオ村フィエスタ（9月下旬）
グアム・ココ・ハーフマラソン＆駅伝リレー（10月中～下旬）
ゾーニャ村フィエスタ（10月下旬）

 冬　12 ～ 2月（乾季）

ハガニア村フィエスタ（12月上旬）
デデド村フィエスタ（12月中旬）
タモン村フィエスタ（1月中旬）
チャランパゴ村フィエスタ（1月下旬）
マイナ村フィエスタ（2月上旬）
ジーゴ村フィエスタ（2月上旬）

年間の祝日 → P.11

1941～1944年の日本の統治時代、グアムは「大宮島」と呼ばれていたそう。

グアム入出国かんたんナビ

空港には2時間前に着こう!

日本から約3時間半のフライトでグアムに到着!
機内で配られるビザ免除プログラム用紙を提出すればESTAの申請は必要なし!
あっという間の空の旅を楽しんで。

日本からグアムへ

1 グアムへの機内で

グアム滞在が45日以内の場合、機内で配られるグアム-北マリアナ諸島連邦ビザ免除プログラムI-736(下記コラム参照)、税関申告書に記入を。ESTAを取得している人は、I-736は不要

2 アメリカ入国審査

アメリカ国籍がない人は「Non Citizen」の列に。パスポート、I-736、航空券を提示し、簡単な質問を受ける。その後、指紋採取と、顔写真撮影が行われる

3 荷物の受け取り

「Baggage Claim」のサインに向かい、到着便名が表示されたターンテーブルから機内預け荷物を引き取る。紛失(ロストバゲージ Lost Baggage)や破損があった場合はクレームタグ(預かり証)を見せて、その場で対処を!

4 税関審査

申告するものがない場合は、緑のランプのブースへ、申告するものがある場合は赤いランプのブースへ進み、機内で記入した税関申告書を提出する

5 出口へ

出口は1ヵ所。到着ロビーではツアーバスやホテルの送迎スタッフが待機している

グアムから日本へ

1 チェックインと出国審査

航空会社のカウンターでパスポートと航空券を提示。チェックインと同時に出国審査も完了

2 セキュリティチェック

機内持ち込み手荷物のX線検査とボディチェックを受ける

3 出発ロビー

搭乗券に記載されている搭乗ゲートへ。搭乗券とパスポートを見せて、機内へ進む

4 帰国

日本の税関審査では、機内で配られる「携帯品・別送申告書」を記入して提出する。別送品がある場合は2枚必要。提出後は到着ロビーへ。お疲れさま!

楽しかったね!

荷物について

★機内預け荷物重量制限

日本とグアム間の航空会社のエコノミークラスの場合、23kg未満の荷物を無料で預けることができる。制限重量を超えると超過料金を払うことになる。無料で預けることのできる荷物は、航空会社によって1~2個まで。刃物や尖った金属類は機内に持ち込めないので、機内預け荷物へ。

★機内持ち込み制限

OK
- メイク落としシート
- リップクリーム(スティックタイプ)
- コンタクトレンズ
- T字型&電気カミソリ
- 使い捨てカイロ
- 使い捨てライター(1個まで)
- 化粧水
- リキッドファンデーション
- マスカラ
- リキッドアイライナー
- 洗顔フォーム&メイク落とし
- ヘアスプレー
- 歯磨き粉など

※液体は100mℓ、100g以下なら容量1ℓ以下の再封可能な透明袋に入れれば機内に持ち込める。

NG
- 眉ばさみ
- カッターなど

成田空港 URL www.narita-airport.jp

日本入国時の免税範囲 税関 URL www.customs.go.jp

品名	内容(居住者の場合)
酒類	3本(1本760mℓ程度のもの)
たばこ	「紙巻きたばこ」400本、「加熱式たばこ」個装など20個(※)または葉巻100本、その他の場合500g
香水	2オンス(1オンスは約28mℓ。オードトワレは含まれない)
その他	20万円以内のもの(海外市価の合計額)
おもな輸入禁止品目	●麻薬、向精神薬、大麻、アヘン、覚せい剤、MDMA ●拳銃などの銃砲・爆発物、火薬類 ●貨幣、有価証券、クレジットカードなどの偽造品、偽ブランド品、海賊版など

免税範囲を超える場合は追加料金が必要。海外から自分宛に送った荷物は別送品扱いになるので税関に申告する。※1箱あたりの数量は、紙巻きたばこ20本に相当する量。たばこの数量は2021年10月1日変更予定。

ビザ免除プログラム

アメリカへの入国にはESTA(電子渡航認証システム)の取得が必要だけれど、グアムの場合、日本国籍があり、グアム滞在が45日以内であれば、グアム-北マリアナ諸島連邦ビザ免除プログラム(Guam-CNMI VWP)が適用され、ESTAの取得が免除される。代わりにグアム-北マリアナ諸島連邦ビザ免除プログラムI-736の提出が必要。グアム滞在が45日以上の場合は事前にESTAを申請した。
URL https://esta.cbp.dhs.gov/esta

I-736

ビザ免除プログラム（I-736）記入例

①姓
②名
③クリスチャンネーム等があれば記入
④生年月日
　（日／月／西暦年の下2ケタ）
⑤出生地の都市名と国名
⑥パスポート番号
⑦パスポート発行日
　（日／月／西暦年の下2ケタ）
⑧過去に米国のビザ申請をしたことがあれば答える。なければ「いいえ」の□欄にチェックを入れる
⑨質問を読み、該当する項目がなければいいえにチェック
⑩パスポートと同じ署名をする
⑪グアム到着日を記入
　（日／月／西暦年下2ケタ）

注意してね！

スーツケースは施錠しないで！

グアムを含め、アメリカの空港では荷物検査が厳格。スーツケースなどの託送荷物も係員が無作為に荷物検査するため、鍵をかけずに預けるのが原則。ただし、係員が専用の合鍵を使って開けられるTSAロックの付いた荷物の場合は、施錠したまま荷物を預けられる。

税関申告書記入例（1家族で1枚）

①グアム到着日を記入
　（日／月／西暦年の順）
②航空会社のレターコードと便名を記入
　（ユナイテッド航空=UA／日本航空=JL／チェジュ航空=7C／ティーウェイ航空=TW）
③TOKYO、OSAKA、NAGOYAなど搭乗地を記入
④姓／名
⑤生年月日
　（日／月／西暦年の順）
⑥同伴する家族の人数（該当する欄を黒く塗りつぶす）
⑦グアムでの滞在先。ホテル名でよい
⑧パスポート発行国名
⑨パスポート番号
⑩居住地（該当する欄を黒く塗りつぶす）
⑪グアムに持ち込む物（該当する欄にチェックを入れる※一部のものは持ち込み禁止）
⑫米ドルの所持（該当する欄にチェックを入れる）
⑬グアム訪問者はグアムに残す物品の合計金額（該当する場合に記入。日用品は記入不要）
⑭パスポートと同じ署名を記入する
⑮該当しない場合は記入不要
※裏面はアンケートになっているので、該当する項目を黒く塗りつぶせばよい

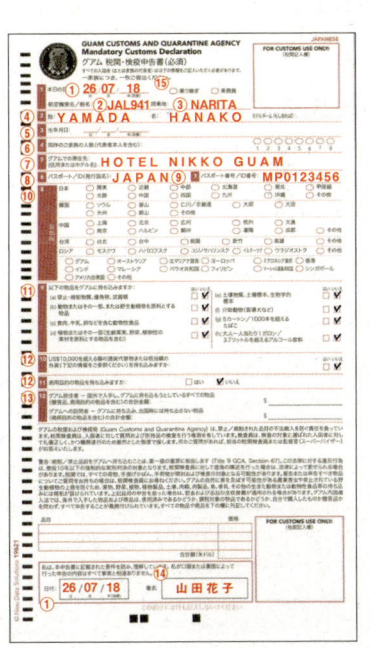

グアム入国時の免税範囲

品名	
酒類	約3.7ℓまで
たばこ	紙巻きたばこ1000本または5カートンまで

ESTA（米国電子渡航認証）を取得している場合、I-736の記入は不要。

空港からタモン、タムニングへ

空の玄関口、グアム国際空港からツーリストエリアのタモン、タムニングへは車で約15分ほど。公共の交通手段はないので、送迎バスやタクシーを利用して。

何に乗ってく？

空港案内

グアム国際空港
Guam International Airport

島の中央部に位置し、ターミナルは3階建ての近代的なグアム国際空港。日本をはじめハワイやフィリピン、ミクロネシア、韓国、香港、台湾など、太平洋やアジアの主要都市を結び、毎日多くの旅行者を迎えている。

●グアム国際空港
☎646-0300
URL www.guamairport.com
Map 別冊P.10-B3

空港は近代的な3階建てビル

出発ロビーにはフードコートや免税店が入店している

交通手段

ツアーの場合は、到着ロビーに送迎スタッフが迎えに来ているので、指示に従って。個人旅行の場合、タモン、タムニングへのアクセスは以下の3つ。

タクシー
Taxi

料金　約$20〜25＋チップ
所要　約15分

タクシー乗り場は到着ロビーから出口を出て、左手。チップは乗車料金の10〜15％。時間は約15分。荷物をトランクに載せるときにドライバーに手伝ってもらったら、1個につき$1のチップを。

空港にタクシー会社のカウンターがある

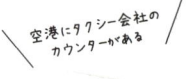

ホテルの送迎車
Pick up Service

料金　ホテルにより異なる
所要　約15分

ホテルによっては、事前に予約しておけば、空港まで送迎をしてくれるところも。ほとんどの場合は有料なので、事前に確認しておいて（約$30〜）。

予約しておけば安心だね！

レンタカー
Rent a Car

料金　約$60〜（1日）
所要　約15分

グアム滞在中、レンタカーを借りる予定があるなら、空港でレンタル＆返却するのが便利。到着ロビーには各レンタカー会社のデスクがあり、24時間営業。

アラモ・レンタカーをはじめ、空港には全部で6社のカウンターがある

レンタカーの詳細は→P.182

　ホテルの送迎は片道か往復をチョイスできたので、往復を予約。ほかの人を待たなくていいので、スムーズでした。（愛媛県　マキ）

空港ＭＡＰ

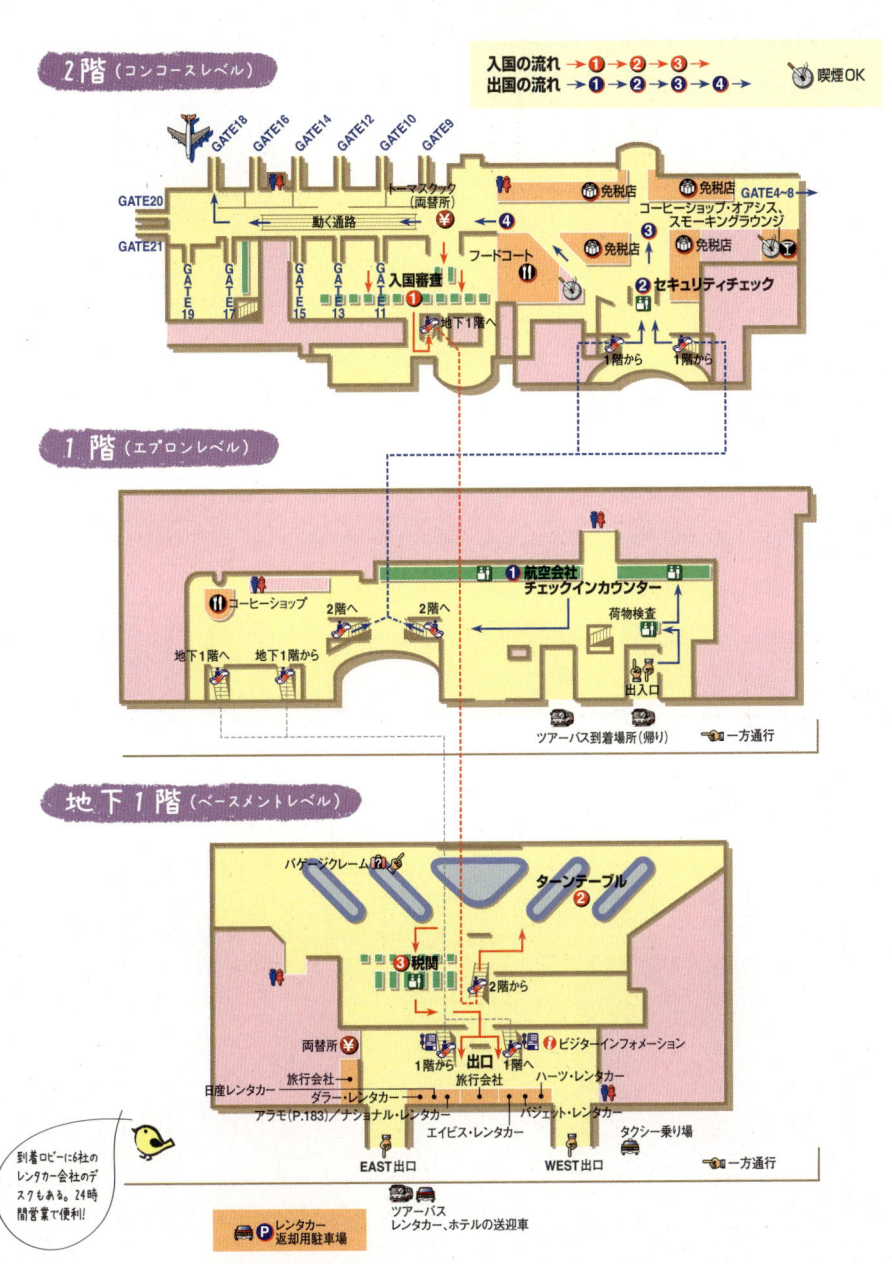

レンタカーは空港でレンタル＆返却するのが便利。事前に日本で予約しておくのがベター。

グアム島内の移動手段

鉄道のないグアムでは、ツーリストエリアを網羅するシャトルバスやレンタカー、タクシーを上手に使いこなして！

便利だね

赤いシャトルバス
Red Guahan Shuttle

ラムラム・ツアーズが運行しているのが、観光客が最もよく利用する赤いシャトルバス。タモン、タムニングなどの主要ホテルや、デデド、タムニング、ハガニアに点在するショッピングスポット、人気観光地・恋人岬まで網羅し、とっても便利。バスによって違いがあるものの、運行時間の目安は、9:00〜22:00頃。

バス路線図→ 別冊P.16〜17

シャトルバスの乗り方

1 停留所でバスを待つ

ホテル前やタモンのホテル・ロード、ショッピングセンター前などにある、赤い看板の前で待つ。バス停に書かれているインフォメーションは日本語なので安心して。

2 乗車して運賃を払う

乗車したらドライバーから乗車券を購入するか、乗り放題券を提示する。乗り放題券は乗車時に購入してもOK。行き先は乗車口左手に表示されている。

3 下車する

ほとんどのバス停で停車するものの、乗客のいないバス停は通り過ぎることもあるので、心配なときは乗車時に降りるバス停を告げておいて。

いってらっしゃい！

乗車チケットはココで購入するのが便利

各種乗車券はマイクロネシア・モールやKマート、GPO、Tギャラリアにある赤いシャトルバスのカウンターで購入OK！ ホテルやツアーデスク、ドライバーからも購入できます。

赤いシャトルバス以外のシャトルもあるよ！→P.183

乗り放題券や事前購入OKのe-Ticketも

1日乗り放題券をはじめ、2日間乗り放題券、5日間乗り放題券などのほか、クレジットカード決済で事前に購入ができ、乗車時はスマートフォンでチケットを提示するだけの電子チケットe-Ticketもあり。使用時より3時間有効の3時間券タイムパスと6時間券タイムパスはe-Ticket限定。1日乗り放題券はe-Ticketなら$2お得。

運行時間と料金

主要スポットへの所要時間→別冊P.18〜

グアム島内の移動手段

タモン・シャトル

運行時間
北回りはグアム・プレミア・アウトレット10:20発、マイクロネシア・モール行き最終は19:35。南回りはマイクロネシア・モール10:30発グアム・プレミア・アウトレット行き最終は19:45。約15分間隔で運行。

ショッピングモール・シャトル

運行時間
グアム・プレミア・アウトレット10:00始発。最終はグアム・プレミア・アウトレット発20:40（アガニア・ショッピングセンター止まり）。約20分間隔で運行。

Tギャラリア⇔Kマートシャトル

運行時間
Tギャラリア グアム by DFS 9:30始発。最終はKマート発21:18。

チャモロ・ビレッジ・ナイトシャトル

運行時間
往路の始発はTギャラリア グアム by DFSとグアム・プレミア・アウトレット発18:00。レオパレス発は17:00。レオパレス発は1時間間隔、それ以外のルートは20分間隔で運行。復路はTギャラリア グアム by DFS行きとグアム・プレミア・アウトレット行きが19:30〜約20分間隔で運行、最終20:30。レオパレス行きは17:30〜1時間間隔で運行、最終20:30。

恋人岬シャトル

運行時間
Tギャラリア グアム by DFS 9:30始発、18:00最終。1日12便あり、約20〜45分間隔で運行。マイクロネシア・モールは10:05始発、18:15最終。1日11便あり、約35〜40分間隔で運行。

朝市シャトル

運行時間
往路はオンワード6:00発と6:15発の01日2便。朝市発は8:00と8:15。

空港行きシャトル

運行時間
Tギャラリア グアム by DFSからグアム国際空港への直行バスで13:45、14:15、14:45、15:10、15:40、16:15、16:45、17:15の1日8便運行。チケットはTギャラリア グアム1階チケットカウンターにて販売。なお、空港からTギャラリアへの運行はなし。

 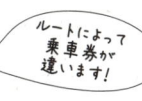

ルートによって乗車券が違います！

※6歳未満無料

〈赤いシャトルバス 各種乗車券の適用シャトル一覧〉

		タモン・シャトル	ショッピングモール	Tギャラリア	恋人岬	チャモロ・ビレッジ	朝市	空港
1回乗車券	$4	🚌	🚌	🚌		🚌	🚌	
1日乗り放題券	$12	🚌	🚌	🚌				
2日間乗り放題券 フリーWi-Fi24時間付き	$15	🚌	🚌	🚌				
5日間乗り放題券 フリーWi-Fi72時間付き	$25	🚌	🚌	🚌				
子供乗り放題券（6〜11歳）	$13	🚌	🚌	🚌				
恋人岬シャトル・トクトクチケット （往復乗車券+恋人岬展望塔入場券付き）	$10				🚌			
チャモロ・ビレッジ・ナイトシャトル トクトク往復チケット	$7					🚌		
朝市シャトル・トクトク往復チケット	$7						🚌	
Tギャラリア→グアム空港	$7							🚌

朝市シャトルとチャモロ・ビレッジ・ナイトシャトルのトクトク往復チケットは当日の乗車時の係員から購入して。

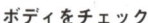

レンタカー
Rent a Car

行きたいときに行きたい場所へ

旅行中のかぎられた時間をいちばん有効に使えるのがレンタカー。車種はレンタカー会社にもよるけれど、コンパクトカーからミニバンまで各種用意されているので、人数に合わせてチョイスして。

レンタカーの利用方法

1 予約は日本で

もちろん、現地で予約なしで借りることもできるけれど、希望車種が出払っていたりする場合も。わからないことがあったときに日本語で質問もできるので、日本で事前予約するのがベター。予約確認書を発行してくれるので、現地では日本の運転免許証、クレジットカード、パスポートと一緒にを提示するだけでOK！

契約書にサイン

加入する保険を確認し、契約書にサインする。免許証は必ず持参して

ボディをチェック

スタッフと一緒にボディや足周りに傷がないかをチェック。最後にサインをする

2 返却

レンタカー会社の営業所、または、空港返却の場合は空港にあるレンタカー会社の駐車場に駐車し、必要書類を持ってカウンターへ。返却時はガソリン満タン返しが基本。

免許

日本の運転免許証を持っている21歳以上の人なら、グアム入国後30日間は日本の運転免許証で運転OK。レンタカー会社のカウンターで、運転免許証の提示を。

保険

保険には必ず加入して。料金は高くなるけれど、安心を買うと思って任意保険もすべて加入するのが安心。万が一、事故やトラブルに巻き込まれたら、まずは警察に相談し、レンタカー会社にも連絡を。

ガソリンの種類と支払の仕方

セルフの場合、キャッシャーで給油機の番号とガソリンの種類を伝える。ガソリンにはUnleaded（アンレディット＝レギュラーガンリン）、軽油diesel、ハイオクPremium Unleaded、レギュラーとハイオクの中間Unleaded Plusがあるけれど、レンタカーの場合はUnleadedを給油すればOK。給油が終わったら、キャッシャーに行き、給油機の番号を伝えて精算します。
クレジットカード払いできる給油機で、クレジットカード払いする場合は、給油機にクレジットカードを差し込むか、スライドさせ、案内に従って給油。この時、ZIP CODE（郵便番号）の入力を要求されることがあるけれど、日本の郵便番号を入れてもエラーになるので、その場合はキャッシャーでクレジットカードを使いたいと伝えて。また、日本で発行されたクレジットカードはエラー表示が出ることがあるので、この場合もキャッシャーでクレジットカードで払いたいと伝えるか、現金で支払いを。

おもな道路標識

前方優先道路

一時停止

進入禁止

右折禁止

丘あり

スリップ注意

右三叉路

横断歩道

学校近し

追い越し禁止

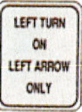
左矢印時のみ左折可

最高速度35マイル

　1日だけレンタカーを借りてみました。道が広いので、運転は意外とラク！　ショッピングモール巡りも効率的でした。（島根県　あい）

アラモ・レンタカー
Alamo Rent A Car

グアム最大級の450台以上を所有し、頼りになるスタッフが海外初ドライブの女子たちをサポート。空港カウンターは24時間オープンなのでトラブルがあった際にも安心。タモンダウンタウン営業所はホテル・ロード北部にあり、タモン内ホテルの無料ピックアップサービスもある。

Map P.13-D2 タモン

- ホテル・ロード北部、ガン・ビーチ・ロード沿い
- 647-2277（タモンダウンタウン営業所）、649-0110（空港カウンター）
- 9:00〜17:00（タモンダウンタウン営業所）、24時間（空港カウンター）
- 日曜（タモンダウンタウン営業所）、年中無休（空港カウンター）
- Card A.D.J.M.V.
- 0120-088980（9:30〜18:00、土・日曜・祝日休み）
- URL www.alamo.jp

料金例 （2018年8月現在）

車種	料金(24時間)
フルサイズ	$104
ミッドサイズ	$83
コンパクト	$71
SUV	$90
ミニバン	$141

※保険料別途

駐車場
ハンディキャップ専用駐車場に適用外の車が駐車するのはNG。専用駐車場には車椅子マークの標識か、路面にマークがペイントされている。罰金は高額。

消火栓

赤や黄色の消火栓のある周辺は駐車禁止なので注意して。

GUAM ドライブの注意点！

ロータリー
島内にはロータリーが2ヵ所ある。タモンのロータリーは、タモンからタモニングに行く場合、ロータリーに進入して4分の3周ほど時計と逆回りに走ればOK。ハガニアのロータリーは、タモニング方面から4号線に入る場合、一番右の車線から交差点に進入し、大酋長キプハの像を右に見ながらロータリーを1周する。

左折専用
3〜5車線ある道路で、中央の道路が黄色い鋲や線で縁取られている中央車線は、走行車線ではなく、左折または合流車線。左折や合流するときはいったんこの車線に入ってからがルール。反対車線の車が左折するときにも使われるので、前の車と向き合うことがあるけれど、慌てなくて大丈夫。

スクールバスが停車したら待機！

右折
グアムでは信号が赤でも、右折してOK。いったん停止して、左側の安全確認のあと、右折を。ただし、右折専用信号のあるところや、"No Right Turn on Red"の標識がある交差点は青になってから右折を。

タクシー
Taxi

グアムには日本のような流しのタクシーがいないので注意。ホテルのフロントやレストラン、ショップに頼んで呼んでもらおう。ホテルによってはタクシーが常駐しているところもある。チップの目安は料金の10〜15%。

タクシー料金一覧

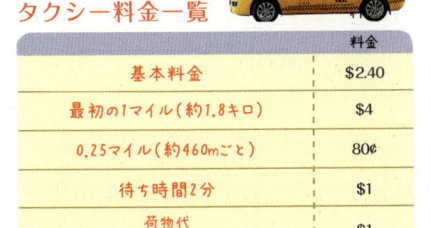

	料金
基本料金	$2.40
最初の1マイル（約1.8キロ）	$4
0.25マイル（約460mごと）	80¢
待ち時間2分	$1
荷物代（運転手の手助けが必要なほど大型のもの）	$1

無料シャトルバス
Shuttle bus Service

Tギャラリア エクスプレス
T Galleria Express

Tギャラリア グアムと主要ホテルを結ぶ循環バスで、2ルートある。ルートAはTギャラリア10:10始発、以降20分おきに最終23:15。ルートBはTギャラリア10:19始発、以降30分おきに最終23:20。

タモン・サンズ・プラザ ピックアップ サービス
Tumon Sands Plaza Pick Up Service

タモンの主要ホテルとタモニングのオンワード、シェラトンにかぎり、電話予約をすればホテルまで無料で迎えに来てくれる。そのほか、GPOからタモン・サンズ・プラザまで15分間隔で無料シャトルバスを運行。

旅の便利帳

グアムの旅に必要なノウハウをぎゅっとまとめました。
旅の基本をきっちりおさえていれば、
イザというときに慌てないで済むよね。

困ったときは
すぐ確認！

お金・クレジットカード

お金

単位はドル$（dollar）とセント¢（cent）。$1＝100¢＝約113円（2018年11月15日現在）。紙幣は、1、5、10、20、50、100ドルの6種類。硬貨は、1、5、10、25、50セントと1ドルの6種類だが、50セント、1ドル硬貨はほとんど流通していない。

クレジットカード

グアムでは必携。レンタカーの予約やホテルのチェックイン時に保証として必要となる。また、VISAやMastercardなど国際ブランドのクレジットカードならほとんどのショップで使える。大金を持ち歩くのはリスクが高いので、両替は最小限にとどめて、カードで支払うのが賢い方法。利用時にPIN（暗証番号）が必要な場合があるので、事前に確認を。

ATM

街なかはもちろん、ショッピングセンターやスーパーマーケットなど、いたるところにあり、日本語対応機も増えている。VISAやMastercardなど国際ブランドのカードでドルをキャッシングできる。出発前に海外利用限度額と暗証番号をカード会社に確認しておこう。金利には留意を。

$1

$5

$10

1¢

5¢

$20

$50

$100

10¢

25¢

電話

001 （KDDI）	※1
0033 （NTTコミュニケーションズ）	※1
0061 （ソフトバンク）	※1
005345 （au携帯）	※2
009130 （NTTドコモ携帯）	※2
0046 （ソフトバンク携帯）	※2

※1 マイラインの国際通話区分に登録している場合は不要　※2 010からでもかけられる

電話は、ホテルの部屋や公衆電話でかけられる。島内での電話は、ホテルからの場合、外線番号のあとに相手先の電話番号をかけるだけ。料金は1通話25¢（ホテルでは別途手数料がかかる）。また、日本からグアム、グアムから日本への電話のかけ方は右表のとおり。日本の空港やコンビニで買える国際電話会社のプリペイドカードなら、グアムの公衆電話やホテルから日本語オペレーターにかけ、指示どおりに番号をダイヤルするだけなので簡単で便利。

日本からグアムへ

国際電話会社の番号 ＋ 国際電話識別番号 **010** ＋ アメリカの国番号 **1** ＋ グアムの州番号 **671** ＋ 相手の電話番号

グアムから日本へ

国際電話識別番号 **011** ＋ 日本の国番号 **81** ＋ 相手の電話番号 市外局番または携帯電話番号の最初の0は取る

現地での電話のかけ方

相手の電話番号をそのままかける

電圧とプラグ

グアムの電圧は110〜120V/60Hz、日本の100V/50〜60Hzとは若干の差がある。コンセントの形状は2本式と3本式の2種類のプラグが使える。日本のプラグはそのまま利用できるので、日本の電化製品も使用することはできるけれど、トラブルの原因にもなるので、できれば外国対応型か変圧器を持参したほうが安全。特にドライヤーなど、消費電力の大きい電化製品を長時間使用することは避けて。

水

グアムの水道水は飲料しても問題ないといわれているものの、石灰分を多く含むので、ABCストアやスーパーでミネラルウオーターを購入したほうがベター。値段は日本と同じくらい。

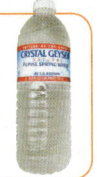

トイレ

タモンには公衆トイレはほとんどないけれど、ショッピングセンター内のトイレや、大きなホテルのロビーにあるトイレなどを利用できる。ビーチパークや郊外の観光スポットにはトイレがあるところもあるが、ペーパーがない場合も。公衆トイレへは昼間でもなるべくひとりでは行かず、誰かと一緒に行くようにしたほうが安心。

飲酒

グアムでは、21歳未満の飲酒は法律で禁止されている。18歳以上21歳未満の人はバーやクラブに入場することは可能だけれど、飲酒は不可。お店でのお酒の購入にはIDが必要になる。また、アルコール飲料の販売と提供は、深夜2:00から朝8:00まで禁止されている。

喫煙

2006年より禁煙に関するナターシャ保護法が施行され、グアムでは医療関係施設、レストラン、バー、ホテルなどの公共スペースや屋内スペースでの喫煙が禁止されている（一部、テラス、バルコニーなど、喫煙可能な場所もある）。

フリーペーパー

ショッピングセンターやホテルなどで入手できるフリーペーパーには、お得な情報が満載。食事代の割引やデザートサービスなど、さまざまな特典が受けられるクーポンが付いたフリーペーパーもあるので、要チェック♪

インターネット

ほとんどのホテルでは客室内やロビーエリアで無線LANやWi-Fiを備えている。料金設定はホテルによって違い、無料のところも多い。また、自分のパソコンがなくても、ホテルにあるビジネスセンターで利用できるところも。街なかの飲食店はWi-Fiを備えているところが多く、カフェの場合はオーダーするとパスワードをくれるところが大半。

郵便

日本へ郵便を送る場合、宛名に英文でJapanと書けば、住所、氏名は日本語でもOK。郵送料はハガキ$1.15、封書は28g（封筒＋A4サイズの紙3枚程度）までは$1.15。グアムのポストは青。はがきなら、ホテルのフロントでも発送してもらえる。小包などの荷物はタムニングのITCビル（MAP:別冊P.10-A3）の裏に郵便局があるので、そこで発送できる。

ファミリー旅行

飛行機で約3時間半、時差もたった1時間のグアムは、ファミリー旅行にもピッタリ！ 1年中泳げる常夏の島は、キッズたちにとっても思いっきりパラダイス♪ 日本ではなかなかできない体験に挑戦しよう。ファミリーグアムの詳しい情報は『地球の歩き方リゾートスタイル　こどもと行くグアム』（ダイヤモンド社刊　1400円＋税）をチェック！

旅の便利帳

旅の安全情報

女の子同士の楽しいグアム旅行。常夏の開放感もあって、つい気がゆるみがち。
でも、ここは外国。日本にいるとき以上に、警戒アンテナを作動させて。
トラブルのパターンを知って、災難を回避しよう！

治安

旅行者が被害に遭ってしまうのは、そのほとんどが引ったくりや置き引きなどの軽犯罪。グアムは比較的、安全な島といわれているけれど、観光地などでも人が少ないところは早朝や夜道のひとり歩きはしないように注意して。最近は万引きなどで、日本人観光客が警察に逮捕されるケースも。旅行者であっても厳罰に処せられるので、軽はずみな行動は控えよう。
● 外務省 海外安全ホームページ
URL www.anzen.mofa.go.jp

病気・健康管理

旅先で体調を崩してしまうケースで多いのは、往路の飛行機内で、風邪を引いたり、もらってしまうパターン。特に日本が冬場の間に多く、せっかくの旅行が発熱などで台無しになってしまうことも。機内は乾燥しているので、マスクなどで対策を。もうひとつ気をつけたいのは、日焼け。夜になって病院に駆け込まなければいけないほど、ひどくなってしまう人もいるので、日焼け止めを使ってUVケアを徹底して。

海外旅行保険

病気やけがなど、旅行中はどんなハプニングが起こるか、予想がつかないもの。特にグアムは救急車の利用も治療費も高額なので、海外旅行保険には加入しておくと安心。ウェブで申し込める保険は料金も割安で、利用しやすいものがいろいろ。また、海外旅行保険が付帯しているクレジットカードならば、入院などカバーしてもらえるところもある（カード会社により異なる）。詳細はカード会社に問い合わせを。

こんなことにも気をつけて！

事前に手口を知って、トラブルはできるだけ避けよう！

エピソード1 ビーチ、レストランなどでの置き引き

ホテルのロビーやビーチ、レストランなど、不特定多数の人が出入りする場所では、荷物から目を離さないで。おしゃべりに夢中になっていたら、椅子に置いておいた荷物がいつの間にか消えていた、ビーチにバッグを置いて、海で遊んでいたら、戻ってきたときには貴重品がなくなっていた、などの事例がある。

エピソード2 レンタカーの車上荒らしに気をつけて

車上荒らしの被害はグアムで多発している。特にレンタカーは狙われやすいので、注意を。車から離れるとき、車内には盗まれると困る荷物を置いておかないこと。窓ガラスを割られ、盗られてしまった事例がある。外から見えないところなら大丈夫だろうといってトランクに置いても、盗まれてしまうことが。

エピソード3 薬物にはかかわらない！

夜になると、ホテルやショッピングスポットが集まるタモンのホテル・ロードで、大麻をはじめとする薬物の密売が横行している。大麻も覚せい剤もグアムでは当然、規制されている。ごく少量の薬物を購入した場合でも、処罰の対象になるので、興味本位で購入しないよう注意して。薬物にかかわるのは絶対NG。

エピソード4 現地男子にナンパされて

日本女子ふたり組が現地男子にナンパされ、別行動をしたところ、ひとりがなかなか部屋に帰ってこないことから、心配した友達が24時間日本語でOKのマイクロネシア・アシスタンス・インク（→P.187）に助けを求めたという事例がいくつか発生している。犯罪や事件までにはいたっていないものの、あとで泣く人も多いから注意して。

トラブル回避のために注意したいこと

ちょっとだけ注意して行動すれば、トラブルの種は、事前に摘み取れるもの。以下を参照にして、Have a nice trip!

ショッピングで
買い物や支払い時に、荷物を手元から離さない。

レストランで
荷物を置いたまま席を離れない。床や椅子に荷物を置いたまま、目を離さない。

ホテルで
客室内にいるときは、常に内鍵をかける。予定のない来訪者にドアを開けない。

レンタカーで
荷物を車内に置いたままにしない。駐車するときは、なるべく人通りの多いところを選ぶ。

その他
人通りの少ない場所には行かない。夜道のひとり歩きはしない。

ローカル男子によく声をかけられました。下心のある男子には注意を。（東京都　あや）

困ったときの イエローページ トラブル別

じたばた じたばた

トラブル1 パスポートを紛失したら

**まずは警察に届けて、
現地の日本国総領事館で新規発給の手続きを**

パスポートの盗難に遭ったり、紛失してしまったら、すぐに最寄りの警察に届け出て「紛失・盗難届受理証明書」を発行してもらうこと。それを持って日本国総領事館へ行き、パスポートの紛失届と新規発給の申請を行う。万一に備えて、あらかじめ顔写真のページのコピーやパスポート規格の写真を用意しておくと手続きがスムーズ。

 パスポート新規発給の申請に必要なもの

☐ 現地警察署等が発行する紛失・盗難届受理証明書
☐ 写真2枚（縦45mm×横35mm）
☐ 戸籍謄本または抄本（6ヵ月以内発行のもの）
☐ 旅程が確認できる書類（eチケットやツアー日程表など）
☐ パスポートの「顔写真が貼られたページ」のコピー
（※申請の手数料は、申請内容により異なります）

トラブル2 事件・事故にあったら

**すぐに警察やマイクロネシア・アシスタンス・
インク、日本国総領事館で対応してもらう**

事件に巻き込まれたり、事故に遭ってしまったら、すぐに最寄りの警察に届け出て対応してもらう。事件・事故の内容によっては、24時間日本語で対応してくれるマイクロネシア・アシスタンス・インクか、日本国総領事館に連絡して状況を説明し、対応策を相談しよう。

緊急連絡先

警察	**911**
マイクロネシア・アシスタンス・インク	**649-8147**（24時間）
Map 別冊P.10-A3	
日本国総領事館	**646-1290**
Map 別冊P.10-A3	

トラブル3 クレジットカードを紛失したら

**盗難でも紛失でも、
至急利用停止手続きを**

クレジットカードを紛失したら、すぐにカード発行金融機関に連絡して、カードの利用を止めてもらう。出発前にカード裏面の「発行金融機関名」、緊急連絡先をメモしよう。盗難なら警察にもすぐ連絡。

緊急連絡先

カード会社	
Visa	1-888-425-0226
アメリカン・エキスプレス	65-6535-2209
ダイナースクラブ	81-45-523-1196
JCB	1-888-558-0012
Mastercard	1-800-307-7309

トラブル4 病気になったら

**緊急の場合は迷わず救急車を呼び、
保険会社への連絡も忘れずに**

病気や事故で緊急の場合、911へ救助を求める。または、24時間日本語対応（下記参照）のマイクロネシア・アシスタンス・インクまたは、病院へ連絡して、診察を受けて。マイクロネシア・アシスタンス・インクの場合、海外旅行保険に加入していれば、医療費、通院費ともキャッシュレス（現金不要）で対応可能。

緊急連絡先

救急・消防／病院	
救急・消防	911
マイクロネシア・アシスタンス・インク	649-8147
グアム旅行者クリニック	647-7771
Map 別冊P.13-C2	

トラブル5 荷物を忘れたら

まず忘れた場所に問い合わせる

お店やホテル、送迎バス、シャトルバス内など、忘れた場所がわかっているなら、電話で所在の確認をしてから受け取りに行く。警察に届けても出てこないことが多いので、忘れないよう気をつけて。特に急増しているのが、スマートフォンの忘れ物。ご注意を。

 見つかりますように！

その他連絡先

保険会社（日本のカスタマーセンター）		航空会社		警察署	
東京海上日動	0120-868-100	ユナイテッド航空	1-800-864-8331	グアム警察	475-8498/8509
損保ジャパン日本興亜	0120-08-1572	日本航空	1-800-525-3663	タモン交番	649-6330
AIG損保	0120-04-1799	大韓航空	1-800-438-5000		
		ティーウエイ航空	989-1500		
		チェジュ航空	82-1599-1500		

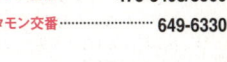

貴重品の紛失に備え、現金、カード、パスポートのコピー、海外旅行保険の書類は分散して持つようにしておいて。

キレイになる

食べる

名称	エリア	ページ	別冊MAP
テイスト	タモン	152	P.13-D2
テールオブホエール	タモン	163	P.12-B1
デニーズ	デデド	133,134,149	P.24
テリーズ・ローカル・コンフォートフード	タモン	146,164	P.13-C3
デルモニコ・キッチン&バー	タモン	141	P.13-D2
▶ トゥリ・カフェ	ハガニア	56.143	P.6-A3
トニー・ローマ	タモン	139	P.12-B3
ドルチェ・フルッティ・ジェラテリア	タモン	159	P.21
ナッツ&グレインズ	タムニング	151	P.10-A2
ナナズ・カフェ	タモン	143,144	P.13-D2
ニュー・フレッシュ・ブレッド・ベイクショップ	ジーゴ	156	P.5-C2
▶ ハーゲンダッツ・カフェ フィエスタリゾート グアム店	タモン	21,158	P.12-B2
ハード・ロック・カフェ・グアム	タモン	139,149	P.12-B1
▶ パーム・カフェ	タモン	57	P.13-D2
▶ パシフィック アイランド クラブ ディナーショー	タモン	46	P.12-A3
パパズ	グアム国際空港近く	57	P.11-C3
ハファロハ	タモン	159	P.10-B3
バンブー・バー	タモン	163	P.13-D2
ハンブロス	タモン	14,139	P.13-C2
パンダ・エクスプレス	タムニング	137	P.23
ピーチン・シュリンプ	タモン	144	P.21
ピカズ・カフェ	アッパータモン	135,138	P.13-D2
ヒバチサン	デデド	136	P.25
▶ フィズ&コー	ハガニア	14,20,21	P.14-B3
フィッシュアンドブル	メリッツォ	145	P.7-D1
▶ フィッシュアイポリネシアンディナーショー	ビティ	47	P.6-A2
ブレッド・ボックス	デデド	157	P.5-C2
ブロア	タモン	147	P.12-A2
▶ ベイサイド・バーベキュー	タムニング	47	P.10-A2
ベガサス・プレミアム・チョコ	タモン	164	P.20
ベジー&シーフード	デデド	137	P.25
ホット・ディゲッティ・ドッグ&バーガー	タモン	135,164	P.21
ホッヌ・ベーカリー	イナラハン	157	P.7-D3
▶ ホノルル・コーヒー・カンパニー	タモン	53,133,154	P.22
マクドナルド	タモン	135,148	P.13-D2
マック・アンド・マーティー	タモン	160	P.13-C3
マンハッタン・ステーキハウス	タモン	140	P.12-B2
メインストリート・デリカテッセン&ベーカリー	タモン	157	P.14-A2
メスクラ・ドス	アッパータモン	138	P.12-B3
モサズ・ジョイント	ハガニア	95,138,164	P.14-A2
メスクラ・チャモロ・フュージョン・ビストロ	ハガニア	147	P.14-B2
モンゴ・モンゴ	タムニング	136	P.23
ヨーグルトランド	デデド	159	P.10-B2
ラ・セーヌ	タモン	153	P.13-D1
ランビーズ	デデド	136	P.25
リカ&リコ	タモン	153	P.13-D2
ルーツ ヒルズ グリルハウス	タモン	132	P.13-D2
ローン・スター・ステーキハウス	タムニング	141,157	P.10-A3
ロンズ・ダイナー	マンギラオ	146	P.6-B3
ワールド・カフェ	タモン	153	P.12-B2

泊まる

名称	エリア	ページ	別冊MAP
アウトリガー・グアム・ビーチ・リゾート	タモン	166	P.13-D2
ウェスティン リゾート グアム	タモン	166	P.13-D2
オーシャンビュー・ホテル&レジデンス	タモン	171	P.13-D2
オンワード・ビーチ・リゾート	タムニング	169	P.10-A2
グアムプラザリゾート&スパ	タモン	172	P.13-D2
グアムリーフ&オリーブスパリゾート	タモン	168	P.13-D2
グランド・プラザ・ホテル	タモン	172	P.13-C3
▶ シェラトン・ラグーナ・グアム・リゾート	タムニング	51,169	P.10-A2
スターツ・グアム・リゾート・ホテル	タモン	172	P.4-B3
デュシタニ グアム リゾート	タモン	167	P.13-C2
ハイアット リージェンシー グアム	タモン	167	P.13-C2
▶ パシフィック アイランド クラブ グアム	タモン	46,51,169	P.12-A3
パシフィックスターリゾート&スパ	タモン	169	P.12-B2
パシフィック・ベイ・ホテル	タモン	172	P.13-C3
ピアマリンコンドミニアム	アッパータモン	170	P.13-D3
▶ ビアリゾートホテル&コンドミニアム	タモン	58,171	P.13-D2
ヒルトン グアム リゾート&スパ	タモン	168	P.12-A2
▶ フィエスタリゾート グアム	タモン	46,168	P.12-B2
ベイビュー・ホテル・グアム	タモン	172	P.13-D2
▶ ホテル・ニッコー・グアム	タモン	51,167	P.13-D1
ホリデイ・リゾート&スパ・グアム	タモン	172	P.12-B2
▶ レオパレスリゾートグアム フォービークス	マネンガンヒルズ	62,171	P.6-B2
▶ レオパレスリゾートグアム レオパレスホテル	マネンガンヒルズ	62,172	P.6-B2
ロイヤル・オーキッド・グアム		172	P.12-B3
ロッテホテルグアム	タモン	168	P.13-D1

グアムで楽しい旅を♪

おいしいものもたくさん食べましょ♥

グアムで楽しい旅を♪

おいしいものもたくさん食べましょ♥